인식론

J. P. 모어랜드
W. L. 크레이그 공저
류 의 근 옮김

기독교문서선교회

기독교문서선교회(Christian Literature Crusade: 약칭 CLC)는
1941년 영국 콜체스터에서 켄 아담스에 의해 시작되었으며
국제 본부는 영국의 쉐필드에 있습니다.
현재 약 650여명의 선교사들이 59개 나라에서 180개의 본부를 두고,
이동도서차량 40대를 이용하여 문서 보급에 힘쓰고 있으며
이메일 주문을 통해 130여국으로 책을 공급하고 있습니다.
CLC는 청교도적 복음주의 신학과 신앙을 선포하는
국제적, 초교파적, 비영리 문서선교기관으로서, 하나님의 뜻에 합당한 책을 만들고
이 책을 통해 단 한 영혼이라도 구원되길 소망하며
이를 위해 주님이 오시는 그날까지 최선을 다할 것입니다.

EPISTEMOLOGY

by
J. P. Moreland & W. L. Craig

translated by
Eui-Geun Ryu

Copyright © 2003 by J. P. Moreland and William Lane Craig
Originally published in English under the title as
Philosophical Foundations for a Christian Worldview
by Inter Varsity Press.
Translated by permission of Inter Varsity Press P. O. Box 1400,
Downers Grove, IL 60515-1416.

All rights reserved.

Korean Edition
Copyright © 2008 by Christian Literature Crusade
Seoul, Korea

역자서문

J. P. Moreland & W. L. Craig, *Philosophical Foundations for a Christian Worldview* (InterVarsity Press, 2003). 이 책의 '저자 서문' 일부와 제2부 '인식론'을 번역한 것이 본서이다. 모어랜드와 크레이그 공저, 『기독교 세계관의 철학적 토대』는 미국복음주의 출판인 협회(ECPA) 2004년도 최우수 도서상과 미국 중서부 전문 출판인 협회(CBC) 2003년도 우수 도서상을 수상한 획기적인 역작이다.

기독교의 관점에서 철학 교과서를 저술하는 것은 최근 반세기 동안 드물게 출간되었지만, 이 책은 양과 질에 있어서 타의 추종을 불허하는 기념비적 철학 입문서라고 평가된다. 기독교의 진리와 세계관을 세상 철학 분야와 문제들 속에서 변호하고 정당화하며 서양 철학의 근본 문제와 논증과 이론을 기독교 세계관의 진리와 융합시키는 대담무쌍하고 야심만만한 대작이다. 역사적으로 그리고 개념적으로 철학은 기독교적이고 기독교는 철학적일 수 있음을 확연하게 증시하는 표준 연구 사례라고 평할 수 있다. 이 점에서 이 책은 기독교적으로 사고함이 철학함이 되는 증례이기도 하다. 이 책의 완전 번역은 「기독교문서선교회」(CLC)에서 추진하고 있는 줄로 알고 있다.

원래 번역대본은 전 6부 총 31장으로 구성되어 있는 650여 쪽의 방대한 책이다. 다루는 영역은 논리학, 인식론, 형이상학, 과학철학, 윤리학, 종교철학 및 철학적 신학을 포함한다. 서양의 정통철학 궤도를 밟으면서 개개의 철학의 근본 문제에 대한 기독교 철학적 해답의 단초들을 제시하고 있다. 따라서 기독교 신앙의 진리가 오랜 영구 철학의 문제와 논증에 대한 해결책일 수 있음을 보여주고 있다. 그 정당성에 관해서는 저마다 다른 관점과 입장을 취할 수밖에 없을 것이다.

  이 책을 번역하게 된 동기는 학부 인식론 강좌에 적합한 교재가 없어서였다. 시중에 나와 있는 인식론 강좌용 교재들은 적은 수는 아니지만 편·역·저자의 주관적 관점과 편집 의도에 따라 매우 다양하기 때문에 교과서용 교재로 사용하기에는 아쉬운 점이 한 두 군데가 아니다. 비록 이 책이 기독교의 관점에서 집필되었다는 점이 독자의 식견에 따라서는 장점이 될 수도, 약점이 될 수도 있지만, 그렇다고 흔히 인식론 강의를 할 때 다루어지는 인식 이론과 지식과 개념들을 편견을 가지고 취급하거나 논구하는 것은 하나도 없다. 이 책은 철학 유파 또는 인식론 유파에 관계없이 얼마든지 일반적이고 보편적으로 그리고 표준적으로 사용할 수 있도록 서술되었다. 철학, 신학, 종교학 등에 관련된 모든 연구자들이 독자일 수 있다. 기독교의 관점에서건 아니건, 이 책에서 다루어지는 모든 인식론적 반성과 대안들은 보편 철학사적 문맥에서 전개된다. 다만 궁극적으로 기독교 신앙의 관점에서 조명한다는 점이 독특할 뿐이다. 이 점이 일반 철학자들에게는 수용이든 거부이든 스캔들이 될 수 있는 대목이다. 또 바로 그 점이 기독교 철학의 편에 서지 않는 사람들에게는 그들대로 도발과 도전이 될 것이고 기독교 철학의 편에 서는 사람들에게는 그들대로 도발과 도전이 될 것이다. 그러나 나는 특별히 기독교 정신 또는 히브리 신앙의 배경 없이 철학을 하는 사람들(반쪽 철학!)에게 이 책을 강력히 추천한다. 아무튼 이 책을 읽는 동안 충분히 자극을 받아서 인식의 문제와 이론에 대한 새로운 학습과 심화가 있다면 그것으로 족할 것이다.

  독자들에게 부탁하고 싶은 것은 기독교 관점에서 집필된 인식 이론서라고 해서, 선입견을 가지지 말고 있는 그대로 읽어 가면, 인식론 전반이 동류의 어떤 책보다도 객관적으로 잘 정리·정돈되어 있고 또 동시에 독자적 입장을 피력하고 있으며, 기존의 인식론 체계에 젖어 있는 사유의 습성으로부터 관점 변경을 통한 새로운 대안적 사고가 어떠한지를 배울 수 있을 것이다. 특별히 주목해서 읽기를 요청하고 싶은 것은 제5장 종교적 인식론이다. 인식론 분야에서 종교적 지식에 관한 인식론적 검토는 매우 희박하다. 반면에 이 책은 기독교의 진리를 정당화하는 인식 이론 모형을 거물 기독교 인식 이론가 플랜팅거(Alvin Plantinga)의 종교적 인식론을 중심으로 제시하고 이를 비판적으로 검토한다. 종교적 지식 분야에 관한 인식 이론을 소개하고 검토하는 것은 인식론 일반의 편협함을 일깨우고 지경을 넓혀준다는 점에서 기존의 인식론이 배워야 할 점이라고 볼 수 있다.

끝으로 세상 철학이 수천 년간 씨름한 인식의 문제에 대해 기독교 철학 내지 신학이 어떤 답변을 가지고 있는지를 통찰력 있게 제시하는 독일의 철학자이자 신학자인 판넨베르크의 논문을 역자 부록으로 싣는다. 이 부록은 판넨베르크 저, 이병섭 역 『신학과 하나님 나라』(대한기독교서회, 1977)에서 가져왔지만, 원역자가 번역한 영어판(W. Pannenwerg, edited by R. J. Neuhaus, *Theology and the Kingdom of God*, Philadelphia, Pennsylvania, Westminster Press, 1969, 127-143)과 대조하여 자구와 문장을 수정 보완한 글이다. 철학의 문제에 대한 신학의 답변을 듣는 일이 철학연구자에게 의미가 없다고 할 수 없으리라.

2008. 5. 25.
신라대학교 철학과 교수
류의근 識

저자서문

우리는 기독교의 관점에서 『기독교 세계관의 철학적 토대』 (*Philosophical Foundations for a Christian Worldview*)를 철학 입문서로서 학계에 내놓는다. 그러므로 우리는 이 책에서 논의하는 문제들에 대하여 중립성을 가장하지 않는다. 우리의 책은 그 의도가 기독교적이고 따라서 우리의 목표는 여러 가지 다양한 문제에 대한 찬반 입장을 논평하여 마춰시키려는 것이 아니라 오히려 그리스도인이 취할 수 있는 가장 설득력 있는 자세가 무엇인가를 분명히 표현하려는 것이다. 물론 우리는 기독교 사상가들에게 허용될 수 있는 다른 입장이 있다는 것을 알고 있다. 어떤 경우에는 우리 스스로가 선호된 입장들과 불일치할 수도 있고 다수의 견해들에 개방적이 될 수도 있다. 우리는 우리가 변호하는 모든 입장들에 대한 비판과 대화를 환영한다. 그래서 우리는 논란이 되는 문제들 이를테면, 인간학적 이원론, 시간의 시제 이론, 사회적 삼위일체론, 기독론적 단의론(christological monotheletism) 등에 대한 특정 입장을 논변할 때 닫힌 토론이 아니라 열린 토론을 하려고 한다. 우리는 독자들이 우리가 변호하는 입장에 대한 논증 분석에 참여하기를 권유하고 싶다.

분명히 이 책 『기독교 세계관의 철학적 토대』는 추리의 기본 규칙 체계뿐만 아니라 인식론, 형이상학, 과학철학, 윤리학, 종교철학에 관한 각종 광범한 문제들을 망라하는 부피가 큰 책이다. 이 책의 많은 부분은 철학 분야 초보자가 읽기에는 어려울 것이다. 바로 그렇기 때문에 이 책을 교재로 사용하는 사람들은 이 책이 토론을 위해서는 기름진

토양이라는 것을 발견하게 될 것이다. 사정이 이러하므로 우리는 학생들이 이 책 전체를 단 한 학기에 완전히 기경하리라고는 기대하지 않는다. 오히려 학생들이 가장 흥미롭거나 중요하다고 여기는 문제들과 가장 잘 관련되어 있는 각 장을 교수들이 선별하여 학생에게 과제로 부과하는 것이 좋겠다고 말하고 싶다. 우리의 희망이 학생들의 관심이 충분히 자극을 받아서 마침내 이 책을 다시 들고 부과되지 않았던 자료를 차후라도 읽고 씨름하는 데까지 이르는 것임은 말할 나위도 없다.

각 장마다 논의되는 주제와 관련해서 제기된 가장 중요한 문제들이 기독교의 퍼스펙티브에 따라 설명되고 논의된 내용들을 압축해서 요약하며 주요 용어 목록으로 마무리된다. 이러한 주요 용어들은 처음 언급될 때 글씨체가 강조되어 처리될 것이고 또 정의될 것이다. 학생들은 이러한 낱말들을 연구용 어휘론으로 잘 정리해 두어야 할 것이다. 각 장마다 더 읽을 책들을 이 책의 말미에 추가로 추천해 두었다.

우리는 각주를 가급적 최소화하고자 애썼다. 그리고 추천 도서들이 독자에게 각 장에서 논의된 문헌들을 적절하게 가리켜 줄 것이라고 믿는다.

이 거대 프로젝트를 실현시키기 위해서 IVP(InterVarsity Press)의 짐 후버(Jim Hoover)가 보여준 세심한 편집 작업과 인내에 진심으로 감사한다. 또한 색인 작업을 주의깊게 준비해 준 마크(Mark) 그리고 제니퍼 젠센(Jennifer Jensen)에게도 빚을 졌다. 우리는 또한 이 프로젝트가 완성되는 데 연구 기금으로 큰 도움을 준 발견 연구소(Discovery Institute)의 하워드 호프만(Howard Hoffman), 폴(Paul), 그리고 리사 볼프(Lisa Wolfe)에게도 감사한다. 마지막으로 탈봇신학교(Talbot School of Theology)의 동료 교수들과 대학원생들 특히 철학·윤리학과(Department of Philosophy and Ethics)의 그들로부터 받았던 영적 지원과 지적 자극에 감사한다.

J. P. Moreland
W. L. Craig

EPISTEMOLOGY

목 차

역자서문 | 5
저자서문 | 8

제1장 지식과 합리성

1. 서론 | 13
2. 지식이란 무엇인가 | 15
   1) 전략 1
   2) 전략 2
   3) 전략 3
   4) 지식에 대한 최종적 반성
3. 이성과 합리성 | 39
   1) 이성과 합리성의 세 가지 개념
   2) 정당화 또는 보증으로서의 합리성
      [요약]
      [기본 용어 및 개념 목록]

제2장 회의주의의 문제

1. 서론 | 50
2. 회의주의의 다양성 | 53
3. 회의주의를 위한 논증 | 60

1) 오류와 오류 가능성에 의거한 논증
　　　2) 악령, 통 속의 두뇌 논증, 오류 가능성
　　　3) 정당화 이행 논증
　4. 회의주의 비판 | 62
　　　1) 회의주의와 기준의 문제
　　　2) 주요 회의적 논증에 대한 요약적 대응
　5. 진화론적 자연주의와 우리의 인식 장비 | 70
　　[요약]
　　[기본 용어 및 개념 목록]

제3장 정당화의 구조

　1. 서론 | 83
　2. 토대주의 | 86
　　　1) 토대주의의 해설
　　　2) 토대주의를 찬성하는 논증
　　　3) 토대주의를 반대하는 논증
　3. 정합주의 | 104
　　　1) 정합주의의 설명
　　　2) 정합주의의 평가
　　　　[요약]
　　　　[기본 용어 및 개념 목록]

제4장 진리 이론과 포스트모더니즘

　1. 서론 | 119
　2. 진리 이론 | 121
　　　1) 예비적 문제

2) 대응 진리 이론
   3) 정합 진리 이론
   4) 실용 진리 이론
 3. 포스트모더니즘 | 144
   1) 포스트모더니즘의 일반적 특성
   2) 포스트모더니즘의 평가
     [요약]
     [기본 용어 및 개념 목록]

제5장 종교적 인식론

 1. 서론 | 161
 2. 실증주의와 무신론의 추정 | 161
 3. 보증 없는 종교적 믿음 | 169
 4. 증거 없는 보증 | 173
 5. 플랜팅거의 종교적 인식론에 대한 평가 | 182
     [요약]
     [기본 용어 및 개념 목록]

역자부록 | 191
추천도서 | 215
인명색인 | 219
성경색인 | 221

제1장
지식과 합리성

> 모든 사람은 본성상 알기를 원한다.
> 아리스토텔레스, 『형이상학』(*Metaphysics*), 1.1

1. 서론

 사람들의 정신적 삶은 끊임없이 활동한다. 그들은 소리와 모양과 색깔을 경험하고 자신의 생각과 욕구와 고통을 경험한다. 그들은 2+2=4라는 명제가 확실한 진리라는 것을 잘 안다. 사람들은 믿음을 형성하고 포기하며 유지하기도 하고 시험하기도 한다. 사람들은 아는 것들도 많이 있고 모르는 것들도 많이 있다. 어떤 믿음들은 비교적 합리적이고 어떤 믿음들은 비합리적이다.

 인식론(epistemology)은 지식, 합리성, 정당화된 또는 정당화되지 않은 믿음의 의미를 이해하고자 노력하는 철학 분야이다. 인식론이라는 용어는 그리스 단어 에피스테메(epistēmē)에서 나온 것으로서 지식을 의미한다. 따라서 인식론은 지식 그리고 정당화된 또는 보증된 믿음에 대한 연구이다. 현실적으로 네 가지 주요한 인식론적 분야가 있다. 첫째는 인식론의 중심 개념들에 대한 개념적 분석이다. 즉 지식이란 무엇인가? 합리성(rationality), 정당화(justification) 또는 보증(warrant)이란 무엇인가? 이 첫째 분야는 연구의 초점이 중요한 인식론적 개념들의 본성을 분명히 하려는 명료화 작업에 있기 때문에 언어 철학과 제휴한다. 이 1장의 주요 초점은 이러한 인식론적 분야를 겨냥할 것이다. 제4장은 진리가 도대체 무엇인가를 상세하게 거론할 것이다. 진리의 본성 즉 진리가 무엇인가에 대한 물음은(사람들이 진리를 가지고 있다는 것을 어떻게 아는가라는 물음과 대비를 이루는 것으로서) 실제로 형이상학적 문제이지 인식론적 문제가 아니다. 왜냐하면 형이상학은 어떤 종류의 사물이 존재하는가를 탐구하는 연구 분야이기 때문이다. 그러나 진리의 본성을 인식론 분야와 연계하여 탐구하는 것이 관례이기 때문에 우리는 그 관례를 따라 제4장 진리 이론과 포스트모더니즘에서 진리 이론을 구체적으로 다룰 것이다.

둘째, **회의주의**의 문제가 있다. 사람들은 실제로 지식 또는 정당화된 믿음을 가지고 있는가? 사람들이 어떤 영역, 이를테면 수학 분야에서 지식 또는 정당화된 믿음을 가지고 있다면, 다른 영역에서도 그러한가? 예를 들면 도덕적 지식이나 종교적 지식이 있는가? 사람들이 어떤 대상에 대해 틀리지 않다는 것을 100% 확신하지 못한다면 그 대상을 아는 것이 가능한가? 회의주의의 문제가 제2장, 그리고 다른 방식으로 제4장에서 논의될 것이다.

셋째, 지식과 정당화된 믿음의 원천과 범위의 문제가 있다. 사람들이 사실상 지식과 정당화된 믿음을 가지고 있다면, 그들은 어떻게 그런 것을 갖게 되었는가? 서로 다른 종류의 지식들은 무엇인가? 어쨌든 사람들의 오감은 확실히 외부 세계에 대한 지각적 지식의 원천이다. 그러나 감관의 지각을 넘어서는 오감에 대한 다른 종류의 지식과 원천들이 있다. 마찬가지로 과거(기억), 자신의 내적 정신 상태(내성), 타인의 사고와 느낌과 마음, 그리고 논리학, 수학, 형이상학, 도덕, 신에 대한 지식과 정당화된 믿음이 있는가? 이와 같은 상이한 유형의 지식들의 원천은 무엇인가?

넷째, 지식 또는 정당화에 관한 기준의 문제가 있다. 스미스가 보증된 또는 정당화된 어떤 믿음을 가지고 있다고, 말하자면 떡갈나무가 창 밖에 있다고 가정해 보자. 이 믿음에 보증 또는 정당화를 제공하는 것은 무엇인가? 어떻게 한 믿음 또는 믿음군이 다른 믿음을 고수하는 기초를 제공하는가? 어떻게 믿음 밖의 것들 예를 들면 사람들이 믿음을 형성하기 위해 거치는 경험 또는 방식이 정당화된 믿음의 발판을 제공할 수 있는가? 또는 다른 믿음들이 어떤 특정한 믿음을 지지할 수 있는 유일한 것들인가? 이러한 문제들이 제3장의 초점이다.

지식에 관한 논제로 돌아가기 전에 예비적으로 인식론에 대해 한 가지 언급이 더 필요하다. 전통적으로, 인식론이 집중한 문제들은 다음과 같다. 즉 내가 어떤 것을 알 수 있는가? 내가 알 수 있는 것은 무엇인가? 나 스스로 나의 믿음들 중 어느 하나가 현실적으로 정당화되는 것을 어떻게 평가할 수 있는가 등이다. 이러한 종류의 문제들은 **소크라테스적 질문**이라고 불리웠다. 왜냐하면 그것들은 모두 아무튼 우리가 우리 자신에게 묻는 물음들이기 때문이다. 바꾸어 말하면 인식론은 맨 먼저 제1인칭 조망에 관계하는 것이며, 개인이 경험하고 믿고 인식하는 1인칭 주체로서 관련된 문제에 관계하는 것이다. 심리학, 생물학, 신경생리학 등의 분야가 인간을 제3인칭 조망, 말하자면 "바깥"에서 연구된 대상으로 연구하는 한, 그때는 그에 상응해서 이들 연구 분야는 인식론에 본질적인 어떤 것을 무시하는 셈이다.

이 장의 나머지 부분은 상이한 두 개념 즉 지식과 합리성에 대한 분석과 명료화 작업이 될 것이다.

2. 지식이란 무엇인가?

다음의 세 문장이 세 가지 상이한 유형의 지식을 드러낸다.

1. 나는 공이 내 앞에 있는 것을 안다.

2. 나는 골프 치는 법을 안다.
3. 나는 레이건이 공화당 출신의 대통령이라는 것을 안다.

문장1은 **면식지**(knowledge by acquaintance)라고 알려진 것을 표현한다. 이 경우, 사람들은 지식의 대상이 사람의 의식에 직접 현존한다는 점에서 그 대상을 안다. 존즈는 자기 앞에 있는 공을 보고 있고 직접 자각하며 감각적 직관으로 알고 있다는 점에서 그 공을 안다. 이 경우, **직관**이라는 말은 추측 또는 비합리적 육감을 의미하는 것이 아니라 오히려 의식에 직접 현존하는 어떤 대상에 대한 직접적인 자각을 의미한다. 사람들은 면식이나 직관을 통해서 많은 것을 안다. 말하자면, 사람들의 정신 상태(사고, 느낌, 감각)가 그러하고 오관을 통해서 대면하는 물리적 대상들이 그러하다. 어떤 사람들은 수학의 기본 원리도 그렇다고 주장할 것이다. 사람들은 아래의 두 문장을 어떻게 아는가라고 묻는다면, 그 대답은 사람들이 2+2=4 또는 (A)와 (B)라면 (C)가 나온다는 것을 단순히 "보고" 있으면 된다고 할 것도 같다.

(1) 2+2=4
(2) (A)밖에 비가 오는 중이라면 그때는 밖이 축축하고
    (B)밖에 비가 오는 중이고 그때는
    (C)밖이 축축하다는 것은 틀림없는 사실이다.

이것은 어떤 종류의 봄인가? 많은 사람들이 그것은 직관적 형태의 자각 또는 추상적 비물질적 대상의 지각, 다시 말해서 수와 같은 대상들 사이의 관계, 수학적 관계나 비율 그리고 논리 법칙을 포함하는 것으로 믿고 있다. 논란의 여지는 있지만, 이 모든 지식 사례들은 면식지의 보기들이다.

문장2는 **노하우**(know-how)라고 불리는 것을 포함한다. 노하우는 어떤 방식으로 행동하고 어떤 과제나 일련의 행동을 수행할 수 있는 능력 또는 기술이다. 사람들은 그리스어를 말하는 법, 골프 치는 법,

자전거 타는 법, 수많은 기술을 구사하는 법을 알 수 있다. 노하우는 사람들이 하는 것을 항상 의식적으로 자각하는 것은 아니다. 어떤 사람은 자기가 문제의 행동을 하고 있다는 것을 의식적으로 자각하지 못해도 반복된 습관에 의해서 어떤 행동을 하는 법을 학습할 수 있다. 예를 들면, 보폭에 변화를 주는 것을 의식하지 않고도 또는 타격 기법의 배경과 이론을 모르고서도 커브볼에 스윙을 조정하는 법을 알 수 있다.

문장3은 러셀(Russell)이 **기술지**(knowledge by description)라고 불렀던 것 또는 철학자들이 전형적으로 **명제적 지식**(propositional knowledge)이라 불렀던 것을 표현한다. 여기서 어떤 사람은 P가 명제인 경우 P를 안다. 현재의 목적상, 명제는 문장 또는 진술의 내용으로 정의될 수 있다. 인식론은 세 종류의 지식에 관련되어 있다.

플라톤 이래 철학자들은 명제적 지식(이후부터 간단하게 지식이라 부르겠다)의 적절한 정의를 제공하고자 노력했다. 플라톤은 대화록 『테아에테투스』(Theaetetus)에서 (완전히 승인한 것은 아닐지라도) **지식(명제적)의 표준적 정의**로 알려진 것을 제공했다. 이 정의를 진술하는 표준 방식은 지식은 정당화된 참된 믿음(justified true belief)이라고 말하는 것이다(때때로 **3자 분석**이라 불렸고 간단하게 JTB라고 말해지기도 한다). 이 정의를 자세하게 분석하는 것이 우리에게 도움을 줄 것이다. 어떤 사람이 어떤 것을 안다면, 그때는 자기가 아는 것이 참이어야 한다. 스미스가 우유는 냉장고 안에 있는 것을 알지만, 그러나 우유가 거기에 있다는 것은 거짓이라고 말하는 것은 의미가 없다. 따라서 지식의 필수 조건은 알려지는 것이 참이라는 점에서 성립한다. 그러나 참만으로는 충분하지 않다. 아무도 생각해 본 적이 없고 심지어 알지조차 못하는 많은 진리들이 있는 것이다. 또한 어떤 사람이 생각은 할지 모르나 알지는 못하는 진리들이 있는 것이다.

참을 제외한다면, 지식의 둘째 부분은 믿음이다. 스미스가 어떤 것을 명제적 의미에서 안다면, 그는 적어도 그것을 믿어야 한다. 스미스는 우유가 냉장고 안에 있는 것을 알지만, 그러나 우유가 냉장고 안에 있다는 것을 믿지 않는다고 말하는 것은 의미가 없을 것이다. 따라서 믿음은 지식의 필요조건이다. 그러나 믿음만으로는 지식의 충분조건이 되는 것은 아니다. 사람들은 참이 아닌데도 많은 것을 믿고 있다.

참된 믿음은 지식의 필요조건이다. 그러나 지식은 참된 믿음으로 충분한가? 단연코 아니다. 그 이유는 어떤 사람이 참인 것을 믿을 수는 있으나 그 믿음에 대해 정당화나 보증을 하나도 가지고 있지 않기 때문이다. 어떤 사람의 믿음은 단순 사고에 의해서 참이게 될지도 모른다. 예를 들어 이렇게 가정해 보자. 어떤 사람의 마음에 멋대로 떠오르는 생각이 있었다. 즉 지금 모스크바에는 비가 온다. 더 나아가서 그 사람이 자기 생각을 믿고, 더욱이 순전한 우연의 일치로 바로 그 시간에 모스크바에 비가 온다고 가정해 보자. 그렇게 되면 그 사람은 참된 믿음을 가질 것이다. 그러나 그 사람은 문제의 그 명제에 대한 지식을 가지는 것은 아닐 것이다. 또는 그 사람은 "나는 화장실 벽에 낙서된 첫 문장을 믿을 것이다"고 중얼거렸다고 가정해 보자. 그가 보는 첫째 것은 "지금 모스크바에는 비가 온다"는 문장이다. 거듭 말하지만 그 문장은 참이었다고 할지라도 그 사람이 그 명제에 관한 지식을 가진 것은 아닐 것이다.

이러한 사례에서 빠져 있는 것은 무엇인가? 그 사람에게는 문제의 그 믿음에 대한 정당화나 보증이 전혀 없다. 제3장에서 다섯 가지 상이한 **정당화** 또는 **보증**이론을 검토할 것이다. 어떤 철학자들은 그 둘을 동등시하나 다른 철학자들은 서로 구별한다는 점이 분명해질 것이다. 그러나 지금으로서는 믿음에 대한 정당화(또는 보증)는 다음과 같은 것에 해당한다는 언급만으로 무방할 것이다. 즉 사람은 믿음에 대한 충분한 증거를 가지고 있다는 것, 사람은 신뢰할 만한 방법(예컨대 손금 보기가 아니라 자신의 감각 또는 전문가의 증언을 기초로 하는 방법)으로 믿음을 형성했고 유지했다는 것, 또는 문제의 믿음을 형성했을 때 좋은 지적 여건에서 자신의 지성적 감각적 능력이 적절하게 기능하고 있었다는 것이 그것이다. 현재의 목적상, 요점은 한갓된 참된 믿음과 보증 또는 정당화가 있는 참된 믿음 사이에는 큰 차이가 있다는 점이다. 또한 명제적 지식의 전통적 또는 표준적 정의는 지식은 정당화된 참된 믿음이라는 입장이다. 바꾸어 말하면 어떤 사람 S는 오직 다음과 같은 조건에서만 P를 안다.

1. S는 P를 믿는다.
2. P는 참이다.
3. P에 대한 믿음이 S가 믿는 그 시간에 S에게 정당화된다.

오랫동안 명제적 지식의 표준적 정의는 철학자들에 의해서 충분한 것으로 어느 정도는 수용되었다. 표준적 정의에 대한 얼마의 반례가 있었지만(예컨대 1900년대 초의 마이농과 러셀), 1963년에 가서야 표준적 정의는 심각한 반론에 부딪쳤다. 1963년 에드먼드 게티어(Edmund Gettier)는 표준적 정의의 문제점을 제기하는 소논문을 발표했다.[1] 논문에서 게티어는 정당화된 참된 믿음이 지식에 필수적일지 모르나 충분하지 않다는 것을 보여줄 목적으로 두 가지 반례를 제시하였다. 그 이후로 많은 유사한 반례들이 제시되었고 이 반례들은 관례적으로 지식에 대한 표준 JTB 정의를 반대하는 **게티어 유형 반례들**로 명명되게 된다.

게티어가 반례로 든 보기를 소개한다. 스미스와 존즈는 어떤 직종에 응시했는데, 스미스는 아래의 명제에 대한 강력한 증거를 가지고 있다.

a. 존즈는 취업하게 될 사람이고 그의 호주머니에는 동전이 10개 있다.

a에 대한 스미스의 증거는 응시한 회사의 회장이 존즈에게 뽑힐 것이라고 보증했다는 사실과 스미스가 직접 10분 전에 존즈의 호주머니 안에 있는 동전 10개를 세어 보았다는 사실을 포함한다. a를 기초로 해서 스미스는 지금 믿고 있는 아래의 새 명제를 추론한다.

---

1) Edmund L. Gettier, "Is Justified True Belief Knowedge?" *Analysis* 23(1963) : 121-123.

b. 취업을 하게 될 그 사람의 호주머니에는 동전이 10개 있다.

게티어는 나아가서 다음과 같이 상상해 보자고 말한다. 즉 스미스에게는 알려지지 않았지만, 스미스 자신이 취업을 하게 되고 우연히 그의 호주머니에 동전이 10개 있었다고 상상해 보자. 이 경우, 명제 b는 참이고 스미스는 b를 믿고 b는 스미스에게 강력하게 정당화된다. 요컨대 그는 b에 관해 정당화된 참된 신념을 가지고 있다. 그러나 사람들이 스미스가 b를 안다고 말하지는 않을 것이라는 점은 확실하다. JTB는 지식의 필요조건일지 모르나 충분조건은 아니다.

다른 보기를 들어 보자. 프레드는 아내 베티가 일하는 중이라고 믿는데, 그 믿음에 대한 기초로 베티가 출근하기 위해 30분 전에 떠나는 것을 보았다는 점, 날마다 바로 직장으로 출근하고 일이 많아서 곧장 사무실로 가고 있을 것이라고 떠날 때 자기에게 말해주었다는 점을 제시한다. 그러나 나아가서 이렇게 가정해 보자. 즉 실제로는 베티가 프레드를 놀리고 있으며 직장으로 출근하는 대신 프레드의 새 양복을 사기 위해 의류품 매장으로 갔다고 가정해 보자. 매장에 도착하자 베티는 자기 친구들에 의해 납치되어 베티의 생일 파티 깜짝 선물용으로 사무실에 실려 갔다. 이 경우, 베티가 일하고 있는 중이라는 프레드의 믿음은 정당화된 참된 신념일 것이지만, 그렇다고 프레드가 아는 어떤 것은 아닐 성 싶다.

마지막 보기를 들어 보자. 달라스 카우보이 팀이 슈퍼보울(Super Bowl) 대회 연속 2회 우승을 위해 버팔로 빌 팀과 경기를 하고 있다고 가정해 보자. 나아가서 해리가 TV로 카우보이 팀이 빌 팀을 공격하는 것을 시청하고 있다고 가정해 보자. 경기가 끝나자 해리는 카우보이가 슈퍼보울 대회에서 이제 우승했다는 믿음을 가지게 된다. 그러나 그가 모르고 있는 사이에 슈퍼보울 TV 중계 방송이 기술상의 문제로 중단되었으며, 금년의 경기 대신 작년의 카우보이 우승 장면을 재방송하고 있었다. 그런데 실제의 경기에서 카우보이 팀이 2회 연속 우승을 위해 빌 팀을 이겼으며 이 실제 경기의 종료 장면은 TV 방송으로 중계되지 않았다. 이 경우, 해리는 카우보이 팀이 슈퍼보울 대회에서 막 우승했다는 정당화된 참된 믿음을 가지고 있지만, 그렇다고 그가 이 믿음을 사실로 안다고는 할 수 없다.

지금 우리는 무엇을 하고 있는가? 개개의 경우, 보기들은 정당화된 참된 믿음이 지식이기 위해 아마도 필수적이긴 해도 충분하지 않다는 것을 보여주고 있다. 즉 3자 분석은 지식이 획득되지 않는 경우에도 지식으로 간주하기 때문에 너무 느슨하거나 넓은 정의라는 것이다.

게티어 유형의 사례에 대한 반응으로서, 여러 가지 유형의 전략들(개개의 전략의 상이한 변형물과 함께)이 제시되었다.

전략 #1: 표준 정의를 지키고 게티어 유형의 사례들이 유효하지 않다는 것을 보여준다. 왜냐하면 그 사례들에서 나오는 사람들은 도대체 정당화하지 못했기 때문이다. 즉 여전히 지식=JTB.

전략 #2: 그 사례들을 수용하고 JTB가 지식의 필요조건이나 충분조건이 아님을 주장하며 제4의 조건을 추구한다. 즉 지식=JTB+?

전략 #3: 그 사례들을 수용하고 지식의 3자 분석을 포기하되 정당화를 대신하는 대체 조건을 추구해서 지식의 새로운 3자 분석을 추구한다. 즉 지식=?TB.

상이한 전략들을 검토하기 전에 정당화, 그리고 연관된 주제, 즉 **내부주의-외부주의** 논쟁에 관해서 간략하게 말해 두어야 할 것이 있다. 정당화의 논제는 차후에 제1장과 제3장에서 충분하게 연구될 것이다. 현재로서는 게티어의 사례에 대한 반응으로서 나온 상이한 전략들을 이해하는 데 필요한 몇 가지 예비적 언급으로 충분할 것이다.

정당화라는 용어는 흔히 믿음과 연결되어 있다. 믿음(예컨대 스미스는 도둑질했다는 믿음)은 어떤 시간에 어떤 사람에게 정당화되거나 정당화되지 않거나 하는 것이다. 더욱이 정당화는 인식 평가의 규범적 용어이다. 우리가 어떤 믿음이 정당화된다고 말한다면, 우리는 통상 그것을 믿을 권리를 가지거나 믿어야 한다는 것이고 아니면 그 믿음을 수용하는 것이 내재적으로 좋은 것, 해야 할 합리적인 것이라는 것을 의미한다. 때때로 믿음을 참된 것으로 받아들이는 것은 합리적인 것이다. 왜냐하면 그 믿음에 대한 좋은 증거나 근거가 있기 때문이다 (그리고 혹자는 사람들이 이 좋은 증거나 근거를 실제로 의식해야 하거나 아니면 그 증거나 근거를 의식해야 함과 동시에 그 증거나 근거와 사람들이 그 증거나 근거를 토대로 수용하는 믿음 사이의 관계를 보아야 한다고 덧붙일 것이다). 자기 앞에 나무가 있다는 질의 믿음은 자기에게 어떤 감각적 경험이 있다(녹갈색의 나무 모양의 대상으로 보인다)는 이유로 해서 정당화될 수 있을지 모른다. 스미스가 도둑질했다는 잭의 믿음은 스미스가 어떤 동기를 가지고 그곳에 있었으며 훔친 물품을 손에 들고 있었다는 좋은 증거로 인해서 정당화될 수 있을 것이다.

어떤 사람은 정당화의 규범성이 어떤 인식 의무나 규칙, 즉 합리적 정당화된 믿음들을 획득하는 의무들을 구체적으로 지정하는 인지적 규칙을 충실하게 충족시킨다는 관점에서 이해되어야 한다고 논변했다. 이러한 규칙에는 다음과 같은 것이 포함될 수 있다. 즉 "참된 믿음을 획득하고 거짓된 믿음을 피하라," "합리적 믿음을 획득하고 비합리적 믿음을 피하라," "어떤 대상이 당신에게 붉게 보이거든 그때는 붉지 않다는 충분한 증거가 나올 때까지 사실상 붉다고 믿어라" 등등. 끝으로, 정당화는 그 정도가 다르다. 어떤 믿음은 그 믿음에 대한 증거나 근거가 늘어나면 그 정당화가 강해질 수 있다. 마찬가지로 사람들은 이렇게 저렇게 어떤 믿음을 무너지게 하는 것들을 믿으면서 그 믿음에 대한 정당화를 무효화한다.

정당화는 때때로 제2의 쟁점 즉 내부주의-외부주의 논쟁과 밀접하게 연관되어 있다. 대강을 말하면, 내부주의자는 믿음을 정당화하는 유일한 요인들이 믿는 행위자나 주체에게 "내부적" 또는 "인지적으로 접근 가능한" 것이라고 주장하는 사람이다. 이러한 요인들은 행위자가 자기 자신의 의식 상태를 스스로 의식하거나 단순하게 반성함으로써 직접적으로 접근하는 다양한 정신적 상태(경험, 감각, 사고, 믿음)이다. 정당화의 근거는 믿은 주체의 마음에 내적인 것, 직접 접근 가능한 것에 있다. 이러한 것들은 주체가 자기 자신을 단순하게 반성함으로써 의식할 수 있는 요인들이다. 예를 들면 애슐리가 붉음을 감각한다는 것이 자기 앞에 붉은 대상이 있다는 믿음에 어떤 정당화를 부여한다. 이 붉음의 감각 자체는 애슐리에게 내적인 것이다. 다시 말해서 그것은 그녀가 직접적으로 접근할 수 있는 의식 상태이다. 외부주의자는 내부주의를 부인하는 사람이다. 다시 말해서 믿음을 정당화시키는 요인들 가운데 있는 것은 믿는 주체가 인지적 접근을 하지 않거나 할 필요가 없는 요인들이라고 긍정하는 사람이다. 예를 들면 외부주의자는 믿음을 정당화시키는 것들 가운데 있는 것은 믿음을 형성되도록 하는 인과적 과정, 다시 말해서 이 인과적 과정이 전적으로 주체의 자각 외부의 것이라 할지라도 대상을 반사시키는 광파, 정확하게 일어나는 눈과 시신경과의 상호작용이라고 주장할 것이다.

지금까지, 내부주의는 믿음의 유일 정당화 요인들이 주체에 내적인 것들이라는 입장으로 정의되었다. 실로 이것이 내부주의를 정의하는 표준 방식이다. 그러나 **강경 내부주의**와 **온건 내부주의**를 구별하는 것이 가능하다. 이 구별을 평가하기 위해 내부주의를 일으켜 세운 두 가지 상이한 지적 요인들을 잠시 살펴보는 것이 유용할 것이다.

첫째는 **의무론적 정당화 입장**이라 부르는 것이다. 이 입장은 앞에서 언급한 대로 인식 의무를 충족시키는 개념에 집중한다. 정당화를 이렇게 보는 입장은 정당화를 어떤 인식론적 규칙에 따라 사람의 믿음을 형성하기 위해 최선을 다하는 문제로 간주한다. 예를 들면, "당신의 믿음을 객관적으로 주의 깊게 형성하라." "어떤 것이 당신에게 붉게 보이고 달리 생각하는 이유가 없다면, 그때는 실제로 그것이 붉다고 믿어도 좋다." "믿음의 강도를 증거의 강도와 조화시켜라." 믿음을 정당화하는 것은 사람의 지적 의무를 행하는 문제이고 올바른 인식론적 규칙을 따르기 위해 진력하는 문제이다. 어떤 사람이 자신의 믿음을 형성하고 유지할 때 올바른 규칙에 복종한다면, 그때는 자신의 지적 의무를 행한 셈이고 그의 믿음은 그에게 정당화되는 셈이며 그 믿음이 실제로 거짓이 된다 할지라도 책임이 있는 것으로 파악될 수 없다. 정당화된 믿음을 가지는 것은 다만 사람의 지적 의무를 충족시키는 문제이고 지적 책임을 따르는 문제인 것이다.

둘째, 사람이 지적 의무와 책임을 가진다면, 그러한 의무를 수행함에 있어 유죄일 수 있든 무죄일 수 있든 그때는 자신의 의무를 자유롭게 행하거나 행하지 않거나 해야 한다. 다시 말해서 사람이 정당화된 믿음을 가질 수 있다면, 그리고 정당화된 믿음을 가지는 것이 여기서의 자신의 의무를 행하는 것과 같다면, 그때는 자유롭게 인식 규칙에 복종하거나 복종하지 않거나 해야 한다. 그렇지 않으면 사람은 자신의 지적 행동에 대한 책임을 질 수 없게 될 것이다. 따라서 이제 사람은 자기 밖에서 일어나는 것에 대하여 책임이 없거나 또는 자유롭지 않다.

예를 들면, 사람이 최선을 다해 자신의 감각과 믿음에 주목하고 올바른 규칙을 기초로 해서 정당화된 믿음을 형성하는 한, 그때는 그를 속여서 그곳에 없는 외부 세계를 경험하게 하고 믿게 하는 악마가 밖에 있을지라도 여전히 외부 세계에 관한 정당화된 믿음을 가질 수 있을 것이다. 그는 악마나 다른 외적인 요인들을 통제할 수 없고 따라서 그것들은 정당화와 무관하다. 정당화가 지적 책임의 문제이기에, 책임은 자유를 요구하는 것이기에, 그리고 내부적인 요인들은 사람이 자유로워질 수 있는 유일한 요인들이기 때문에, 그때는 정당화에 대한 내부주의자의 입장이 필요해진다. 의무론적 입장은 내부주의로 기울어지는 그 힘 때문에 강경 내부주의 즉 정당화에 유관한 유일한 요인들이 내적 요인들이고 이 내적 요인들은 정당화의 필요충분조건이라는 입장에 이르게 된다.

둘째의 지적 요인도 마찬가지로 내부주의, 말하자면 1인칭 조망(제14장 참조)을 부추긴다. 여기서 일반적으로는 인식론이요 특수적으로는 정당화라는 것은 1인칭 인식 경험 주체에 본질적으로 초점을 맞추는 논제로서 간주된다. 따라서 인식론은 주로 1인칭 문제, 즉 나 스스로 어떻게 정당화된 믿음을 획득할 수 있는가 하는 문제를 연구한다. 이러한 입장에 따르면, 인식론은 1인칭 관점을 포기하는 3인칭 조망으로 환원될 수 없다. 본질적으로 제1인칭 조망은 인식하고 경험하는 주체, 즉 경험과 믿음에 내재적인 요인들을 포함하는 조망이다. 내부주의를 향한 이러한 운동력은 온건 내부주의, 즉 내적 요인들이 정당화에 필수적인 것이긴 해도 십중팔구는 충분하지 않다는 입장에 이르게 된다. 온건 내부주의는 몇 가지 형태의 외부주의와 양립할 수 있다.

내부주의에서와 마찬가지로, 외부주의에서도 역시 **온건 외부주의**와 **강경 외부주의**의 구별이 있다. 강경 외부주의에 따르면, 믿음의 정당화에 공헌할 수 있는 어떠한 요인들도 그 행위자에 내적인 것이 아니다. 이러한 입장은 어떤 철학자가 심신 이원론(제11-12장 참조)을 피하고 싶고 합리적으로 보이는 내부주의가 모종의 이원론을 함축하는 것이라면 지지를 받을 수 있는 입장인 것이다. 온건 외부주의에 따르면, 적어도 믿음의 정당화에 공헌하는 어떤 요인들은 그 행위자에 외적이어야 한다.

요약하면 서로 다르게 변형된 내부주의와 외부주의가 있다. 더욱이 온건 내부주의와 외부주의는 서로 양립할 수 있다. 별도의 지시가 없는 한 내부주의와 외부주의는 강경 형태의 의미로 사용할 것이다. 왜냐하면 이것이 철학자들의 공통 사용법이기 때문이다.

위에서 언급한 대로, 어느 형태의 것이든 외부주의는 강경 내부주의에 대한 부인을 함축한다. 외부주의자에 따르면, 믿음을 정당화하는 일부의 것이든 전부의 것이든 그 행위자에 외적인 요인이고 그 행위자가 도대체 접근할 필요가 없는 요인이다. 방 안에 붉은 것이 있다는 샐리의 믿음이 그녀에게 정당화되는 것은 다음과 같은 요인에 의해서이다. 즉 전등이 켜져 있었다는 것, 그 물건이 그녀로 하여금 그곳에 있다고 믿게끔 원인지었던 것이라는 것, 그녀의 믿음은 신뢰할 만한 방법(그녀의 감각 기관에 의해서이지, 방 안에 무엇이 있는가를 말해 주는 손금을 보는 독자에게 자문함으로써가 아니라는 것)에 의해서 형성되었다는 것 등등. 외부주의자가 보기에 샐리는 이와 같은 정당화

요인들 중 어느 하나에 대해서도 접근 또는 자각해서는 안 된다는 점을 유의하라. 그녀는 조명을 의식해서는 안 되고, 그녀의 믿음을 원인지었던 것, 또는 믿음을 형성하기 위해 사용한 방법을 의식해서는 안 된다(심지어 의식할 수 있어서도 안 된다).

그런데 내부주의-외부주의 논쟁은 정확하게 말해서 정당화와 무슨 관계가 있는가? 바로 이것이다. 즉 대부분의 철학자들은 정당화를 내부주의적 방식으로 사용했다. 그들에게 정당화는 내적 요인들에 대한 의존을 의미한다. 따라서 강경 외부주의 철학자라면, 정당화의 개념을 일체 포기할 것이고 대신 다른 것으로 대체할 것이며 새로운 3자 정의를 구성할 것이다. 다른 방도로는 정당화를 유지하고 보충적인 제4의 지식 조건을 추구하는 철학자가 있을 것이다. 이러한 통찰을 표준적 지식 정의에 적용할 때 독자들은 세 가지 유형의 전략이 따라 나오는 것을 이해하게 된다. 이것을 보여주는 최선의 길은 그 전략들을 하나씩 살펴보는 것이다.

1) 전략 #1: 표준 정의를 유지하라.

이 입장의 옹호자는 지식은 정당화된 참된 믿음이고 게티어 유형 사례에 나오는 개개인들은 정당화에 실패한다고 주장한다. 왜 그런가? 그들은 자신의 참된 믿음에 어떤 증거를 가지고 있었다 해도 그 증거는 정당화로서 간주되기에는 충분한 증거가 아니었기 때문이다. 이러한 입장에 서면, 게티어 사례들이 보여주는 것은 정당화에 요구되는 증거의 양이 더 늘어나야 한다는 점이다. 따라서 사람이 어떤 믿음의 정당화를 가지는 것은 그 정당화가 그 믿음의 진리를 내포하는 때뿐이다. 바꾸어 말하면 사람은 정당화된 거짓 믿음을 가질 수 없다. 어떤 믿음이 참이지 않으면 그 믿음에 대한 정당화도 없는 셈이다. 정당화는, 믿음을 정당화하는 증거가 그 정당화된 믿음의 진리를 내포하는 것일 정도로 강한 것이 되고 만다. 게티어 사례들에 나오는 사람들의 증거는 그들이 믿었던 명제의 진리를 내포하지 않았기 때문에 즉 그 증거가 참일 수는 있으나 지지된 믿음은 거짓일 수 있었기 때문에 실제로 그들에게는 우선적으로 아무런 정당화도 없었던 것이고 그 다음으로 바로 이것이 그들에게 지식이 없었다는 이유이다.

극소수의 철학자들만이 게티어 사례들에 대한 이러한 해결책을 매우 좋은 명분으로 수용했다. 이것은 사람들이 아는 것들을 심각하게 제한할 것이며 그들이 실제로 아는 대부분의 것들은 모르는 것이라고 함축할 것이다. 이러한 입장에 따르면 사람들이 알 수 있는 것들로는 두 가지 종류 즉 자신의 직접적인 정신적 상태와(선천적 진리라고 부르는) 논리학 및 수학의 단순 진리들 밖에 없을 것이다. 논란의 여지가 있지만, 자신이 아프다고 하는 더그의 믿음에 대한 정당화는 단순히 자신이 아프다는 것이며, 아프다고 하는 것이 사실상 자신이 아프다는 믿음이 참이라는 것을 내포한다. 2+2=4라는 사람의 믿음은 이 명제가 말하는 것을 한 때 이해하기만 하면 참이어야 한다는 것을 사람이 "볼" 수 있음에 의해 정당화된다. 여기서 그 증거(사람이 그 명제가 이해되자마자 참이어야 한다는 것을 보는 것)는 그 명제가 참이라는 것을 내포한다는 것이다.

그러나 지금 검토되고 있는 이러한 해결책을 따를 때, 사람들이 아는 대부분의 것들은 지식으로 간주되지 않게 될 것이다. 기억에 기초한 과거에 대한 지식, 감각적 경험에 기초한 외부 세계에 대한 지식, 과학적·역사적 지식, 타자의 마음에 대한 지식, 윤리학과 종교에 대한 지식, 여타의 많은 것들에 대한 지식이 그렇게 취급될 것이다. 이러한 개개의 경우에 사람들의 믿음들을 정당화하면서 지식을 제공하는 요인들은 더 이상 그러한 믿음들의 진리를 내포하지 않는다. 이러한 요인들은 참일 수 있으나 이들이 정당화하는 믿음은 거짓일 것이다. 외부 세계에 대한 믿음, 이를테면 사람 앞에 붉은 대상이 있다는 믿음을 고찰해 보자. 이 믿음을 정당화하는 요인은 사람의 감각적 경험, 즉 사람이 붉은 형태로 나타나고 있음이다. 이제 그러한 감각적 경험을 가지는 것은 사람 앞에 붉은 대상이 있다는 것을 내포하지 않는다. 사람들은 마약 복용이나 눈의 기능 저하로 인하여 환각을 일으킬 수 있고,

그 대상은 푸르나 그에게는 붉게 나타날 수 있다. 그러므로 외부 세계에 대한 우리의 참된 믿음들을 정당화하는 요인들은 그러한 믿음들의 진리를 내포하지 않는다고 할지라도(지식의 다른 영역에 대해서도 동일한 논점이 주장될 수 있다) 여전히 사람들에게 지식을 제공한다. 이러한 이유로 해서 검토되고 있는 이 입장은 거부되어야 한다.

2) 전략 #2: 표준 정의를 보충하라.

제2의 전략은 게티어 사례들을 수용하고 3자 정의를 지식의 필요조건으로 삼으면서 제4의 조건을 공식화한다. 올바른 제4의 조건으로 제공된 수많은 상이한 후보자들이 있었다. 이들 가운데 두 가지를 검토하겠다.

(1) 유관한 거짓됨이 전혀 없음

"유관한 거짓됨이 전혀 없음" 입장에 따르면, 지식은 유관한 거짓됨이 전혀 없음이 추가되는 정당화된 참된 믿음이다. 이 입장의 배후 사상을 이해하기 위해, 스미스, 존즈, 그리고 자신의 호주머니에 동전이 10개 들어 있는 취업을 하는 사람을 포함했던 게티어 사례로 돌아가 보자. 이 사례에서 무엇이 잘못되어 있는가? 스미스의 정당화된 참된 믿음(취업을 하게 될 사람의 호주머니에는 동전이 10개 있다)은 우연적으로 참이라는 점을 유의하라. 즉 그 믿음의 진리성은 그 믿음을 믿는 스미스의 이유와는 아무런 상관이 없다. 사실상 스미스는 이러한 믿음을 존즈가 취업하게 될 사람이라는 거짓된 믿음으로부터 추론한다. 이 점을 고려한 결과, 혹자는 3자 정의에 다음과 같은 조건을 추가하는 것을 제안했다. 즉 믿음은 거짓된 믿음에서 나오는 정당화를 받아들여서는 안 된다. 스미스의 믿음은 이러한 제4의 조건을 위반하기 때문에 그가 지식을 가지고 있지 않았다는 이유에 대한 답이 여기에서 주어지는 것이다.

불행하게도 "유관한 거짓됨이 전혀 없음" 입장은 적어도 두 가지 이유에서 실패로 끝난다. 첫째, 그것은 지식의 필요조건이 아니다. 사람들은 여전히 지식을 가지고 있으면서도 그 원칙을 위반할 수 있다. 개리는 증권 거래소가 어제 폐업했다는 사실을 알고 있으며 이 믿음에 대한 자신의 정당화가 4가지 정보 즉 라디오로 들은 소식, 신문에서 읽은 소식, 친구가 전달해준 소식, 아내가 TV에서 들은 소식을 전해준 소식으로 되어 있다고 가정해 보자. 이제 아내가 실제로 TV에서 듣지 않았는데도 들었다고 생각했다고 가정해 보자. 그렇다면 개리의 믿음은 (부분적으로) 거짓된 믿음에 기초해 있다. "유관한 거짓됨이 전혀 없음" 입장에 따르면, 그의 믿음은 지식으로 간주되지 않을 것이다. 그러나 그가 실제로 그 소식을 알고 있는 것은 확실하다. 이러한 요구 조건을 확정하기 위한 시도가 이루어졌으나 아무도 성공하지 못했다. 문제는 바로 이것이다. 사람들은 때때로 자신이 알고 있는 믿음에 대한 많은 증거를 소유하고 있으며 그들이 가지고 있는 증거들 가운데 있는 것은 한 가지 또는 그 이상의 거짓된 믿음이지만 그러나 여전히 그들은 지식을 가지고 있다는 것이다. 사람들은 수많은 거짓된 믿음을 가지고 있으면서도 여전히 지식을 가질 수 있다는 것인가? 사람들은 참된 믿음과 거짓된 믿음의 대비 100분율을 어떤 비율로 가지고 있어야 하는가? 이것은 말하기가 극히 어려운 문제이다.

둘째, 이 입장은 지식의 충분조건이 아니다. 사람들은 유관한 거짓된 믿음에 의해 정당화되지 않았지만 정당화된 참된 믿음을 가질 수 있으면서도 여전히 지식을 가지는 데 실패할 수 있다. 앨빈 골드만(Alvin Goldman)이 제시하는 사례를 들어 보자. 헨리는 시골길을 달리고 있다. 전방 몇 미터 앞에서 전형적인 곳간을 본다. 헨리의 감각은 제대로 작동하고 있기 때문에 그는 자기가 보는 대로 곳간이 있다는 정당화된 참된 믿음을 가진다. 그러나

> 헨리는 모르지만, 그가 들어간 지역은 곳간을 모사한 딱딱한 종이들로 가득 차 있고 이 모사물들은 길에서 보면 꼭 곳간처럼 생겼다. 그러나 사실 그것들은 뒷벽도 내부 장식도 없고 곳간으

로 사용될 수 없는 외관일 뿐이다. 그 지역에 들어간 후 헨리는 어떠한 모사물도 만난 적이 없었다. 그가 보는 대상은 보는 대로 그야말로 진정한 곳간이다. 그러나 그 장소에 있는 대상이 모사물이었더라도 헨리는 곳간으로 오인했을 것이다.[2]

헨리는 곳간에 대한 참된 믿음을 정당화했다. 그리고 그의 믿음은 어떤 거짓된 것에 기초하는 것이 아니다. 그러나 그는 여전히 지식을 가지고 있지 않다. 이 보기는 게티어 도전을 해결하는 상이한 방법을 암시하게 되었다.

(2) 무효가능성

곳간의 예는 사람의 지식을 무효화할 수 있는 제4의 조건이 유관한 거짓됨이 없음으로부터 유관한 진리가 없음으로 변경되는 것을 암시한다. 헨리의 사례에서(헨리는 모르는) 그러한 유관한 진리가 있다. 즉 그 시골 지역에는 수많은 모사물들이 있었던 것이다. 그가 그 점을 알았더라면 자신이 곳간을 보고 있었다는 그의 지식은 무효화되었을 것이다. 이 때문에 표준 정의의 제4조건이 다음과 같이 제시된다. 즉 사람들이 믿게 되었을 때 정당화의 무효화에 이바지할 어떠한 유관한 진리도 없어야 한다. 지식은 이러한 방식으로 **무효화되는 가능성**(폐기가능성, 취소가능성)이 있어서는 안 된다.

사람들은 이러한 조건에 대해 무엇이라고 말할 것인가? 이것이 곳간의 예를 처리하는 것은 명백하다. 그러나 이러한 해결 방법의 주요 문제점은 그것이 지식의 필요조건이 아니라는 것이다. 왜냐하면 사람들은 지식을 가질 수 있으면서도 이 조건을 위반할 수 있기 때문이다. 베쓰는 자기 아이들이 학교에서 놀고 있다는 것을 아는 점에서 자신을 정당화하는 이유를 가지고 있다. 그러나 그녀에게는 알려지지 않았지만, 아침에 이웃 주민이 베쓰 남편에게 전화를 걸어, 학교에 가지 말

---

[2] Alvin Goldman, "Discrimination and Perceptual Knowledge," *Journal of Philosophy* 73(1976): 771-791.

고 디즈니랜드에 가자고 아이들을 초청했던 것이다. 나아가서 남편이 이른 시일 내에 아이들을 데리고 디즈니랜드에 가려던 참이라고 잠시 통화하면서 말했었다고 가정해 보자. 끝으로, 아이들은 그날 학교 시험이 있으며 아버지는 그 초대를 거절했다고 가정해 보자.

그녀는 자기 아이들이 학교에서 놀고 있다는 것을 아는가? 그렇게 보일 수 있을 것이다. 그러나 사실상 그녀에게 알려주게 되면 그녀의 지식에 대한 정당화는 무효화될 수 있는 진리(이웃 주민이 전화를 걸어 디즈니랜드에 가자고 초청했다는 진리)가 있는 것이다. 그러나 이 경우에 마찬가지로 무효화를 무효화하는 것(이웃 초청에 대한 아버지의 거절)이 있다. 현재 검토되고 있는 이 조건은 사람들이 때때로 사물을 알되 참된 그러나 미지의 무효자들과 함께 안다는 사실을 고려하지 못한다. 왜냐하면 무효자들의 무효자들이 있고 나아가서 바로 이 무효자들의 무효자들이 또 계속 있을 것이기 때문이다. 사람들은 자신들이 아는 것을 심각하게 제한할 전지함의 요구 조건(사람들은 모든 가용한 진리들을 남김없이 안다)을 명기하지 않는 한 이 조건은 실패로 끝난다.

방금 검토된 두 입장은 내부주의자의 전략 사례들이다. 왜냐하면 그 입장은 사람이 자신의 의식 영역에서 직접적으로 의식하거나 의식할 수 있게 되는, 그리고 그렇게 해서 지식을 무효화하는 것에 기여할 수 있는 유관한 거짓됨 또는 진리를 언급하기 때문이다. 이제 다룰 두 입장은 내부주의자 정당화 입장에 대한 보충("정당화"가 궁극적으로 행위자에 내재하는 어떤 상태의 견지에서 이해되는 경우 지식＝JTB+?)으로서이거나 아니면 내부주의의 대체(내부주의자 정당화 개념이 행위자 외부적인 어떤 것으로 대체되는 경우 지식＝?TB)로서이거나 둘 중의 하나로 제공될 수 있는 것들이다. 우리는 이 두 입장을 주로 내부주의의 대체로서 고찰할 터인데, 이 두 입장에 대해 말해질 모든 것은 조금만 조정하면 내부주의의 보충으로서 이해된 이 두 입장에 대해서도 역시 똑같이 적용될 수 있는 것이다.

3) 전략 #3: 3자 분석을 재조정하라.

(1) 인과이론

인과이론은 다음의 두 가지 방식 중 어느 하나로 이해될 수 있다. (1)지식은 JTB+적절하게 원인지어진 믿음 또는 (2)지식은 적절하게 원인지어진 TB. (2)의 경우에 내부주의자 정당화 개념은 포기되고 이 개념은 적절하게 원인지어짐이라는 개념으로 대체된다. 위에서 언급한 대로 이것이 우리가 검토할 입장이다. 이러한 입장에는 상이한 변형물이 있으나 그 기본 사상은 앨빈 골드만이 초기에 공식화한 입장에 따르면 다음과 같다. 즉 사람은 P라는 자신의 믿음이 P 자체에서 성립하는 사태에 의해서 일어난 오직 그때만 P를 안다.

스미스와 존즈의 보기로 돌아가 보자. 스미스로 하여금 취업을 하게 되는 두 번째 사람의 호주머니에 동전이 10개 있다고 믿게 하는 것은 이 믿음이 향하는 사람(존즈)의 호주머니에 있는 동전 10개 때문이 아니라 그 자신의 호주머니에 있는 동전 10개 때문에 일어났다. 이 때문에 스미스는 지식을 가지는 데 실패한다. 왜냐하면 그의 참된 믿음은 그 믿음에 포함된 사태에 의해서 원인지어지지 않기(그리고 확실히 "적절하게" 원인지어지지 않기) 때문이다. 반면에 붉은 대상이 어떤 사람 앞에 있고 그 사람으로 하여금 보고 있는 동안 그것이 거기에 있고 또 붉다고 참되게 믿도록 하는 것이라면, 그때는 우리는 그 사람이 이 사실을 아는 것이 어떻게 해서인가에 대한 설명을 가지며 또는 인과 이론에 대한 옹호를 하게 된다. 지금 여기서 주장되고 있는 것은 사람들이 붉은 대상이 거기에 있다는 사실에 대한 지식을 인과적 과정(즉 나의 망막과 광파와의 상호작용 기타 등등)을 의식함이 없이도, 그러한 믿음을 산출함이 없이도 가질 수 있다는 점이다. 실로 고대인들은 광파에 대한 과학적 사실들에 대한 하등의 지식 없이도 감각적 지식을 가졌던 것이다.

다른 입장과 마찬가지로 인과 이론은 심각한 반론에 부딪쳤다. 첫째, P가 지식의 원인이 되지 않아도 P를 알 수 있는 경우들이 있다.

따라서 인과 이론은 지식에 필수적이지 않다. 예를 들면 2+2=4라는 우리의 지식은 논란의 여지가 있지만 어떤 추상적 대상들(공간 또는 시간에 존재하지 않는 비물리적 대상들은 제10장 참조) 즉 수 및 수들 사이의 수학적 관계에 관한 지식이다. 그러나 이 비물리적 추상적 대상들이 바로 이것들에 대한 우리의 지식의 원인이 된다고 말하는 것은 정확한 것 같지 않다. 거듭 말하지만 사람들은 나무 A가 나무 B보다 크고 나무 B가 나무 C보다 크면, 그때는 나무 A가 나무 C보다 크다는 것은 참이어야 한다는 것을 안다. 그러나 이러한 지식이 말미암는 원인이 되는 것은 무엇인가? 그것은 나무는 아니다. 왜냐하면 이 지식 자체는 공간적 또는 시간적 어떤 특수한 대상에 의존하는 것이 아니라 "보다 크다"는 관계의 논리에 의존하기 때문이다. (더 논쟁적인) 다른 보기는 미래에 대한 우리의 지식이다. 마이크는 자기 아내가 오늘 오후에 집으로 돌아와서 자기가 구입해 놓았던 다이어몬드 반지를 보면 기뻐서 소리칠 것이라는 사실을 알 수 있다. 그러나 이 사실이 이 지식의 원인이 되는 것은 가능하지 않다. 왜냐하면 그 사실은 아직 존재하지 않기 때문이다.

 둘째, 인과적 입장은 지식의 충분조건이 아니다. P라는 사실이 P라는 참된 믿음을 가지도록 하는 경우들이 있다. 그러나 그것은 인식적으로 무관한 방식으로 그 믿음의 원인이 되기 때문에 어떠한 지식에도 이르게 하지 못한다. 키가 작은 사람이 밖에서 자가용을 이동시키고 있다가 갑자기 피로감이 몰려와 집으로 들어가서는 저녁 TV 뉴스를 시청한다고 가정해 보자. 나아가서 그는 모르지만 어떤 내적 장애로 말미암아 피곤하게 되어서 집으로 들어가게 되었다고 가정해 보자. 그는 뉴스를 듣자 즉각 이러한 장애를 겪는 대부분의 사람들이 키가 작다는 것을 알게 된다. 그리고 그는 우울증 환자라서 실제적 장애를 가지고 있을 뿐인데도, 키가 작아서 장애를 가지고 있다는 결론을 내리게 된다. 이러한 경우에 확실히 그는 이 장애가 자신이 가졌던 참된 믿음을 가지도록 인과적으로 기여한다는 사실에도 불구하고 이 장애를 가졌다는 사실을 아는 경우는 아닐 것이다.

(2) 신뢰가능성 이론

검토될 마지막 입장은 (여러 가지 서로 다른 버전들이 있지만) 지식이 신뢰할 만한 믿음을 형성하는 방법에 의해 산출되고 유지되는 참된 믿음이라는 입장이다. 예를 들면 사람들은 어떤 다른 사람의 증언에 기초한 믿음을 그 사람이 신뢰할 만하다고 간주하는 정도에 따라 기꺼이 지식으로 간주하는 성향을 가진다. 자기 앞에 대상이 있다는 홉의 참된 믿음은 그것이 신뢰할 만한 방법, 말하자면 이 경우에는 그녀의 시각적 과정에 의해서 산출되는 오직 그때만 지식이다. 슈가 아침 식사를 했다는 자신의 참된 믿음은 그것이 그녀의 기억 메커니즘과 기억력에 의해서 신뢰할 만하게 산출되는 오직 그때만 지식이다. 사람들은 이 메커니즘이나 그 신뢰가능성을 의식하거나 아니면 의식할 수 있는 가능성을 가질 필요가 전혀 없다. 사람의 믿음은 다만 그것들에 의해서 형성되어야 할 뿐이다. 게티어 사례에 나오는 믿음들은 신뢰할 만한 방법에 의해서 산출되지 않았으므로 어떠한 지식에도 도달하지 못한다.

이러한 입장에 대하여 여러 가지 반론이 제기되었다. 첫째, 사람들은 어떤 과정이 실제로 신뢰할 만하다는 것을 어떻게 결정하는가? 그 과정은 지식을 제공하기에는 얼마나 신뢰할 수 있는 것이어야 하는가? 시각을 고찰해 보자. 사람들은 지각적 믿음의 형성에 기여하는 시각적 과정이 실제로 신뢰할 만하다는 것을 어떻게 알고 그 과정이 얼마나 신뢰할 만한가를 어떻게 아는가? 그 신뢰가능성은 인식하는 주관의 내외적 여건이 변함에 따라 매우 크게 달라진다. 사람이 병들어 있거나 술에 취해 있다면 또는 빛이 희미하거나 대상이 멀리 있다면 사람의 시각적 믿음을 형성하는 과정은 그 신뢰가능성이 떨어진다. 혹자는 이러한 반론에 대하여 순환에 떨어지지 않는 유일한 대응 방식은 내부주의자 정당화 입장에 의지하는 것이라고 주장한다. **신뢰가능성 이론**은 신뢰할 만한 믿음이 신뢰할 만한 방법에 의해서 산출된 믿음이라고 말할 수 없게 되고 신뢰할 만한 방법은 신뢰할 만한 믿음을 산출하는 방법이라고 말할 수 없게 된다. 이 문제에 대한 해결책은 사람들이 신뢰가능성과는 독립해 있는 정당화 개념을 가지고 있고, 나아가서 이러한 정당화 개념이 지식에 관련된 정당화 개념이라는 사상을 포함하는 데 있는 것 같다. 예를 들면 사람들은 시각적 메커니즘을 여태껏 고찰하기도 전에 수많은 시각적 경험들이 정당화되는 것이라는 점을 이미 알고 있다. 그들은 신뢰할 만한 경험들은 자신들이 믿기에 이미 정당성이 있는 것들을 산출하는 경험으로 인정하고 있는 것이다. 신뢰가능성 옹호자들은 우리의 참된 믿음이 지식이 되기 위해서 다만 신뢰할 만한 방법에 의해서 형성되기만 하면 된다고 대응할 수 있을 것이다. 사람들은 그러한 방법에 관한 아무런 지식도 소유해서는 안 되고 심지어 그러한 지식의 가능성도 소유해서는 안 된다. 그러나 사람이 특정 상황에서 그 과정이 작동하는가 또는 충분히 아니면 다만 부분적으로 신뢰할 만한가를 알지 못한다면 그 과정이 어떻게 믿음을 정당화할 수 있겠는가 하고 내부주의자는 묻는다.

  신뢰가능성 이론에 대한 둘째 반론은 다음과 같다. 신뢰가능성 테제는 지식에 충분하지 않다. 왜냐하면 사람들은 신뢰할 만한 방법에 의해 형성된 참된 믿음을 가질 수 있으나 여전히 지식을 가질 수 없기 때문이다. 로렌스 봉주어(Laurence BonJour)는 아래의 경우를 제시했다.

> 노만은 흔히 있는 조건 속에서 일정한 종류의 주제에 관하여 완전히 신뢰할 만한 투시력을 가진 인물이다. 그는 그러한 인지능력의 일반적 가능성을 찬성하거나 반대하는 또는 그러한 능력을 소유하고 있다는 테제를 찬성하거나 반대하는 어떤 종류의 증거나 이유도 소유하고 있지 않다. 어느 날 노만은 대통령이 뉴욕에 있다는 것을 믿게 된다. 그러나 그는 이 믿음을 찬성하거나 반대하는 어떠한 이유도 가지고 있지 않다. 실제로 그 믿음은 참이고 그 투시력이 완전히 신뢰할 만한 조건에서 나온 것이다.[3]

---

3) Laurence BonJour, *The Structure of Empirical Knowledge*(Cambridge, Mass.: Harvard University Press, 1985), p. 41.

노만은 신뢰할 만하게 형성된 참된 믿음을 가지는 것으로 보일 것이다. 그러나 그에게 지식은 없다. 이상으로 우리는 지식의 표준 정의에 대한 게티어 반례들에 대한 상이한 반응들의 일부(전부는 아닌)에 대한 조사를 종료한다. 이제는 이러한 보기들로부터 학습한 몇 가지 가르침을 진술하고 지식 자체에 관한 몇 가지 최종적 반성을 제공할 차례이다.

4) 지식에 대한 최종적 반성

첫째, 사람들이 게티어 문제를 정확하게 해결할 수 없어도 적어도 지식은 정당화, 보증 또는 합리성을 부여하는 어떤 것이 더해지는 참된 믿음이라고 말하는 것은 여전히 합리적이다. 이러한 의미에서 지식은 진리를 전제한다. 지식 없는 진리가 있을 수 있을 것이다. 그러나 진리 없는 지식은 있을 수 없다. 더욱이 지식은 규범적 개념이다. 지식은 정당화 또는 보증의 개념을 포함하는 것이기 때문에, 사람들이 인식적으로 믿어야 하는 것을 믿는 것, 믿기에 옳은 것을 믿는 것, 지적 관점에서 믿기에 진정으로 귀중한 것 또는 보증된 것을 믿는 것을 포함한다.

둘째, 사람들이 지식의 정의를 공식화할 때, 보다 일반적으로 말해서, 사람들이 인식론의 문제를 탐구할 때, 어떤 것이 지식으로 간주되기 위한 일련의 필요충분조건으로부터 시작하지 않는다. 그 대신에 사람들은 우선 지식의 패러다임 사례 즉 지식이 획득되는 또는 획득되지 않는 중심적이고 분명한 사례에서 시작한다. 게티어 사례들을 평가하면서 우리는 부단하게 지식으로 간주된 또는 간주되지 않았던 사례들에 의존했다. 그렇다면 우리는 이러한 분명한 사례들로부터 우리가 자칭 지식의 사례들이라고 평가하기 위해 사용하는 지식의 다양한 정의 공식으로 이행하거니와, 이 지식의 사례들은 분명한 것들보다도 못한 것들 말하자면 이도 저도 아닌 경계 사례들이었다. 우리는 우선 지식의 분명한 사례들에서 시작하고 이 분명한 사례들에 의해 징당화된 지식의 정의 및 기준을 공식화하며 이 정의와 기준을 덜 분명한 사례들로까지 확장한다. 이러한 의미에서 사람들은 인식론을 시작하기도 전에 이미 지식과 지식의 많은 사례들을 가지고 있는 셈이다. 이것은 회의주의가 검토될 다음 장에서 명심해야 하는 주요한 논점이다.

셋째, 어떤 것을 아는 것은 사람들이 그것을 아는 것을 안다 함을 포함하는 것인가? 즉 사람들은 자신이 어떤 것을 알 수 있기 전에 그 것을 안다 함을 알아야 하는가? 적어도 두 가지 이유에서 그렇게 보이지 않는다. 첫째, 농부는 자신이 트랙터를 소유하고 있다 함을 아는가를 하등 반성하지 않고도 자신이 트랙터를 소유하고 있다는 것을 알 수 있으며 지식이 무엇인지 또는 자신이 지식을 가지고 있는가를 하등 자문하지 않고도 트랙터를 소유하고 있다는 것을 알 수 있다. 사람들이 어떤 것을 안다 함을 아는 것은 어떤 사람이 그 사람의 마음에 지식이 무엇인가에 대해 개념을 가지고 있어야 한다는 것을 요구하고 트랙터를 소유하고 있다는 그의 지식이 지식의 개념을 충족시켜야 한다는 것을 요구하는 것처럼 보인다. 그러나 많은 사람들이 지식 자체 또는 자신의 지식 상태를 전혀 반성하지 않다는 점은 명백하다. 그렇지만 그들은 여전히 지식을 소유한다. 둘째, 사람들이 자신이 어떤 것을 안다는 것을 처음으로 알게 됨으로써만이 그것을 알 수 있다면, 그때는 그것은 무한 악순환에 이르게 될 것이다. 왜 그런가? 사람들이 어떤 것을 알았다는 것을 알았다는 것을 알았다는 것을…이미 알지 못했다면, 자신이 그것을 안다 함을 알 수 없을 것이기 때문이다. 따라서 사람들은 자신이 안다 함을 처음으로 아는 것은 아니지만 역시 알 수 있어야 한다.

그러나 사람이 (1)어떤 것을 알고, (2)적어도 지식이 무엇인가에 대한 대략적 이해를 가지고, (3)그가 실제로 어떤 것을 알고 있는가라고 스스로에게 묻는다면, 그때는 자신이 안다 함을 확실하게 알 수 있다. 이러한 방식으로 해서 지식의 연구는 지식을 가능하게 하는 것이 아니라, 사람들에게 자신이 알고 있는 것들에 대한 지식을 가지고 있다는 것을 이해하도록 도와줌으로써 자신이 알고 있는 것들에 대한 지적 지위에 대한 **통찰**을 제공한다.

여기서 다음 장에서 전개될 지식에 관한 한 가지 결정적 논점을 제시한다. 어떤 사람이 어떤 것을 안다면, 그 말은 그가 그 어떤 것에 관해 완전한 확실성을 가지고 있다는 것을 필연적으로 의미하는 것이 아니라는 것이다. 이러한 맥락에서 "완전하게 확실함"은 "오류가 논리적으로 불가능함"을 의미한다. 이것은 지식에 대하여 비교적 높은 기준이다. 이것은 어떤 사람이 문제의 주장을 알 수 있기 전에 그 주장에 대하여 오류를 범하는 것이 논리적으로 불가능하다는 것을 요구한다.

이러한 입장에 따르면, 지식 주장에 대한 검사는 다음과 같다. 사람 S가 P를 안다면, 그때는 S가 P를 아는 것을 단순하게 받아들이면서 P가 거짓이라고 말하는 것은 논리적 모순이다. 데카르트는 "나는 생각한다, 그러므로 나는 존재한다"가 이 검사를 통과했다고 생각했다. 따라서 "나는 생각한다, 그러므로 나는 존재한다를 사실로 받아들이면서 나는 존재한다가 거짓이다"라고 말하는 것은 모순이기 때문에 진실로 사람들은 자신이 존재했다는 것을 알 수 있었다. 반면에 적어도 그의 논증의 어느 단계(신의 존재를 확립하지 않았던 채로)에서 데카르트는 사람들이 외부의 물리적 세계가 존재했다 함을 알 수 있다고 생각하지 않았다. 왜인가? 왜냐하면 외부 세계를 보고 있으나 존재하는 외부 세계가 없다고 내가 생각한다는 명제는 모순이지 않기 때문이다. 있을 법하지는 않지만, 사람들은 외부 세계가 비실재적인데도 꿈을 꾸면서 또는 존재하는 것으로 속아 넘어가면서 그 환상을 보는 것은 논리적으로 가능하다.

이러한 지식의 필요조건 즉 완전한 확실성은 지나치게 엄중하며 우리가 실제로 알고 있는 많은 것들을 지식에서 제거하게 된다. 예를 들면 앨리슨은 완전하게 확실하지는 않지만 전등이 켜져 있다는 것을 알 수 있다. 앨리슨이 전등이 켜져 있으나 실제로는 아닌 것으로 안다 함을 받아들인다는 명제는 자기 모순적이 아니다. 그러나 이 명제가 자기 모순적이어야 한다는 점은 전등이 켜져 있다는 앨리슨의 지식이 요구하는 바는 아니다. 따라서 오류를 범하는 것이 논리적으로 가능하다 할지라도 사람들은 지식을 가질 수 있다. 사실상 가끔씩 우리는 확실하게 아는 것과 단순히 아는 것을 서로 대조되는 듯이 함의하면서 어떤 것을 아는 것을 그것을 확실하게 아는 것과 대비시킨다. 따라서 단순히 아는 것은 확실하지 않을지라도 여전히 앎이다.

3. 이성과 합리성

지식 이외에도, 합리성은 인식론적으로 중요한 용어이다. 이 절에서 우리는 합리성의 측면들을 고찰할 것이고 이 용어와 연관된 세 가지 다른 개념에서 시작할 것이다.

1) 이성과 합리성의 세 가지 개념

첫째, **아리스토텔레스적 합리성**이라고 부르는 것이 있다. 이러한 의미에서 아리스토텔레스는 인간을 합리적 동물이라고 불렀다. 여기서 합리적(rational)이라는 말은 라틴어 ratio 즉 개념을 형성하고 사고하며 숙고하고 반성하며 지향성(사물에 대한 또는 관한 사고, 믿음, 감각과 같은 정신적 상태)을 가질 수 있는 궁극적 능력이나 힘을 가리키는 이성을 가진 존재를 지시한다. 인간은 본성상 이러한 이성이라는 능력을 가지고 있다는 점에서 합리적 동물이다. 여기서 두 가지를 명심해야 한다. 첫째는 인간 이외의 다른 존재들 이를테면 천사, 그리고 어떤 특정한 동물들은 모종의 이성 능력을 가진다는 점이다. 둘째는 인간은 결함으로 인해서(예컨대 결함을 지니고서 태어나는 신생아) 그 힘을 행사할 수 없다 할지라도 합리적이라는 점이다. 왜냐하면 이성의 힘은 다만 인간 본성을 가지는 것에 힘입어서만 소유되기 때문이다. 힘을 가지는 것과 힘을 행사하거나 발달시키는 것을 구별하는 것이 중요하다.

합리적의 둘째 의미는 **이성의 전달**로서의 합리성을 포함한다. 여기서 **이성의 능력**은 어떤 항목의 지식의 원천으로 간주되며 **감각적 능력**과 대조를 이룬다. 그래서 **합리주의**(신은 존재하지 않으며 신에 대한 믿음은 비합리적이라는 입장과 혼동되어서는 안 되는)라고 알려진 전통적 입장에 따르면, 논리학적 진리(P는 Q보다 크고 Q는 R보다 크면, 그때는 P는 R보다 크다는 전건 긍정식)와 수학적 진리(2+2=4)는 **선천적**으로(a priori) 알려질 수 있다. 대략적으로 말하면 **후천적**(a posteriori) 주장(예컨대 뜰에 나무가 있다)에 대한 정당화는 감각적 경험에 의존할 터이지만, 이와는 달리 선천적은 그 진리에 대한 정당화가 감각적 경험에 의존하지 않는다는 생각을 가리킨다. 합리주의에 따르면, 어떤 선천적 진리들은 **자기 명증적**이다. 문제가 되는 그 명제를 이해하기만 하면 곧바로 사람들은 그 명제가 필연적 진리라는 것을 수용하는 강력한 성향을 보거나 느낄 수 있다. 그 명제는 우연히 참이 아니며 오히려 거짓이라는 것이 도저히 불가능하다는 것이다.

마지막으로, 합리적의 셋째 의미는 정당화 또는 보증과 밀접하게 연관되어 있다. 이러한 의미에서 어떤 믿음(또는 더 나은 표현으로는, 믿는다는 사건)이 특정 시간의 특정 사람 S에게 합리적이라고 말하는 것은 그 믿음이 그 시간의 그 사람 S에게 정당화를 가지거나 보증을 가진다고 말하는 것과 같다. 이 절의 나머지 부분에서 우리가 주목하고자 하는 것은 바로 이 셋째 의미이다.

2) 정당화 또는 보증으로서의 합리성

(1) 합리성과 진리

사람들이 합리성에 대하여 무엇이라고 운운해도 근본적으로 중요한 것으로 보이는 한 가지는 합리성이 진리를 획득하는 목적에 대한 수단으로서 도구적 가치를 가진다는 점이다(진리 자체의 본성에 관해서는 제4장 참조). 믿음이 합리적 수단이라는 주장은 무엇보다도 맨 먼저 그 믿음이 합리적이기 때문에 우리가 그것을 참된 것이라고 그럴 듯하게 받아들인다는 사실을 의미한다. 사람들은 합리성이 인식적으로 중요하다고 생각하는 어떤 이유가 있다는 것은 합리성이나 인식적 정당화가 진리에 대한 수단을 구성한다고 생각하는 그때뿐이다. 물론 사람들은 합리적 행동을 문화적 권력, 행복 등에 대한 수단이라고 생각한다는 점에서 여전히 합리성을 존중하지만 진리는 믿지 않을 수 있다. 그러나 합리성이 인식적 지적 수월성과 관련된 어떤 것으로서 틀림없이 가치 있는 것이어야 한다면, 그때는 진리의 존재는 그러한 가치의 필요조건이다.

이러한 통찰은 지적 존재이자 인식하는 존재로서 사람들에게 두 가지 근본 과제가 존재한다는 것을 시사한다. 이 두 과제는 사람들이 특히 주요 진리나 거짓의 문제에 관해서라면 가급적 거짓을 많이 피하고 진리를 많이 믿는다는 이와 같은 일련의 믿음들을 획득하거나 또는 적어도 획득하려고 노력하는 것이다. 그런데 이러한 과제는 서로에게 다른 하나가 없어도 쉽게 이루어질 수 있다. 즉 사람들은 자신의 마음에 튀어 나온 모든 것을 믿음으로써 가급적 많은 진리를 믿을 수 있겠으나 이 경우에 많은 거짓된 믿음들도 역시 그 과정에서 수용되기 마련이다. 마찬가지로 사람들은 어떤 것을 믿는 것을 단순하게 거부함으로써 믿을 수 있는 많은 거짓된 믿음들을 피할 수 있을 것이다. 그리하여 이 두 과제는 지적 존재인 우리들에게 중심적인 것이므로 합리성의 필요는 분명해진다. 사람들은 합리적이기를 배우고 정당화되는 믿음들을 지킴으로써 참된 믿음을 증가시키고 거짓된 믿음을 감소시킬 수 있다.

(2) 합리성과 인식적 가치

사람들이 합리성을 믿음에 대한 정당화 또는 보증으로 생각할 때, 합리성을 지적으로 또는 인식적으로 가치 있는 것으로 생각하는 것은 당연하다. 바꾸어 말하면 합리성과 **인식적 가치** 사이에는 밀접한 연관이 있다. 즉 정당화된 믿음을 갖는 것은 지적 가치가 있는 어떤 것을 갖는 것이다. 사람들은 정당화와 인식적 가치 사이에 있는 이 연관을 어떻게 이해해야 하는가? 철학자들은 이 문제에 대해 의견을 달리

한다.
 앞에서 서술한 대로 어떤 사상가들은 의무론적(deontological) 정당화 입장을 고수한다. deontological이라는 단어는 그리스어 deon에서 파생하고 이는 "구속력 있는 의무"를 의미한다. 의무론적 정당화 입장에 따르면, 사람의 믿음들이 일정 규칙과 의무에 따라 형성되고 유지되며 그에 기초해 있는 것이라면 (그리고 이들 규칙과 의무와 조화를 이루면서 조직적으로 구조화된다면), 그때는 그것들은 정당화된다고 하는 그러한 특정한 **인식 의무**나 **규칙**이 존재한다. 이것은 사람들이 믿음을 지키는 지적 권리를 가지고 있다는 것을 의미한다. 이때 믿음은 어떤 일정한 요인과 올바른 인식 규칙 체계가 주어지면 고수하는 것이 허용되거나 필수적으로 지켜지지 않으면 안 되는 것이 된다. 인식 규칙은 우리의 추리를 규제하는 규범이기 때문에 그것은 지키는 것이 합리적이거나(허용되는 것이거나 아니면 의무적이거나) 비합리적이거나(지적으로 금지되는 것이거나) 하는 것으로 되는 조건들을 진술한다. 여기서 인식 규범의 몇 가지 사례들을 들어본다. (1)X가 여러분에게 F(예컨대 붉음)로 보이고 그렇지 않다는 이유가 없다면 그때는 그것은 사실상 F라고 믿어도 좋다. (2)합리성 있는 믿음을 획득하고 합리성 없는 믿음을 피하고자 노력하라. (3)믿음과 증거의 균형을 맞추어라. 믿어도 좋은 이유가 있는 오직 그때만 믿어라. (4)여타의 것들이 같다면, 다른 사람들이 여러분과 같을 것이라고 가정하라. 그들은 비슷한 상황에서 유사하게 가지는 어떤 자극(예컨대 바늘에 찔렸음) 후에 따라오는 정신적 상태(예컨대 고통)를 여러분처럼 가지기 때문이다. (5)여러분의 일관성 있는 믿음 전체와 잘 정합하는 믿음을 수용하라.
 합리성에 대한 의무론적 이해는 **교의론적 주의주의**(doxastic voluntarism)라고 부르는 것을 가정한다(교의론적〈doxastic〉이라는 말은 감각적 경험 자체와는 전혀 달리, "믿음에 관계하는"을 의미한다). 이것은 사람들이 적어도 자발적으로 어느 정도는 자신의 믿음을 통제하고 선택한다는 개념이다. 따라서 그들은 바른 믿음은 선택하고 합리성 없는 믿음의 선택은 피한다는 것에 대한 지적 책임을 진다. 교의론적 주의주의는 논쟁적인 테제이다. 그러나 명심해야 하는 중요한 일은 그것이 사람들이 자신의 믿음에 대하여 직접적이고 즉각적으로 통제한다는 것을 의미하는 것은 아니라는 점이다. 어떤 사람이 분홍색 코끼리가 여러분의 방에 있었다고 지금 믿으면 10억을 주겠다고 제안했을 때, 여러분은 믿기를 원했다 해도 그렇게 할 수 없었을 것이다. 사람들의 믿음은 범사에 그렇게 일어난다. 붉은 대상을 보자마자 사람들은 단순하게 자신이 그 대상이 붉다는 것을 믿고 있는 것을 깨닫는다. 그렇다고 해도 사람들은 믿음에 대한 간접적인 통제를 여전히 가질 수 있다. 사람들은 자신의 믿음을 직접 바꿀 수는 없으나, 그 믿음을 바꾸는 입장으로 옮겨가기 위해 기꺼이 자유롭게 어떤 것들(예를 들면 어떤 일정한 증거는 조사하고 다른 증거는 피하는 것)을 할 수도 있을 것이다.

합리성과 정당화에 관한 다른 비의무론적 입장들이 있다. 이러한 입장에 따르면, 정당화는 정확한 인식 규칙을 따르는 것과 같은 것이 아니다. 오히려 그것은 내재적으로(그 자체로) 가치 있는 어떤 일정한 사태들을 예시하는 것을 포함한다. 여기에 그러한 사태들의 몇 가지 보기가 있다. 즉 신뢰할 만한 방법에 의해 형성된 믿음을 가지는 것, 믿어진 그 사물이 원인이 되는 믿음을 가지는 것, 거짓된 믿음보다는 참된 믿음을 지키는 것, 적절하게 기능하는 감각적 지적 능력이 의도한 환경에서 바로 그 능력 덕분으로 믿음을 형성하고 유지하는 것, 정합적 믿음을 가지는 것 등등이다. 여기서 정당화는 사람들이 내재적으로 가치 있는 사태들의 한 가지 또는 그 이상을 구현하는 방식으로 믿음을 형성하고 유지하는 것(그리고 구조화하는 것)으로 생각된다. 그러나 이러한 사태들은 의무를 명기하는 규칙으로 생각되어서는 안 된다. 예를 들어 혹자에 의하면, 믿음은 신뢰할 만한 방법에 의해서 형성되는 오직 그때만 합리적이다. 그러나 "신뢰할 만한 방법에 따라 믿음을 형성하거나 형성하고자 애쓸" 아무런 의무도 없다.

요약하면 정당화된 또는 보증된 믿음이라는 의미의 합리성은 인식론적 또는 지적 조망, 다시 말하면 사람들이 믿음을 형성하고 유지할 때 따라야 하는 규칙의 관점에서 아니면 사람들이 믿음을 형성하고 유지할 때 구현하거나 구현하지 않는 사태들의 관점에서 가치 있는 것과 연관되어 있다. 제3장에서 우리는 정당화의 중요한 측면 즉 사람이 가지고 있는 실제로 정당화된 믿음은 어떤 구조를 가져야 하는가를 고찰할 것이다.

(3) 합리성의 등급

어떤 의미에서 진리는 등급으로 오지 않고 변화하지도 않는다. 2+2=4라는 사실 혹은 조지 브렛은 1993년 야구계를 떠났다는 사실은 전적으로 참이거나 전적으로 거짓이다(그 둘 모두가 참이다). 그리고 그 둘의 진리성은 시간적으로 변하는 것이 아니다. 이와는 대조적으로, 합리성은 등급이 있고 시간적으로 변할 수 있다.

신이 존재한다는 믿음 P에 대하여 우리가 취할 수 있는 세 가지 중요한 인지적 태도가 있다. 즉 우리는 P를 믿을 수 있다(유신론자처럼). 우리는 비P를 믿을 수 있다(무신론자처럼). 우리는 P를 유보할 수 있다(불가지론자처럼). 다시 말하면 우리는 P도 믿을 수 없고 비P도 믿을 수 없다. 인식론적으로 말하면, 사람은 P가 그 사람에게 평형을 이루고 있으면, 즉 P와 비P가 그 사람에게 똑같이 정당화되어 있으면, P에 관한 믿음을 유보해야 한다. 다시 말하면, 어느 한 입장도 다른 입장보다 더 많이 정당화되어 있는 것이 아니다. 사람이 P의 유보에서 P의 믿음이나 비P의 믿음으로 옮겨간다면, 그의 정당화의 정도는 시간이 지나면서 강해지고 변화할 것이다. 예를 들면 법정에서 피의 사실을 위한 증거는 유죄 믿음이 점점 더(또는 덜) 정당화되는 방식으로 늘어날 수 있다. 더욱이 사람들은 어느 시점에서 어떤 사람이 유죄라고 주장하는 극히 좋은 이유를 가질 수 있다가 새로운 증거가 추가되면 그 믿음은 훌륭하게 정당화되는 것으로부터 정당화되지 않는 것으로 되어버릴 수 있다. 따라서 합리성은 진리와는 전혀 다르게 등급이 있고 시간적으로 변화할 수 있다.

믿음이 정당화되는가 그리고 정당화되면 어느 정도로 되는가에 영향을 미치는 한 가지 요인은 그 믿음의 **무효자**의 존재이다. 스미스가 믿음 Q(조각상이 푸르다)를 가지고 있고 R(조각상이 스미스에게 나타나는 방식)이 스미스가 Q를 고수하는 이유나 근거라고 가정해 보자. 어떤 무효자가 하나의 믿음에 대한 정당화를 제거하거나 약화시킨다. 적어도 두 가지 종류의 무효자가 있다. 첫째, 믿어지는 결론이나 사물을 직접 공격하는 **반박하는 무효자**(rebutting defeaters)이다. 방금의 사례에서, 반박하는 무효자는 비Q 즉 조각상이 푸르지 않다고 믿는 이유일 것이다. 그 한 실례를 들면, 미술관장을 비롯한 수많은 신뢰할 만하고 정직한 사람들이 그 조각상이 회색이라고 당신에게 보증하는 경우가 될 것이다. 둘째, **훼손하는 무효자**(undercutting defeaters)가 있다. 이러한 무효자는(믿어지는 것이 거짓임을 보여주려고 애씀으로써) 그것을 직접 공격하는 것이 아니라 오히려 R이 Q에 대한 좋은 이유라는 개념을 공격한다. 훼손하는 무효자는 Q를 직접 공격하지 않는다. 그는 R을 공격하고 어떻게 해서든지 R을 Q에 대한 좋은 이유가 아니라고 함으로써 R을 훼손한다. 방금의 사례에서 훼손하는 무효자는 그 방에 있는 모든 것을 사람들에게 푸르게 보이게 하는 푸른 조명빛이 그 조각상 옆에 있다고 하는 증거가 될 것이다. 이상의 사례에서 훼손하는 무효자는 그 조각상이 푸르다고 생각하는 이유를 제거하고, 반박하는 무효자는 그 조각상이 푸르지 않다고 생각하는 이유를 제공한다. 무효자는 여러 가지 다른 방식으로 한 믿음에 대한 정당화를 제거할 수 있다.

이 장에서 인식론의 분야가 소개되었고 지식과 합리성의 상이한 측면들이 검토되었다. 그러나 사람들은 정말로 정당화된 믿음을 알거나 가지고 있는 것인가? 이것이 바로 회의주의의 문제이고 우리는 지금부터 이 문제에 들어갈 것이다.

[제1장의 요약]

　인식론은 지식과 정당화된 믿음의 연구에 초점을 맞추는 철학 분야이다. 인식론의 네 가지 주요 영역은 (1)지식, 정당화, 합리성과 같은 개념의 분석 (2)회의주의의 문제(사람들은 지식이나 정당화된 믿음을 가지고 있는가?) (3)지식이나 정당화된 믿음의 원천과 범위 (4)지식이나 정당화된 믿음의 기준에 대한 연구이다.
　세 가지 유형의 지식이 있다. 즉 면식지, 노하우, 명제적 지식이 그것이다. 명제적 지식에 관한 표준 정의는 정당화된 참된 믿음으로 확인되었다. 그 표준 정의에 반대하는 게티어 유형의 반례들이 제시되었다. 철학자들은 이 반례들에 대하여 세 가지 방식 중 어느 하나로써 대응하였다. 즉 반례를 거부하고 표준 정의를 유지하는 것, 정당화된 참된 믿음의 제4조건을 추가하는 것, 정당화를 새로운 3자 규정을 구성하는 다른 것(신뢰가능성, 적절하게 원인지어짐)으로 대체하는 것이 그것이다. 사람들이 이러한 논의 내용에 대하여 무엇이라고 말하든지 간에 지식에 관해 다음과 같이 긍정하는 것은 합리적인 것 같다. 즉 지식은 규범적이다. 사람들은 지식 정의를 위한 필요 또는 충분조건에서가 아니라 특수한 지식 사례에서 인식론을 시작한다. 사람들은 자신이 알 수 있기 전에 자신이 알고 있다 함을 알아야 하는 것은 아니다.
　합리성은 또 다른 중요한 인식론적 개념이다. 우리는 합리적이라는 용어를 세 가지 의미로 사용한다. 즉 아리스토텔레스적 합리성, 이성의 전달, 그리고 정당화 또는 보증으로서 합리성이 그것이다. 셋째 의미와 관련하여, 합리성은 진리를 위한 수단이다. 그리고 합리성은 어떤 일정한 인식적 의무를 충족시키는 견지에서, 아니면 인식적 관점에서 내재적으로 가치 있는 것이라고 평가된 어떤 일정한 사태를 구현하는 견지에서 이해될 수 있다. 끝으로, 합리성은 등급으로 나타나는 것이며 시간이 지나면서 변화할 수 있는 것이다. 이것이 일어나는 한 가지 방식은 상이한 종류의 무효자의 존재를 통해서이다.

[기본 용어 및 개념 목록]

3자 분석
감각적 능력
강경 내부주의
강경 외부주의
게티어 유형의 반례들
교의론적 주의주의
내부주의
노하우
훼손하는 무효자
면식지
명제적 지식
무효 가능성
무효자
반박하는 무효자
선천적
소크라테스적 질문
신뢰가능성 이론
아리스토텔레스적 합리성
온건 내부주의
온건 외부주의
외부주의
의무론적 정당화 입장
이성 능력
이성의 전달

인과 이론
인식 의무 또는 규칙
인식론
인식적 가치
자기 명증적
정당화
지식의 표준 정의
합리성
합리주의
회의주의
후천적

제2장
회의주의의 문제

회의주의자는 끊임없이 모든 학파의 신조를 전복하는 일에 종사했으나 제시한 것은 아무것도 없었다. 그들이 다른 사람들의 신조를 진전시키고 석명하게 해설했다고 하더라도 스스로는 아무 것도 주장하지 못했고 심지어는 아무 것도 주장하지 못했다는 것도 주장하지 못했다.

디오게네스 라에티우스, 『출중한 철학자들의 삶』
(Lives of Eminent Philosophers)

내가 그들을 모른다는 것을 나에게 증명해라. 말하자면 이 문제들이 철학에 속하는 문제이기는 하지만 이들 중 아무 것도 알려질 수 없다고 주장하는 당신을 내가 모른다는 것을 나에게 증명해 보라.

아우구스티누스, 『학인에 반대하여』(Against the Academicians)

이러한 이유로 인해서 나는 확실하지도 않고 의심스러울 수밖에 없는 사물에 대한 믿음을 포기해야 한다고 이제 확신하게 되었으므로, 조금이라도 의심의 여지가 있는 사물이라면 거부해야 하는 것은 당연한 일이다.

데카르트, 『성찰』(Meditaions on First Philosophy)

1. 서론

우리가 여러 가지 이를테면 외부 세계, 신, 도덕성, 과거, 수학, 우리의 정신적 삶과 다른 사람의 마음 존재를 알고 있고 이에 관한 정당화된 믿음을 가지고 있다는 것은 상식이다. 그리고 성경은 신앙을 중요하게 여기는 한편 역시 동등하게 우리가 알 수 있고 알아야 하고 알고 있는 것들에 대해서도 중요하게 여긴다. 그러므로 성경은 인간에 관한 많은 지식의 사례와 정당화된 믿음이 있다는 것을 긍정한다는 점에서 상식과 일치한다. 그러나 우리는 이런저런 방식으로 지식 또는 정당화된 믿음의 이것저것을 거부하는 회의주의자를 만난다. 어떤 회의주의자들은 지식 또는 정당화된 믿음을 통틀어 거부한다. 이 장은 회의주의를 검토하고 사람의 지적 생활에 유관한 중요 통찰을 제공한다.

회의주의는 오랜 다양한 역사를 가지고 있다. 헬레니즘 시대의 고대 그리스 철학 때 두 종의 회의주의 학파가 발생했다. 첫째는 **학술적 회의주의**로 알려졌는데, 주전 2, 3세기에 번창했다. 이 학파는 플라톤의 아카데미 소속 철학자였던 아르케실라우스(Arcesilaus, 주전 315-240)가 창립했고 주전 2세기에 카르네아데스(Carneades)가 널리 보급했다. 학술적 회의주의자들이 실제로 무엇을 확신했는가에 관해서는 약간의 논란이 있으나 전통적 견해로는, 그들이 두 가지를 확신했다고 한다. (1)회의적 명제-만물은 파악 불가이고 어느 누구도 지식을 가지고 있지 않다. (2)회의적 명제 자체에 관한 명제-우리는 어느 누구도 지식을 가지고 있지 않다는 것을 우리가 안다는 점을 독단적으로 확신할 수 있다.

전술한 대로 학술적 회의주의는 유지하기 어려웠던 입장임이 분명하다. 우선 저 두 가지의 진술은 자기 논박적이다. 왜냐하면 그 진술은 그들이 알 수 있는 것은 하나도 없다는 것을 사람들이 안다고 확신하기 때문이다. 그러나 회의적 명제(첫째 진술)를 주장하는 것이 가능할지라도, 학술적 회의주의는 지식이 전혀 없다는 것을 실제로 말한 것이 아니다. 즉 오히려 사람들이 아는 유일한 한 가지가 있고 그 밖의 무엇은 알 수 없다고 말한 것이다. 그러나 이러한 긍정은 자기 논박적은 아니지만 여전히 유지하기 어려운 것이다. 유일한 한 가지를 아는 것이 참으로 가능한가? 이 진술을 안다고 자처하는 사람은 마찬가지로 역시 자신이 존재했다는 것을 안다고 암시적으로 자처하고 있는 것이 아닌가? 그는 그 진술이 무엇을 의미하는지를 알았다고 자처하고 있는 것이 아닌가? 그는 그 진술이 사실이라는 것을 알았고, 따라서 진리 같은 것이 있다는 것을 알았다고 자처하고 있는 것이 아닌가? 더 나아가서 혹여 문제의 저 회의적 명제에 대한 예외가 있다고 주장할 수만 있어도 그 다른 예외, 말하자면 그들은 빨강이 하나의 색이라는 것을 안다고 주장하는 것을 금할 수 있는 것은 아무 것도 없을 것이다. 이와 같은 이유들로 해서, 고대 회의주의의 둘째 학파가 두드러지게 된다.

둘째 학파는 그 창시자가 엘리스의 퓌로(Pyrrho of Ellis, 주전 360-270)였기 때문에 **퓌론적 회의주의**로 불리웠다. 그 학파는 알렉산드리아, 이집트에서 번창했고 주후 2세기 후반기와 3세기 1/4분기를 살았던 마지막 위대한 퓌론주의자 섹스투스 엠피리쿠스(Sextus Empiricus) 시대에 와서 절정에 달했다. 이러한 유형의 회의주의는 철학은 지혜를 추구하고 지혜는 선하고 능숙한 삶을 사는 데 적합한 진리의 지식들을 포함한다는 관점에 뿌리를 내리고 있다. 인간의 주요 문제는 불행이고 이것은 주로 인간의 욕망과 인간이 세계에서 사실이라고 믿는 것 사이의 불균형에서 온다. 그래서 불행을 다루는 열쇠는 지혜의 추구를 단념하는 것이고 믿음의 모든 것에 대한 판단을 중지하는 것, 그리하여 자유로워지는 것에 있다.

퓌론적 회의주의자는 독단주의를 거부하면서 세 단계의 진행 절차를 밟았다. (1)**반립명제**(어떤 문제에 대하여 상호 대립하고 있는 양측의 주장을 말하고 "수사" 또는 "논법"이라고 부르는 회의적 논증이 각 측의 입장을 위해 사용되었다). (2)**에포케**(판단 중지). (3)**아타락시아**(평온이 요구된 궁극적인 상태). 학술적 회의주의와 대조적으로 퓌론주의자들은 회의적 명제 자체를 포함하여 만물에 대한 판단을 중지했다.

기독교의 확장 그리고 아우구스티누스의 『회의주의자에 반대하여』(*Against the Skeptics*)와 같은 회의주의 비판 저서와 더불어 회의주의는 발전하지 못하다가 데카르트(주후 1596-1650)에 와서 다시금 꽃을 피우기 시작했다. 데카르트는 회의주의를 논박하는 작업에 착수했고 지식을 확실한 토대 위에 올려놓았다. 이 점에서 특별히 중요한 데카르트의 저서는 1641년에 출간된 『성찰』이다. 데카르트는 **방법론적 회의**를 채택함으로써 지식에 대한 탐구를 시작했다. 이것은 지식은 절대적 확실성(때로는 소위 **데카르트적 확실성**)을 요구한다는 사상, 그리고 어떤 것에 대하여 오류가 논리적으로 가능하다면, 그것은 아는 것일 수 없다는 사상에 이르게 되었다. 방법론적 회의로 무장한 데카르트는 사람들의 감각이 때로는 그들을 속인다는 근거에서 외부 세계의 지식을 반대하는 논증을 펼쳤다. 둘째, 그는 사람들은 때로는 자기들 앞에 외부 세계가 있다고 생각하나 다만 꿈을 꾸고 있을 뿐이라고 지적했으며 사람들이 지금 꿈을 꾸고 있어서 거기에는 아무 외부 세계도 없다는 것이 논리적으로 가능하다는 점을 지적했다. 마지막으로, 데카르트는 실제로는 "저 밖에" 아무 세계도 없는데, 악령이 사람의 외부 세계의 감각적 경험을 속여서 있는 것으로 할 수 있다고 생각했다. 이러한 악령의 논리적 가능성이 데카르트에게 의미한 것은 사람들은 논리 법칙이나 수학을 알 수 없다는 것이다. 왜냐하면 악령은 사람들을 속여서 이 법칙들이 거짓인데도 받아들이도록 할 수 있기 때문이다. 그러나 악령은 누군가를 속일 수 없는 한 가지가 있는데, 바로 그것은 그 사람의 존재이다. 왜냐하면 사람은 자기 존재를 의심할 수 있기 전에 존재하지 않으면 안 되기 때문이다. 이 통찰이 데카르트의 유명한 공리(아우구스티누스에 의해 달리 진술된 바 있는) 즉 **코기토 에르고 숨**("나는 생각한다 그러므로 나는 존재한다") 속에 표현되어 있다. 이것은 도저히 의심될 수 없는 지식의 한 가지 안전한 사례였다.

데카르트는 코기코로부터 시작하여 신과 논리학과 수학, 그리고 외부 세계의 지식을 재확증하는 데로 나아간다. 그 과정의 상세한 내용은 지금 이 자리에서 중요한 것이 아니다. 그러나 데카르트에 관해서 한 가지 결정적인 사항은 그가 회의주의자를 반대하고 극복하는 **증명 책임**을 받아들였다는 점이다(사람들이 회의주의자를 반대하는 논증을 제시할 수 없다면 어떤 것을 아는 것이 아니다). 그리고 지식은 그 자체로서 지식의 자격을 필하기 위한 완전한 확실성을 요구한다.

지금까지의 논의 목적은 회의주의가 무엇인가에 대한 독자의 감을 위해 회의주의의 역사를 간략하게 예시하는 것이었다. 이하의 논의에서는 네 가지 주제, 즉 회의주의의 다양성, 회의주의를 위한 몇 가지 회의적 논증, 회의주의에 대한 여러 가지 비판들, 그리고 회의주의 요약과 자연주의적 형태의 진화론이 이루어질 것이다.

2. 회의주의의 다양성

회의주의는 가족과 같은 집단적인 관점이지 단 하나의 단순한 입장은 아니다. 이 장의 논의의 목적상 세 가지 형태의 회의주의, 즉 반복적 회의주의, 메타 인식론적 회의주의, 그리고 발견적 내지는 방법론적 회의주의가 간략하게 언급될 것이다. **반복적 회의주의**는 자신의 견해를 위한 논변을 제공하기를 거절하고 대신에 모든 주장에 대하여 단순히 어떻게 아는가라는 질문으로 대응할 때 발생한다. 이 질문에 대한 대답이 주어질 때마다 반복적 회의주의자는 그저 그 질문을 반복할 뿐이다. 따라서 무한히 반복적으로 계속된다. 이러한 형태의 회의주의는 진정한 철학적 입장이 아니다. 왜냐하면 그 옹호자는 지식을 반대하는 논변을 자진해서 제출하지도 않고 지식을 찬성하는 논변을 받아들이지도 않기 때문이다. 반복적 회의주의는 다만 말로만의 게임이고 당연히 그런 것으로 취급하면 된다.

둘째, **메타 인식론적 회의주의**는 콰인과 로티와 같은 철학자에 의해서 제출되었다. 그 지지자는 전통적으로 이해된 철학(특히 인식론)에 대하여 회의적이고 철학(예를 들면 인식론은 정당화와 지식 이론의 규범적 연구라는 개념 규정)을 거부하며 철학은 자연과학과 연속체이거나 자연과학의 일부일 뿐이라고 주장한다. 메타 인식론적 회의주의자는 소위 **자연화된 인식론**이라는 극단적 형태를 고수한다. 이러한 관점은 보다 강력한 형태를 취하게 되면 인식론은 심리학과 신경생리학의 분과로서 환원되고 취급되어야 한다는 그런 의미에서 자연화되어야 한다는 점을 함축한다. 자연화된 인식론은 우리의 믿음을 정당화하는 것이 무엇인가라는 규범적 질문에 초점을 맞추는 대신에 사람들이 실제로 자신의 믿음을 어떻게 형성하는가를 단순하게 기술할 뿐이다. 자연화된 인식론의 과제는 사람들의 믿음이 규범적으로-유형적으로 또는 통상적으로라는 말의 통계적 의미에서-어떻게 형성되는가에 관해서 과학적, 자연적 용어들로 인과적 요소와 과정을 기술하는 것이다.

대다수의 철학자들은 이러한 극단적 형태의 자연화된 인식론과 여기에 포함되는 메타 인식론적 회의주의를 거부한다. 우선, 그것은 인식론에 결정적인 것, 즉 규범적 요소를 무시한다. 전통 인식론은 정당화와 지식, 인식적 덕목과 의무, 그리고 사람들이 믿어야 하는 것과 아닌 것을 결정하는 방법에 대한 설명을 제공한다. 인과적 과정, 믿음 형성 과정에 대한 순수 심리학적 또는 신경생리학적 기술은 그야말로 기술적일 뿐이고 규범적이거나 처방적이지 않다. 따라서 그들은 전통 인식론에 결정적인 규범적 요소를 무시한다. 둘째, 과학이 어떤 철학적 전제들(예컨대 진리가 있다는 것, 사람들이 실제로 외부 세계에 대한 지식과 정당화된 믿음을 가지고 있다는 것)을 가지고 있다는 사실이 이 책(*Philosophical Foundations for a Christian Worldview*)의 제4부 과학철학 중 15, 16, 17장에 걸쳐서 분명히 드러날 것이다. 그 때문에 과학의 인식적 권위는 다른 어떤 방식이 아니라 (인식론을 포함하는) 철학의 권위에 의존한다. 셋째, 이 점에 대해서 모든 철학자가 동의하는 것은 아니지만, 혹자는 자연화된 인식론과 메타 인식론적 회의주의를 주장하는 진술들은 자기 논박적이라고 논변한다. 왜냐하면 그 진술들은 그 자체로(과학적 진술들이 아니라) 정당화가 요구되는 입장에 놓이는 규범적 철학적 진술들이기 때문이다.

셋째 형태의 회의주의는 **발견적** 내지는 **방법론적 회의주의**이다. 여기서 지식과 정당화된 믿음은 인정을 받고, 회의주의 특히 "X라는 것을 어떻게 아는가"라는 질문과 질문의 사용은 인식론적 문제들을 더 낫게 이해하고 연구하는 데 도움을 주는 안내 원리로서 수용된다. 이러한 의미에서 회의주의는 논박 또는 반박되어야 할 입장이 아니라 사람들의 지식 이해를 도와주는 안내 방법이다. 이러한 형태의 회의주의는 그야말로 지식 주장을 회의하고 문제시함으로써 심층적인 이해로 인도해 줄 수 있기 때문에 매우 유용하다. 그러나 여기서 사람들은 방법으로서의 회의와 습성으로서의 회의를 주의 깊게 구별해야 한다. 전자는 지식의 발전을 위해 회의를 방법으로 사용한다. 후자는 그 뿌리가 회의적 성격이나 마음속에 있고 기독교적 조망에서 볼 때 전적으로 바람직한 것은 아니다. 왜냐하면 그리스도인으로서, 우리는 속거나 순진해서도 안 되지만 동시에 신앙과 지식을 진작해야 하기 때문이다. 만일 습성화된 회의가 순박함을 피하게 해 주는 데 도움을 준다면, 그것은 지적 덕목이다. 그런데 만일 그것이 냉소주의와 신앙의 손실을 가져온다면, 지적 악이 된다. 지혜는 균형 잡힌 조망을 요구한다.

이제 진일보한 회의주의, 실질적인 철학적 명제로서 간주된 회의주의를 보다 깊이 표현하는 전통적 형태의 회의주의로 시선을 돌려 보자. 첫째, 지식 회의주의와 정당화 회의주의의 구별이 있다. **지식 회의주의**는 지식의 조건들이 지식을 획득하는 것은 아니라는 것과 사람들은 지식을 가지고 있지 않다는 취지의 명제이다. **정당화 회의주의**는 지식을 향하는 것이 아니라 정당화와 정당화된 믿음을 향하는 동일한 취지의 명제이다. 사람들은 지식 회의주의자일 수 있지만 정당화 회의주의자는 아닐 수 있다. 예를 들면 사람들은 진리와 같은 것이 없다(그리고 지식은 정당화된 **참된** 믿음을 포함하기 때문에 지식은 없다)는 이유에서 또는 지식의 표준이 너무 높아(예컨대 지식은 절대적 확실성을 요구한다) 결코 충족되지 않는다는 이유에서 지식을 부인할 수 있다. 그러나 사람들은 자신의 믿음에 대한 정당화를 자주 가지고 있다는 주장을 계속 받아들일 수도 있다. 이것도 아니라면, 사람들은 정당화는 지식의 일부가 아니라고 주장하면서 지식은 있다는 사실을 받아들일 수 있으되 정당화된 믿음의 존재에 대해서는 회의적일 수 있다.

지식 회의주의자와 정당화 회의주의자는 양측 모두 그 시선이 믿음의 생성, 전달 또는 원천을 향할 수가 있다. 다시 말해서 그들은 자신의 논변을 (1)일차적인 단계에 있는 지식 또는 정당화된 믿음(예컨대 사람들이 적색 감각을 경험하고 있다는 믿음은 사람들이 진실로 그와 같은 감각을 가지고 있다는 사실에 의해서 생성된다)의 발원에 반대하는 것으로 가져갈 수 있다. (2)어떤 정당화된 또는 알려진 믿음(예컨대 사람들이 적색 감각을 경험하고 있다는 믿음)이 다른 믿음(예컨대 실제로 자기 앞에 적색 대상이 있다는 믿음)에 정당화를 전이한다는 사실에 반대하는 것으로 가져갈 수 있다. 또는 (3)지식과 정당화의 원천으로 사용되는 모든 인식 능력(예컨대 기억, 감각적 능력, 추론, 내성적 반성)에 반대하는 것으로 가져갈 수 있다.

이 장에서 우리는 두 가지 이유에서 정당화된 회의주의가 아니라 지식 회의주의에 초점을 맞출 것이다. 첫째, 지식 회의주의에 대해 말하는 것의 많은 부분이 정당화 회의주의에 적용될 수 있기 때문이다. 둘째, 정당화 회의주의를 고찰하는 과제는 그 일부가 여러 가지 정당화 이론을 분석하는 것이고 이 분석은 3장에서 행해질 것이기 때문이다.

마찬가지로 회의주의자마다 회의주의의 깊이가 서로 다르다. 우리는 이미 이 사실을 보았다. 회의적 명제 자체에 대하여 학술적 회의주의자의 시인은 독단적이었고 확실했으나, 퓌론적 회의주의자는 그 시인의 깊이가 덜했고 임시적이었다. 그러나 회의적 명제 자체와는 별도로 지식 일반에 대한 그들 입장의 깊이도 서로 다르다. **순전한 (unmitigated) 회의주의**는 완화된 회의주의보다 더욱 더 강한 확신과 확실성으로 회의주의를 고수하고, **완화된(mitigated) 회의주의**는 지식 주장에 대하여 더욱더 한시적으로 회의주의를 고수한다. 자칭 어떤 지식 사례라고 하더라도 순전한 회의주의자는 그것은 지식의 경우가 아니라고 주장하는 반면, 완화된 회의주의자는 그러한 주장에 대해서 판단을 유보하는 성향이 더욱 짙다.

순전한 회의주의자의 범주 안에는 이들이 긍정하는 세 등급의 강도가 있다. 순전한 회의주의자의 등급을 강약 순으로 표현하면 다음과 같다. (1)어떤 명제도 인식 불가능하다. 즉 어떤 명제가 인식되는 것은 가능하지 않다. (2)어떤 명제가 인식되는 것은 가능할지 모르나, 사실을 말하면 어떤 명제도 인식되는 것이 아니다. (3)인식이라는 말의 약한 의미에서 어떤 명제가 인식될 수 있을지 모르나, 그럼에도 불구하고 어떤 명제도 완전한 확실성을 가지고 인식되는 것은 아니다.

마찬가지로 회의주의자마다 회의주의의 넓이 또는 폭이 다르다. **전체적 회의주의**는 인간 사유의 어떤 영역에서도 지식(또는 정당화된 믿음)은 없다는 관점이다. 이와는 달리 **영역적 회의주의**는 어떤 영역(예컨대 과학 또는 외부 세계의 감각적 지식)의 지식을 허용한다. 그러나 영역적 회의주의자는 이런저런 특정한 영역(예컨대 신학, 윤리학, 수학)의 지식을 부인한다. 보다 구체적으로 말하면 영역적 회의주의자는 지식의 어떤 추정된 대상, 직능, 내용을 회의하도록 지도할 수 있다. 대상이 고려되고 있는 상황이라면 그때 회의주의자는 사람들이 어떤 대상 또는 어떤 종류의 대상(예컨대 타인의 마음, 신, 인과 관계, 물질)에 대한 인식을 가지고 있다는 것을 부인한다. 직능이 고려되고 있는 상황이라면, 그때 회의주의자는 지식이, 사람들이 소유하고 있는 것으로 가정하는 어떤 능력이나 역량(예컨대 감각, 추론, 직관의 다른 형식들)의 활용에 의해서 얻어질 수 있다는 것을 부인한다. 어떤 내용이 관련되어 있다면 그때 회의주의자는 그 지식은 그 내용(예컨대 역사, 신학, 과학, 윤리학)에서 얻어진다는 것을 부인한다.

우리는 세 가지 이유에서 영역적 회의주의를 살펴보지 않을 것이다. 첫째, 철학적 관점에서 더 흥미로운 것은 전체적 회의주의이고, 전체적 회의주의가 수용된다면 영역적 회의주의는 따라오는 것이므로 전체적 회의주의가 더 중심이 된다. 둘째, 영역적 회의주의를 유지하는 것이 어려운 이유는 어떤 특정한 영역에서 밀고나가는 숙고 조항들이 그 영역에서만 국한되기는 어렵기 때문이다. 회의적 숙고 조항들은 다른 영역으로 흘러가기 마련이다. 비유로써 달리 표현하면, 낙타의 코는 텐트 안에 있지만 낙타가 그 안에서만 활동하는 것은 어렵기 때문이다. 셋째, 차후에(*Philosophical Foundations for a Christian Worldview*, 19-20장, 23-24장) 우리는 도덕성과 종교에 관한 회의주의를 검토할 것이고 따라서 그때까지는 영역적 회의주의에 대한 깊은 숙고를 안전하게 연기하는 것이 좋을 것이다.

끝으로 일차 회의주의와 이차 회의주의의 구별이 있다. **일차 회의주의**는 보다 유형적인 형태의 것으로서 사람들의 일상적 믿음 즉 외부 세계(정원에 있는 나무)의 믿음, 또는 윤리적 명제(자비는 그 자체로 하나의 덕이다)의 믿음을 향한 회의주의를 포함한다. **이차 회의주의**는 이와는 다른 믿음에 대한 사람들의 믿음으로 향한다. 여기서 회의주의자는 사람들이 이런저런 특별한 항목에 대한 지식을 가지고 있는가에 대하여 직접적으로 질문하지 않는다. 오히려 그는 사람들이 이 지식을 가지고 있다는 것을 안다는 사상에 도전한다. 정상적인 경우라면 일차 회의주의자가 역시 이차 회의주의자일 것이다. 왜냐하면 사람들이 이런저런 지식을 가지고 있지 않다면 그때는 이런저런 지식을 가지고 있다는 지식을 가질 수 없기 때문이다. 반면에 사람들은 이차 회의주의자일 수 있으나 일차 회의주의자는 아닐 수 있다. 사람들은, 정원에 나무가 있다는 것은 알고 있는데 이 지식을 가지고 있다는 것은 알 수 없다고 주장할 수 있다. 왜냐하면 이러한 이차 지식은 우선 지식이 무엇인가를 이해한다는 것을 요구하고 게티어 반대 사례(제1장 참조)에 비추어 보면 그러한 이해는 없기 때문이다.

우리는 이처럼 서로 다른 버전의 회의주의를 모조리 살펴보지 않을 것이다. 그러한 과제가 중요하기는 하나 현재의 목적으로는 지나치게 세세한 것이다. 그러나 이하에서 전개되는 우리의 논의들은 그 과정에서 때때로 조금씩 조정을 거치면서 여러 가지 다른 회의적 입장에 적용될 것이다. 우리는 전체적·순전한·일차 지식 회의주의에 주의를 집중할 것이다. 더 나아가 우리는 별도의 지시가 없는 한 외부 세계에 대한 우리의 감각적 지식에 초점을 맞출 것이다. 그러나 우리는 회의주의 찬반 논변을 살펴보기 전에, 이러한 탐구의 중요한 목적을 분명히 할 필요가 있다. 지금 우리의 목표, 그리고 인식론 일반의 주요 목표는 우리의 인식 상황을 개선하기 위함이다. 이러한 개선의 일부는 지식과 정당화된 믿음을 더 많이 얻는 것이고(이미 어느 정도는 정당화된 우리의 믿음에 대하여 정당화의 정도를 강화하는 것이며) 우리가 받아들이는 것들로부터 정당화 없는 믿음 또는 거짓된 믿음을 제거하는 것이다. 이 점에 비추어 보면 회의주의자를 논박하는 것과 회의주의자를 반박하는 것은 구별되어야 할 것이다. **회의주의자를 논박하는 것**(refuting)은 회의주의가 거짓이라고 증명하는 것을 포함하고, 심지어 바로 이 점을 회의주의자에게까지 증명하는 것을 포함한다. 이러한 전략은 인식주의자 즉 사람들이 지식을 가지고 있다는 사실을 받아들이는 사람 편에서 수행하는 증명 책임을 받아들이는 것을 포함한다. 이와는 대조적으로 **회의주의자를 반박하는 것**(rebutting)은 회의적 논증이 사람들이 지식을 가지고 있지 않다는 것을 확립하지 않는다는 것을 보여주는 것을 포함한다. 지금의 우리에게 일차적인 관심사는 회의주의자를 논박하는 것이 아니라 반박하는 것이다. 이러한 자세는 증명 책임이 회의주의자 편에 있다는 것을 포함한다. 여기에는 적어도, 우리의 인식 장비(예컨대 감각적 인식 능력)에 대한 최초의 자신감이 표현되어 있다. 이러한 자신감의 표현은 기독교의 유신론적 세계관에는 비교적 정통한 것이다. 왜냐하면 하나님은 그분과 그분의 세계에 대한 지식을 가지도록 인간을 창조하고 설계한 선하고 신실한 이성적인 존재이기 때문이다. 이러한 자신감이 자연주의적 진화의 틀 내에서 정당화되는가 하는 문제는 우리가 이 장의 말미에서 검토할 것이다. 그러나 지금으로서는 회의주의자가 자신의 명제를 변론하고자 제시한 논증들을 진지하게 공격적으로 살펴보는 일이 최우선이다.

3. 회의주의를 위한 논증

회의주의를 위하여 몇 가지 논증이 제출되었는데, 다음과 같은 것들이 있다.

1) 오류와 오류 가능성에 의거한 논증

우리는 과거에 잘못을 범했던 사례들을 인용할 수 있다. 우리는 지식을 가지고 있지 않을 때도 또는 우리의 감각이 우리를 속일 때도 지식을 가졌다고 잘못 생각했다. 노는 물 속에서 굽어보인다. 철로는 멀리서 보면 맞닿아 보인다. 얼음은 어떤 때는 뜨겁게 느껴진다. 어둠 속에서 어떤 사람을 보고 자기 친구라고 생각했으나 나중에 아니라는 것이 드러난다. 회의주의자는 이러한 문제를 열거하고 **오류에 의한 논증**이라고 명명하면서 다음과 같이 일반화한다. 과거의 개개의 오류에서 보듯, 우리는 현상과 실재를 혼동했으며 지식을 가지고 있다고 잘못 생각했다. 우리는 이러한 일이 지금은 일어나지 않는다는 것을 어떻게 아는가? 우리는 이런 일이 세계에 대한 우리의 감각적 지각에서 보편적으로 일어나는 사실이 아니라는 것을 어떻게 아는가? 우리는 과거에 잘못을 범했으므로, 그럼에도 불구하고 우리는 항상 우리의 믿음에서 잘못을 범할 수 있다는 것을 안다. 그렇다면 우리는 지식을 가지고 있다고 어떻게 주장할 수 있는가? 나는 지금 잘못을 범하지 않는다는 것을 어떻게 아는가?

2) 악령, 통 속의 두뇌 논증, 오류 가능성

아마도 회의주의자는 우리가 때때로 잘못을 범했다는 사실로부터 논증할 필요가 없을지도 모른다. 그 대신에 회의주의자는 다양한 **통 속의 두뇌 논증**을 제공할 수 있을 것이다. 그들은 우리가 지식 주장에서 오류를 저지른다는 것이 논리적으로 말해서 가능하다는 것을 지적

하는 것만으로도 충분할지 모른다. 그리고 오류가 논리적으로 가능하다는 것(어떤 추정적인 지식 주장에 대한 회의적 명제가 논리적 모순이 아니라는 사실)으로부터 우리가 지식을 가질 수 없다는 귀결이 나온다. 실제로는 외부 세계가 없는데도 악령이 우리를 속여 외부 세계의 감각적 경험을 우리에게 제공하는 것은 논리적으로 가능하다. 어떤 과학자가 우리의 두뇌를 실험 통 속에 배치하고 자극을 주어 외부 세계가 우리에게 실제로 나타나지 않는데도 충분한 범위에 걸치는 감각적 경험을 가지게 한다. 이러한 일이 나에게 일어나는 것이 논리적으로 가능하기 때문에, 그리고 이 점을 나에게 어쨌든 가리키는 경험이 나에게는 전혀 없을 것이기 때문에(통 속의 두뇌와 외부 세계의 진정한 감각적 지식은 경험적으로 동치이다), 그때는 나는 지식을 가질 수 없다. 왜냐하면 회의적 논증이 논리적으로 가능하기 때문이다. 이러한 회의적 시나리오가 지금 나에게 일어나지 않는다는 것을 나는 어떻게 아는가?

3) 정당화 이행 논증

어떤 회의주의자는 논증을 위해서 우리가 현재 자각하는 감각적 지식을 바로 그 순간에 가지고 있다는 것을 기꺼이 인정한다(예컨대 지금 내 앞에 녹색 나무가 있다든가 나는 지금 녹색 감각을 가지고 있다). 그러나 우리 모두는 바로 이 현재의 감각적 경험을 넘어서는 많은 것들을 알고 있다고 주장한다. 이러한 주장은 **정당화 이행 논증** 즉 정당화가 우리의 현재의 감각적 경험을 넘어서는 지식 주장으로 이행하는 논증을 불러일으킨다. 예를 들면 인식주의자는 사람이 거기에 없을 때도 그 사람이 무엇을 연구하는지를 알 수 있다고 주장하며 해는 내일도 뜰 것이라고 주장하고 이전에 경험한 모든 에머랄드가 녹색이었으므로 모든 에머랄드는 뭐든지 녹색일 것이라고 주장하며 지금 그 사람 앞에 있는 나무는 십 분 전에도 있었다고 주장한다. 회의주의자의 말로는 이러한 모든 지식 주장의 문제점은 그 주장이 그 사람의 현재 지식에는 포함되어 있지 않다는 사실이다. 즉 지금 그 사람 앞에 녹색 나무가 있다는 현재의 믿음은 참일 수 있으나, 그 나무가 십 분 전에도 있었다는 믿음은 거짓일 수 있다는 점이다. 유사하게 그 사람이 연구하는 것은 불타 없어질 수도 있고 해는 내일 뜨지 않을지도 모르며 다른 곳의 어떤 에머랄드는 청색일지도 모른다. 이 모두는 귀납적 지식의 경우이며 전제의 진리성이 결론의 진리성을 보증하는 것이 아니라 협력하는 경우이다. 전제에서 결론으로 가는 정당화의 이행 과정에서 무엇인가가 소실되고 오류 또는 정당화의 손실이 가능해진다. 회의주의자가 묻기로는, 이러한 개개의 경우에서 내가 전제를 안다고 보증해도 결론을 위한 나의 정당화가 상실되지 않았다는 것을 나는 어떻게 아는가?

4. 회의주의 비판

1) 회의주의와 기준의 문제

회의주의를 평가하는 좋은 방법은 소위 **기준의 문제**에 집중하는 것이다. 우리는 인식론의 두 가지 문제를 구별할 수 있어야 한다. 첫째, 우리는 무엇을 안다는 것인가를 물을 수 있다. 이것은 우리가 소유하는 특별한 지식 항목과 우리 지식의 범위에 관한 물음이다. 둘째, 우리가 물을 수 있는 것은 어떤 주어진 순간에 우리가 지식을 가지고 있는가의 여부를 어떻게 결정하는가이다. 즉 지식의 기준은 무엇인가? 이것은 지식에 대한 우리의 기준에 관한 물음이다.

이제 사람들이 모든 믿음을 두 종류의 그룹 즉 참된 또는 정당화된 믿음과 거짓된 또는 정당화되지 않은 믿음으로 분류해서 전자를 존속시키고 후자를 처분하기를 원한다고 가정해 보자. 이렇게 분류함으로써 인식 상황은 개선되어 지식과 정당화의 성장이 가능할 것이다. 그러나 즉시 이러한 분류 작업 행위를 어떻게 진행할 수 있는 것인가

하는 문제가 발생한다. 분류하기 위해서는 전술한 두 가지 물음 중 어느 하나에 대답하지 않으면 안 되는 것 같다. 그러나 지식의 범위에 관한 첫째 물음에 대답을 가질 수 있기 전에 지식의 기준에 관한 둘째 물음에 대한 답이 먼저 필요한 것 같다. 그러나 둘째 물음에 관한 대답을 가질 수 있기 전에 첫째 물음에 대한 답이 필요한 것도 같다. 이것은 기준의 문제이다.[1]

이 문제에 대한 세 가지 주요 해결책이 있다. 첫째, 회의주의가 있다. 회의주의자는 많은 것을 주장하지만, 인식주의자에게는 어떤 해결책도 없고 따라서 지식은 없다고 주장한다. 나머지 두 가지 해결책은 사람들이 지식을 가지고 있다고 주장하는 인식주의자에 의해서 옹호되는 것이다. **방법주의**가 둘째 해결책의 이름이고 로크, 데카르트, 논리 실증주의자 등과 같은 철학자에 의해 옹호되었다. 방법주의에 따르면, 사람들은 지식에 들어가는 것과 들어가지 않는 것에 대한 기준을 가지고서 인식하는 과업을 시작한다. 바꾸어 말하면 사람들은 한 가지 질문이 아니라 두 가지 질문에 대한 한 가지 대답을 가지고 시작한다. 방법주의자는 사람들이 어떤 특정 명제 P(정원에 나무가 있다)를 알 수 있기 전에, 먼저 어떤 일반 기준 Q를 알아야 하고 나아가서 P가 Q의 좋은 사례거나 Q에 상응하는 사례라는 것을 알아야 한다고 주장한다. 예를 들면 Q가 다음과 같다고 하자. "여러분이 오감으로 어떤 믿음의 품목을 시험할 수 있다면, 그때는 그것은 지식의 품목일 수 있다." 또는 "어떤 것이 모종의 방식으로 여러분의 감각에 나타난다면, 그때는 무효화시키는 요인이 없는 한 여러분은 그것이 여러분에게 나타나는 대로라는 것을 안다."

불행하게도 방법주의는 좋은 인식 전략이 아니다. 왜냐하면 그것은 **악무한 소급**에 이르게 되기 때문이다. 이를 이해하기 위해서는 다음을 주목하면 된다. 즉 일반적으로 방법주의는 사람들이 어떤 것 P를

---

[1] See Roderick Chisholm, *The Problem of the Criterion*(Milwaukee, Wis.: Marquette University Press, 1973); Robert P. Amico, *The Problem of the Criterion*(Lanham, Mid.: Rowman & Littlefield, 1993).

알 수 있기 전에, 다른 두 가지 Q(사람들이 가지고 있는 지식의 기준) 와 R(P가 Q를 만족시킨다는 사실)을 알아야 한다. 그러나 곧장 회의주의자는 사람들이 Q와 R을 어떻게 해서 아는가라고 물을 수 있고, 반면 방법주의자는 그가 Q를 어떻게 아는가를 지정하는 새 기준 Q′와 그가 Q가 Q′를 만족시킨다는 것을 어떻게 아는가를 말하는 R′를 제공할 것이다. Q′와 R′에 대하여 동일한 문제가 발생하는 것은 명백하고 따라서 악무한 소급이 시작된다. 이 점을 이해하는 또 다른 방식은 지식에 대한 좋은 기준인 것과 아닌 것에 대한 큰 논란이 있어 왔다는 사실을 주목하는 것이다. 로크는 외부 세계에 대한 지식의 품목은 이 품목이 단순 감각 관념 또는 인상에서 나와야만 한다는 기준을 통과해야 한다(대략적으로 말하면 감각의 시험을 거치는 것)는 사상과 유사한 기준을 제공했다. 이와는 달리 데카르트는 철저하게 구별되는 기준을 제공했다. 즉 지식의 품목은 마음 속에서 명석(희미하지 않고 조금도 틀림이 없는)해야 하고 판명(다른 관념들과 혼동되지 않는)해야 한다. 사람들이 방법주의자라면, 지식의 기준에 대한 논쟁을 어떻게 해결할 것인가? 그 대답은 사람들이 자신의 기준에 대한 기준을 제공해야 할 것이라는 점 등등이다. 그렇다면 방법주의는 곤경에 빠지는 것 같다.

특수주의라고 알려진 셋째 해결책이 있고 이것은 토마스 리이드, 로데릭 치좀, 조지 무어에 의해 옹호되었다. 특수주의자에 의하면, 사람들은 특정하고 분명한 지식의 품목을 인식하는 데서 시작한다. 즉 조식용으로 달걀을 먹었다든가 사람 앞에 나무가 있다든가 사람들이 나무를 보고 있는 것 같다든가 7+5=12라든가 자비는 덕목이라든가 등등, 사람들은 직접적으로 어떤 사물들을 알 수 있고 그것들을 어떻게 아는가에 대한 기준을 가지지 않아도 그리고 그것들을 어떻게 아는가를 또는 알고 있다는 사실을 알아야 하는 일 없이도 단순하게 그것들을 알 수 있다. 사람들은 자신이 알고 있는 것들을 알고 있다고 증명할 수 없어도 또는 충분하게 이해할 수 없어도 많은 것들을 알고 있다. 사람들은 지식 또는 정당화의 기준을 적용하지 않아도 분명한 지식의 사례들을 단순하게 확인한다. 우리는 이러한 사례들을 숙고하여 이들 사례들과 일치하는 지식의 기준을 개발할 수 있고 이를 지식의 경계 사례들을 판정하기 위해서 사용할 수 있을지도 모른다. 그러나 그 기준은 특정 지식 사례들과의 일치에 의해서 정당화될 뿐 다른 길은 없다.

예를 들면 사람들은 도덕적 지식(살인은 그른 행동이다)과 법적 지식(세금 납부 기한은 4월 15일이다)에서 시작하여, 어떤 것이 도덕적이거나 법적이거나 하는 경우에 대한 기준을 정식화할 수 있다. 그리하여 사람들은 이 기준을 경계 사례들(일부러 도로 차선을 범칙 주행하는 것)을 판단하기 위해 사용한다. 일반적으로, 우리는 분명한 지식 사례에서 시작하고 여기에 기초한 기준을 마련하며 경계 사례나 불명확한 사례를 결정하기 위해 이 기준을 사용하여 우리의 지식을 확장한다.

회의주의자는 특수주의자를 향하여 두 가지 기본적인 반론을 제기할 수 있다. 첫째, 특수주의는 쟁점이 되는 문제 즉 사람들은 지식을 가지고 있는가에 대해 가지고 있다고 가정함으로써 회의주의자에게 선결 문제를 추정적으로 요구하고 있다. 특수주의자는 사람들이 지식을 가지고 있다는 것을 어떻게 아는가? 특수주의자가 틀리고 다만 그는 지식을 가지고 있다고 생각하고 있을 뿐이라는 점은 위에서 인용된 사례들에서 가능한 것이 아닌가?

특수주의자는 이 반론에 대해 적어도 네 가지 방식으로 대응한다. 첫째, 선결 문제의 요구에 관해서이다. 회의주의자가 반복적 회의주의자라면 그 문제는 무시될 수 있다. 왜냐하면 그것은 실질적인 입장이나 논증이 아니기 때문이다. 반면에 그가 의심스럽게 보는 그 문제가 논증의 결과라면 그때는 이 논증은 지식에 반대하는 심각한 반론으로서 주장될 수 있기 전에 합리적인 논증이지 않으면 안 된다. 그런데 사람들은 이것저것을 조금이라도 몰랐는데 어떤 것을 합당하게 의심할 수는 없다(예컨대 현재, 자신의 감각을 의심하는 이유는 그것이 과거에 자신을 오도했다는 지식 때문이다). 전체적·순전한 회의주의는 합리적으로 변론할 수 있는 입장이 아니며 회의한다던 그 문제는 지식을 전제하지 않고는 합리적으로 주장될 수도 없고 변론될 수도 없다.

둘째, 회의주의자는 사람들이 알 수 있기 전에 지식의 기준을 가져야 한다는 것을 암시하기 때문에 "당신은 어떻게 아는가"라는 질문을 던짐으로써 특수주의자를 방법주의자로 강요하고 있다. 그리고 회의주의자는 방법주의자를 논박할 수 있다는 것을 알고 있다. 그러나 특수주의자가 방법주의자로 빠져들게 되는 것을 거역하는 길은 내가 어떻게 아는가를 반드시 말하지 않아도 어떤 특정 품목을 알 수 있다고 재확인하는 데에 있다.

셋째, 특수주의자는 특정 지식 사례에서 잘못을 범하게 되는 것이 논리적으로 가능하다는 이유만으로는 그가 잘못이라는 것을 의미한다거나 그가 틀리다고 생각하는 좋은 이유가 있다는 것을 의미한다거나 할 수 없다고 논변한다. 그래서 회의주의자가 특수주의자에게 그 지식 사례가 실패라고 생각하는 좋은 이유를 제공할 수 있을 때까지는 그가 틀리다는 단순한 논리적 가능성만으로는 충분하지 않을 것이다.

특수주의자와 회의주의자는 지식에 대해 매우 다른 접근 방식을 취한다. 회의주의자의 경우 증명 책임은 인식주의자의 몫이다. 사람들이 틀릴 수 있다는 것이 논리적으로 가능하다면 그때는 지식은 현존하지 않는다. 왜냐하면 지식은 확실성을 요구하기 때문이다. 인식론의 두 가지 주요 과제(참된 또는 정당화된 믿음을 얻는 것과 거짓된 또는 정당화되지 않은 믿음을 피하는 것) 가운데 회의주의자는 후자를 고취시켜 지식이 정당화될 수 있기 전에 자신의 입장이 논박되어야만 한다고 요구한다. 더욱이 사람들이 지식을 가지고 있다는 **"확실한 권리"**가 무엇을 의미하는가라고 묻는다면, 여기에는 두 가지 다른 의미가 포함된다. (1)사람들은 지식을 가지고 있다는 것을 독단적으로 주장하고 더 많은 증거를 살펴보는 것을 거부할 수 있다. (2)사람들은 미래의 더 많은 증거에 개방되어 있으면서도 사물을 설명하고 다른 믿음을 형성할 때 믿음의 진리에 의존하는 권리를 가질 수 있다. 회의주의자는 지식에 대한 특수주의자의 주장은 전자의 의미에서 확실한 권리의 보기이지 후자의 의미에서가 아니라고 주장한다.
 이와는 대조적으로 인식주의자는 증명 책임을 회의주의자에게 맡긴다. 어떤 주어진 경우에 잘못을 범하게 되는 것이 논리적으로 가능하다는 이유만으로 사람들이 인식적 의미에서 잘못을 범하게 될지도 모른다는 귀결은 나오지 않는다. "당신은 잘못을 범하게 될지도 모른다"에서 **논리적 "추측"**과 **인식적 "추측"**은 서로 구별되어야 한다. 전자는 지식 주장이 잘못되어 있다고 주장하는 데 논리적 모순은 없다는 것을 의미한다. 후자는 사람들이 지식 주장에서 현실적으로 잘못을 범하게 된다고 생각하는 좋은 이유가 있다는 것을 의미한다. 특수주의자는 회의주의자가 제공하는 모든 것이 어떤 분명한 지식 사례에 있는 오류의 논리적 가능성이지 오류의 인식적 가능성(사람들이 현실적으로 잘못을 범하게 된다고 생각하는 좋은 이유)은 아니라고 주장한다. 지식 주장을 무효화하기 위해서 필요한 것은 후자이다. 특수주의자가 주장하는 것은 이렇다. (1)지식은 확실성을 요구하지 않는다. (2)증명 책임은 회의주의자의 몫이고 특수주의자가 행할 필요가 있는 것은 회의주의자의 반박이지 논박이 아니다. (3)인식론의 두 가지 주요 과제 가운데, 참된 또는 정당화된 믿음을 가지는 것이 거짓된 또는 정당화되지 않은 믿음을 피하는 것보다 우선한다. (4)"확실한 권리"라는 고유 개념은 2차적인 것이다.
 이상의 서로 다른 조망을 요약하면 다음과 같다.

논 점	회의주의자	특수주의자
증명 책임	특수주의자의 책임	회의주의자의 책임
지식	확실성을 요구함	확실성을 요구하지 않음
오류 가능성	논리적 "추측"	인식적 "추측"
회의주의자 다루기	논박의 대상	반박의 대상
인식론의 두 과제	거짓된 또는 정당화되지 않은 믿음의 회피 강조	참된 또는 정당화된 믿음의 획득 강조
특수주의자의 확실한 권리의 용법	폐쇄적 방식으로 독단적으로 단정함	개방적 방식으로 지식을 사용할 권리임

특수주의자의 자기 변론 과정에서 드러난 최종적 논점이 있다. 특수주의자는 자신의 입장이 다른 두 입장보다 유리하다고 주장한다. 방법주의와 관련해서, 특수주의자는 악무한 소급을 피한다. 회의주의와 관련해서, 특수주의자는 결국 사람들이 많은 것들을 알고 있다는 사실과 일치하나 회의주의자는 일치하지 않는다.

이제 우리는 특수주의에 대한 회의주의자의 둘째 주요 반론에 대해서 회의주의자와 특수주의자의 변증법을 이해해야 하는 단계에 도달했다. 단순하게 표현하면, 그 반론은 특수주의는 쉽사리 남용될 수 있다는 점이다. 사람들이 특수주의자가 되겠다고 몰려 와서 너, 나 할 것 없이 갖가지 것들을 안다고 주장할 것이고 이러한 지적 무책임은 용인되기에 이를 것이다.

우리가 이상에서 본 것에 비추어 보면, 특수주의자의 대응은 분명할 것이다. 즉 특수주의를 남용하는 것이 논리적으로 가능하다는 이유만으로, 사람들이 그것을 현실적으로 남용하고 있다는 것이 특정 사례에서 귀결되는 것은 아니다. 사람들은 일반성과 단순한 논리적 가능성에 초점을 맞추는 대신에 지식 주장의 특정 사례들을 살펴보아야 할 것이고 회의주의자를 향하여 특수주의가 바로 그와 같은 사례에서 남용되고 있다고 생각하는 좋은 이유를 제공하라고 요구해야 할 것이다. 그러한 남용이 일어나고 있다는 단순한 가능성은 회의주의자의 대의를 증명하기에는 충분하지 않다. 특수주의자는 특정 지식 사례에서 특수주의적 입장을 채택할 수 있기 전에 특수주의가 언제 남용되고 언제 남용되지 않는지를 말해주는 기준이 필요 없다.

2) 주요 회의적 논증에 대한 요약적 대응

1. 오류에 의거한 논증. 사람들이 과거에 잘못을 범했다는 사실로부터 사람들의 감각이 지금의 이 순간에도 자신을 속이고 있다고 생각하는 좋은 이유가 있다는 귀결이 나오는 것은 아니다. 사람들은 그러한 이유가 **무효자**로서 주어질 때까지는 현재의 감각적 믿음이 지식의

사례라고 확신할 권리를 가지고 있다. 사람들의 현재의 감각적 믿음은 **일단 정당화된 것** 즉 유죄가 "증명되기"까지는 무죄이다. 누군가에게 어떤 것이 지금 여기서 적색으로 보이고 여기에 기초해서 "내 앞의 대상은 지금 적색이다"는 믿음을 형성하면, 그때는 무효자(사람의 정당화를 논박하거나 훼손시킬 요소들)가 부재하는 한 또는 무효자가 있다고 생각하는 이유를 의식하는 일이 없는 한, 사람들은 자신의 감각적 믿음을 확신할 권리를 소유한다. 더욱이 사람들이 인간의 오류 가능성과 과거의 속임에 대해서 지식을 가지고 있다면, 그때는 명백하게 그들은 어떤 것들을 안다.

2. 악령과 단순한 오류 가능성. 사람들의 현재의 믿음이 오류라는 것이 논리적으로 가능하다는 이유만으로 사람들이 오류를 범한다는 것 즉 사람들은 자신의 현재의 믿음을 의심하는 근거를 가지고 있다는 것이 인식적으로 가능하다는 귀결이 나오는 것은 아니다. 어떤 사람에게는 무엇을 알 수 있기 전에 회의주의자를 논박할 필요가 전혀 없다. 증명 책임은 회의주의자 측에 있다. 사람들이 오류를 범할지도 모른다는 것이 논리적으로 가능하다는 단순한 제안만으로 증명 책임이 해소되는 것은 아니다. 지식은 완전한 확실성을 요구하지 않는다. 물론, 회의주의자가 우리의 믿음을 의심하는 근거들을 가지고 있다고 말한다면, 그때는 그러한 근거들이 우리에게 주어지지 않으면 안 된다. 그런데 의심하는 근거들이 우리에게 주어지기 위해서, 우리는 정당화를 의심하는 근거들을 받아들이는 입장에 놓이게 하는 어떤 것들을 반드시 알아야 한다.

3. 정당화 이행. 일련의 근거나 전제가 결론을 보증하지 않는다는 이유만으로 사람들은 그 결론을 알지 못한다는 귀결이 나오는 것은 아니다. 지식은 절대적 확실성을 요구하지 않는다. 더욱이 사람들은 귀납적 지식의 전제나 근거가 그들이 아는 지식 품목에 정당화를 어떻게 이행시키는가에 대하여 이론적 체계를 가지지 않고서도 그러한

지식을 알 수 있다.

여기서 우리의 대응이 짧은 것은 실제로 그 대응이 기준의 문제에 대한 분석에서 논의된 논점들에 적용하는 것을 대표하는 것이기 때문이다. 기준 문제에 대한 우리의 논의로부터 명백한 것은 회의주의자와 특수주의자가 지식을 얻는 인간의 능력과 인간의 인식 장비(감각적, 인지적 능력)의 신실성에 대하여 가지는 신뢰의 태도가 다르다는 점이다. 그러나 그러한 장비를 신뢰하는 것이 참으로 사리에 맞는 일인가?

흥미롭게도, 사람의 세계관은 이 질문이 어떻게 대답되어야 하는가에 영향을 미칠 것이다. 보다 구체적으로 말하면, 다윈 시대부터 현대에 이르기까지 많은 사상가들이 자연주의적 진화론이 참이라면 우리의 인식 장치를 신뢰할 이유가 거의 없을 것이라는 사상을 피력했다. 그러나 기독교의 유신론이 참이라면, 그러한 신뢰를 정당화하는 것을 도와주는 좋은 세계관적 고찰을 가지는 셈이 될 것이다. 이 문제를 간략하게 검토함으로써 이 장을 끝맺고자 한다.

5. 진화론적 자연주의와 우리의 인식 장비

다수의 사상가들 가운데, 루이스(C. S. Lewis), 테일러(Richard Taylor), 플랜팅거(Alvin Plantinga) 같은 철학자들은 여하간에, 일반적으로는 자연주의, 특수하게는 진화론적 자연주의가 회의주의에 귀착한다는 것을 논증했다.[2] 이러한 사상은 새로운 것이 아니다. 실제로 동일한 문제가 다윈 자신을 괴롭혔다. "나에게는 저급한 동물의 마음에서 진화한 인간 마음의 확신이 어떤 가치가 있을까, 전혀 신뢰의 가치가 없는 것은 아닐까 하는 무서운 의심이 항상 일어난다. 원숭이의 마

---

[2] C. S. Lewis, *Miracles*(New York: Macmillan, 1947), chaps. 1-4, 13; Richard Taylor, *Metaphysics*(Englewood Cliffs, N.J.: Prentice-Hall, 1963), pp. 112-119; Alvin Plantinga, *Warrant and Proper Function*(New York: Oxford University Press, 1993), chaps. 11-12.

음에 어떤 확신이 있다면 그 원숭이 마음의 확신을 어느 누가 믿을 것인가?"[3] 이하에서 우리는 플랜팅거가 이러한 논증을 발전시키는 방식을 간단하게 개관할 것이다.

플랜팅거에 따르면 지식은 보증된 참된 믿음이고, 믿음이 어떤 사람에게 **보증**을 가지는 것은 그 믿음이 인지 능력에 의해서 형성되었고, 그리고 이 인지 능력이 적절하게 기능하고 있고, 또한 이 능력이 설계된 방식에 적당한 인지 환경에서 좋은 기획 의도와 일치하며, 이 능력의 기획 의도가 진리를 획득하는 것을 목적으로 하는 오직 그러한 경우뿐이다("오직 그 경우에만"은 "만약~라면 그리고 오직 그 경우에 한해서"를 의미한다). 여기서 요점은 플랜팅거에 따르면 보증은 규범적 개념이라는 것이고, 보증의 본질적인 부분은 우리의 능력이 적절하게 기능하고 있다는 점, 다시 말해서 그 능력이 기능해야 하는 대로 기능하고 있다는 점이다. **적절한 기능**은 규범적이기(우리의 능력이 기능해야 하는 대로라는 관점에서 이해되는 것이기에)때문에, "적절한 기능"은 인간 능력이 사실적으로 기능하는 통계학적으로 통상적인 또는 정상적인 그런 방식에 대한 단순한 기술로 이해될 수 없다. 이 두 개념(규범적 기능 vs. 통계학적 통상적 기능)은 동일한 것이 아니다. 어떤 사람은 기능해야 하는 방식대로 기능한 감각적 지적 능력을 가질 수 있고 만일 그 밖의 다른 모든 사람이 제대로 기능하지 않는 능력을 소유했다면 그는 그 방식대로 기능하는 유일한 사람일 수 있는 셈이다. 마찬가지로 사람들은 대다수의 사람들의 능력에 결함이 있었더라면, 작용해야 하는 대로 작용한 능력을 가지지 않고서도 통계학적으로 통상적 방식에 따라 기능한 능력을 소유할 수 있다.

이제 적절한 기능의 개념이 어떤 것이 기능해야 하는 방식대로 기능하는 것으로 이해되었으므로 그 개념의 의미는 지능에 의해 기획되는 인공물에 대하여 분명해지게 된다. 왜 그런가? 그 이유는 어떤 것

---

[3] 이것은 도운(William Graham Down)에게 보낸 1881년 7월 3일자 다윈의 서신에 나온다. *The Life and Letters of Charles Darwin Including an Autobiographical Chapter*, ed. Francis Darwin, 2 vols.(London: John Murray, Albermarle Street, 1887), 1:315-316.

이 기능해야 하는 방식대로 기능한다는 주장은 그것이 기능하도록 기획된 대로 기능한다는 견지에서 쉽게 이해되기 때문이다. 엔진은 그것이 기능하도록 기획된 대로 기능한다는 점에서 적절하게 기능한다. 이제 지식이 보증된 믿음을 전제한다면, 그리고 보증된 믿음은 그 믿음이 적절하게 기능하는 능력에 의해서 산출된 것이라고 전제한다면, 그리고 적절하게 기능하는 능력의 개념이 어떤 방식으로 기능하도록 기획된다는 개념을 전제한다면, 그때는 지식은 기획자를 전제한다.

자연주의자가 우리에게 빚지고 있는 것은 인간이 기획자의 생각을 피할 수 있는 능력으로서, 적절하게 기능하는 인지적 감각적 능력을 가지고 있다는 것이 무엇을 의미하는가에 대하여 설명하는 부분이다. 플랜팅거는 그들의 설명은 성공하지 못했다고 말한다. 하여간 그들은 모두 "적절한 기능"을 통계학적으로 정상적 통상적 방식으로 기능한다(예컨대 심장은 대부분의 심장이 기능하는 대로 기능한다면 정상적으로 기능하는 셈이다)는 견지에서 또는 문제의 기관이나 능력을 가지는 유기체의 생존 가치를 높이는 방식으로 기능한다는 견지에서 규정한다. 그러나 이렇게 한다고 해서 적절하게 기능하는 능력의 규범적 개념이 우리에게 주어지는 것은 아니다. 어쨌든 사람들은 진화론과 생존 가치의 견지에서 적절한 기능을 규정할 수 없다. 왜냐하면 진화가 참이라고 할지라도 그것은 우연적 진리이기(진화는 거짓일 수 있었고 실로 거짓이라는 것이 가장 그럴 듯하다)때문이고, 진화가 거짓이었다고 해도 적절하게 기능하는 능력은 있을 수 있기 때문이다. 그러므로 진화의 진리는 적절하게 기능하는 능력을 유의미하게 만드는 데 필요한 것일 수 없다. 우리가 적절하게 기능하는 능력에 대하여 제시하는 설명이 어떤 설명이라고 해도 그 설명은 진화가 참인 가능 세계와 진화가 거짓인 세계에 적용되어야 한다. 어떤 대상 말하자면 "적절하게 기능하는 능력"의 실재적 본질을 붙잡는 정의는 그 밖의 어떤 다른 요인(진화)이 참인가 아닌가에 좌우되어 규정되는 대상에 우연적으로 적용될 수 없다.

플랜팅거의 고소 이유는 우리가 여기서 제출할 수 있는 것보다 훨씬 상세하다. 그러나 그의 논증이 옳다면 그때는 진화론적 자연주의를 포함하여 형이상학적 자연주의는 거짓이 된다. 논점은 바로 이것이다. 즉 지식이 존재한다면, 그리고 적절하게 기능하는 능력이 지식의 필요조건이라면, 그리고 나서 적절한 기능의 개념이 그러한 능력을 기획하는 존재를 요구하고 엄격한 자연주의적 용어로는 충분히 이해될 수 없다면, 우리는 형이상학적 자연주의는 거짓이라고 결론내릴 수 있다.

이어서, 플랜팅거는 진화론적 자연주의가 거짓이라는 것이 아니라 참이라고 하더라도 그것을 믿는 것은 여전히 비합리적이라는 것을 보여주는 논증을 전개한다. 그는 자연주의적 진화론을 따라서 인간 존재, 그 구성 부분, 그리고 인지 능력은 맹목적이고 마음도 목적도 없는 과정에 의해 발생하여 오로지 생존 가치와 증식 편의를 위해서만 선택된 것이라는 사실을 지적하는 데서 시작한다. 우리의 인지 능력이 이러한 방식으로 생겼다면, 그때는 그 궁극적 목적(위에서 본 바와 같이 한 가지 목적이 있다)은 우리가 어떤 방식으로 행동한다, 즉 우리의 생존 기회가 많아지도록 영양분을 섭취하고 위험을 피하며 싸우고 번식하는 방향으로 적당하게 움직인다는 것을 보장하기 위함이다. 이러한 조망으로부터 믿음 그리고 참임이 확실한 믿음은 어떤 역할을 조금이라도 한다면, 역할의 끄트머리에 자리하는 장식품에 지나지 않는다. 따라서 자연주의적 진화론은 우리의 인지 체계가 참된 믿음의 생산을 하나의 목적으로 가진다거나 사실상 우리에게 가장 참된 믿음을 공급한다거나 하는 사실을 의심하는 이유를 제공하는 셈이다.

그러나 혹자는 이러한 논의에 다음과 같은 방식으로 반론을 제기할 수 있지 않겠는가? 확실히 신뢰할 만한 감각적 인지적 능력을 갖춘 유기체는 이러한 능력이 없는 유기체보다 생존할 수 있는 개연성이 높을 것이고 따라서 진화 과정은 신뢰할 만한 능력을 선택할 것이고 이를 존재하게 했을 것이다. 플랜팅거에 따르면, 이것은 사실이 아니다. 즉 우리의 능력이 신뢰할 만한 것이라는 개연성은 진화론적 자연주의가 사실이고 우리가 소유하는 능력들이 존재하게 되는 경우 (1) 매우 낮은 개연성이거나 (2) 우리가 모르는 것으로 남아야 하는 어떤 것이거나이다. 플랜팅거가 이렇게 생각하는 이유는 무엇인가? 진화는 적응 행동을 선택하는 것 같다. 그러나 우리는 참된 믿음을 산출하는 능력에 대해서도 똑같이 말할 수 없다. 왜냐하면 진화론적 자연주의를 조건으로 하면 우리의 믿음(또는 가설적인 피조물이나 가령 원숭이의 믿음)과 우리의 인식 능력에 관해 적어도 배제될 수 없는 다섯 가지 다른 시나리오가 가능해지기 때문이다.

첫째, 진화 과정은 행동과 아무런 인과 관계도 없는 믿음을 산출할 수 있고 따라서 아무런 목적도 기능도 없는 믿음을 산출할 수 있는 셈이다. 이러한 경우 진화는 적응 행동을 선택하기는 하나 믿음은 한갓 부수 현상에 지나지 않고 목적도 기능도 없는 유기체의 물리적 상태의 "부유물"에 불과할 것이다. 믿음은 행동을 일으키지 않을 것이고 행동에 의해 일어나지도 않을 것이다. 따라서 믿음은 진화에 보이지 않고 사라지는 것이 될 것이다. 이러한 플랜팅거의 논증에 우리가 첨가하고 싶은 논점이 있다.

제11장과 12장에서 우리는 자연주의적 진화론이 생명 유기체의 물리주의적 관점을 함축하는 것으로 보인다는 것을 이해하게 될 것이다. 즉 생명체는 다만 복잡한 물리적 대상이라는 것이다. 왜 그런가? 이러한 관점에 의하면, 생명체는 오직 물리적 자재에 작용하는 물리적 진화 과정의 결과일 뿐이기 때문이다. 따라서 진화의 산물(생명체)은 오로지 물리적일 뿐이다. 그런데 적어도 두 가지는 물리적 실재가 아닌 정신적 실재인 것으로 보인다. 즉 믿음과 믿음에 대한 우리의 관계가 그것이다. 우리의 믿음(예컨대 붉음은 색깔이다)은 그 믿음에 본질적인 어떤 정신적 내용(믿음의 의미 또는 명제적 내용)을 가진 마음 상태인 것 같다. 더욱이 인식하는 존재로서 우리는 본성상 물리적이 아닌 정신적 믿음에 대한 어떤 관계를 간직한다. 즉 우리는 우리의 믿음을 파악하고 참여하며 긍정하고 주시하며 숙고한다. 따라서 믿음과 믿음에 대한 우리의 관계가 본성상 정신적이라면, 진화론적 자연주의는 아무런 믿음도 정신적 관계도 없다는 것을 함축하는 것 같다. 만일 믿음이 존재하지 않는다면, 믿음이 행동을 일으킨다거나 행동에 의해 믿

음이 일어난다고 말하는 것은 거의 불가능하다.

둘째, 진화는 행동의 결과인 믿음을 산출할 수 있으나 행동의 원인인 믿음을 산출할 수 없다(전자의 경우에 믿음은 행동도 믿음도 아니었다). 이 경우에 믿음은 장식품과 같을 것이고 행동을 낳는 인과 연쇄의 일부도 아닐 것이다. 깨어 있다는 믿음과 꿈은 지금의 나에게 거의 같게 될 것이다.

셋째, 진화는 인과적 효력을 가지는 믿음을 산출할 수 있다(믿음은 행동에 의해서 일어나고 또 교대로 행동을 일으킨다). 그러나 그것은 믿음으로서의 본질 말하자면 그 의미론 또는 정신적 내용에 의한 것이 아니라 믿음(또는 그 일부)과 연결되는 물리적 특성이나 구문론에 의해서이다. 플랜팅거는 이를 예시하기 위해 시를 너무 큰 소리로 읽어 유리컵을 깨뜨리는 사람을 예로 들면서, 이러한 인과적 효력은 그 시의 의미나 내용에 의해서 산출되는 것이 아니라(인과적 효력을 가지는 믿음처럼 그 시의 의미나 내용은 인과적으로 무관하다), 읽는 사람의 입에서 나오는 소리의 진동에 의한 것이라고 증언한다.

넷째, 진화는 구문론적으로, 의미론적으로(내용에 의해서) 사실상 인과적으로 유효한 믿음을 산출할 수 있다. 그러나 그러한 믿음과 믿음 체계는 적어도 두 가지 방식으로 부적응적일 수 있다(일반적으로, 피부 색소 결핍 환자와 같은 부적응 피조물은 종에게 고정될 수 있고 후손에게 전해질 수 있다. 마찬가지로, 어떤 믿음 체계의 현존이나 믿음 형성의 성향은 부적응적일 수가 있고 종에게 계속 고정되어 후손에게 전해질 수 있다). 첫째, 믿음은 피조물에게 생존 촉진 행동을 유발하는 고에너지 착란일 수 있다. 그러나 그것은 어떤 점에서는 그런 행동을 산출하는 인과 관계가 믿음을 회피한 경우보다 더 비효과적이고 더 비경제적일 수 있다. 플랜팅거의 논지를 지지하면서 어떤 과학자들은 합리적 능력(예컨대 믿음 처리 체계)의 소유가 불리한 조건일 수 있다고 주장했다. 왜냐하면 그러한 체계는 신경 체계와 연결된 정보 처리 능력의 증대를 요구하고 출생 전으로나(그러한 체계는 보다 길고 보다 취약한 임신 기간을 요구한다) 출생 후로나(그러한 체계는 양육과 교육에 보다 긴 시간을 요구한다) 번식에 불리한 것이기 때문이다. 둘째, 믿음은 직접적으로 부적응 행동을 산출할 수 있다. 그러나 유기체는 어떻게 해서든 다른 중요한 요인 덕택에 살아남을 수 있다.

끝으로 진화는 믿음의 내용에 의해서 인과적으로 효력이 있고 적응 능력이 있는 그런 믿음을 산출할 수 있다. 그러나 이 경우에 우리는 여전히 다음과 같이 물을 수 있다. 즉 그러한 믿음을 산출하는 인식 능력이 참된 믿음을 가지게끔 인도하는 믿을 만한 안내자라는 것은 있음직한 일인가? 플랜팅거는 그렇게 높지 않다고 말한다. 그 이유를 알기 위해서 우리는 믿음은 행동을 직접적으로 산출하지 않는다는 점을 주목할 필요가 있다. 오히려 믿음, 욕망, 그리고 다른 요인들(예컨대 감각, 의지 작용, 또는 인격) 전체가 행동을 산출하는 것들 가운데 함께 존재한다. 플랜팅거는 선사 시대 인간 폴을 생각해 볼 것을 권유한다. 폴의 생존은 호랑이를 피하는 다양한 유형의 행동들(예컨대 도주, 잠복)을 개시하는 것을 요구한다. 이러한 행동을 B라고 부르자. 그런데 B는 잡아먹힐 운명에서 벗어나는 기회를 증대시킬 것이라는 참된 믿음 이외에, 잡아먹히는 것을 피하고 싶은 폴의 욕망에 의해서 일어날 수 있다.

그러나 끝없이 많은 다른 믿음-욕망 체계가 비록 거짓된 믿음(그리고 잘못된 욕망과 부정확한 감각적 경험)을 포함하고 있더라도 B를 역시 쉽게 산출할 수 있다. 예를 들면 폴은 잡아먹히는 생각을 좋아하지만 호랑이가 자기를 잡아먹는 일이 일어나지 않을 것 같다고 생각하기 때문에 좀더 나은 곳을 찾아서 항상 호랑이를 피해 달아난다. 혹은 호랑이를 친절한 큰 고양이라고 생각하고 귀여워하기는 하나 역시 귀여워하는 가장 좋은 방법이 피해 달아나는 것이라고 믿는다. 아니면 호랑이에게 달려가는 것을 호랑이를 피해 달아나는 것이라고 혼동할 수도 있다. 이 모든 믿음-욕망 체계는 생존에 관한 한 폴의 몸을 안전한 장소에 놓아 둘 것이다. 그러나 그 대부분이 그렇게 하기 위해서 참된 믿음을 포함할 필요는 없을 것이다. 플랜팅거의 논지를 정교하게 다듬는다는 의도를 가지고, 진화론의 조망에서 보면, 유기체는 믿음,

욕망, 감각과 의지에 관한 한 블랙 박스이다. 적절한 상황을 조건으로 해서 (생존 목적으로) 바른 방향으로 움직이는 유기체는 자기 주위 세계에 대한 참된 믿음이나 정확한 감각을 가질 필요가 없다. 따라서 참된 믿음을 규칙적으로 산출하는 믿을 만한 능력의 소유는 생존의 조건에 필요한 것이 아니다. 이 점이 특별하게 사실로 드러나는 때는 추상적 문제에 대한 참된 믿음을 가지거나 지적 이론 예컨대 진화론 찬반 논증을 구성하는 능력을 포함하여 철학적 반성, 과학적 이론화 등등에 참여하거나 할 수 있는 능력이 문제되는 경우이다. 이러한 능력은 번식의 편의와 생존을 구속하는 요소로서 요구됨직한 것들을 넘어선다.

이제 이 다섯 가지 시나리오는 각각 가능하다. 그리고 우리의 인식 장비의 신뢰가능성에 대한 나은 증거가 없다면, 이러한 능력을 신뢰할 수 있을 개연성은 진화론적 자연주의와 우리가 소유하는 능력을 조건으로 하는 한, 매우 낮거나 아니면 우리들이 모르는 것으로 해야 하는 것이 된다. 따라서 진화론적 자연주의는 우리의 인식 장비의 신뢰가능성을 믿는 우리의 근거를 제거하는, 즉 훼손하는 무효자로 사용된다. 플랜팅거는 이것을 어떤 사람이 공장에 들어가서 일관 작업대가 외견상 빨간 소형 부품을 운반하는 것을 보고 난 후에 누군가가 그 사람에게 이 소형 부품은 모든 것을 붉게 보이게 하는 다채로운 적색 불빛을 받고 있다는 말을 들려주는 경우에 비유한다. 그 사람 앞에 주어진 소형 부품은 여전히 적색일 수 있다. 그러나 그 사람은 그것을 믿는 아무런 근거도 가지고 있지 않을 것이다. 그는 그러한 믿음을 훼손하는 무효자를 스스로 소유하고 있는 셈이다.

혹자는 우리는 우리의 인식 장비를 믿는 근거를 진화론과는 별도로 소유하고 있으며 다시 말해서 우리는 항상 참된 믿음을 향한 추리 활동에 참여한다는 사실을 반론용으로 주장할 수 있을 것이다. 그러나 플랜팅거는 이러한 주장은 우리의 인식 장비를 믿는 이유를 제공하는 척하는 점에서 **실용적으로 순환적**이라고 말한다. 그러나 그 이유는 그러한 능력이 참으로 신뢰할 수 있는 경우에만 신뢰할 수 있는 것이 된다. 내가 나의 인식 장비를 의심할 수 있게 되었다면, 나는 그 장비를 사용하는 논증을 제공할 수 없다. 왜냐하면 나는 의심의 대상이 되는 바로 그 장비에 의존할 것이기 때문이다.

진화론적 자연주의자는 이 실용적 순환의 책임에 대하여 다음과 같이 대응할 수 있다. 우선, 그는 진화론적 자연주의에서 시작하는 권리를 주장하고 플랜팅거의 논증을 이해하게 되어 그의 인식 장비를 불신하게 된다. 그러나 그와 동시에 그는 자신의 불신이 역시 플랜팅거의 논증 자체를 믿는 것에 대하여 자신이 가지고 있는 이유를 제거한다는 점을 깨닫는다. 마침내 더 이상 그는 자신의 인식 장비를 불신하는 이유를 가지지 않게 된다. 이에 대한 플랜팅거의 대응은 진화론적 자연주의가 사실상 흄이 오래 전에 주목한 것과 같은 마비된 **변증법적 고리**에 갇혀 있다는 것을 보여주는 것이다.

> 이 [회의적] 논증은 정당하지 않다. 왜냐하면 회의적 추리는, 만일 존재할 수 있는 것이고 그 기묘함에 의해서 파괴되지 않는 것이라면, 마음의 연속적 성향에 따라, 동시에 강한 것이자 약한 것이기 때문이다. 우선 이성은 절대적 지배권과 권위를 가지고 법칙을 처방하고 공리를 부여하면서 왕권을 소유하는 것 같다. 그러므로 이성의 적은 이성의 보호 아래에서 피난처를 마련하지 않을 수 없고 이성의 오류 가능성과 무능을 증명하기 위해 합리적 논증을 사용함으로써 이성의 손과 인증 아래 어떤 방식으로 특허권을 얻지 않을 수 없다. 이 특허권은 일차적으로 권위를 획득하지만 이 권위는 이성의 현재적 직접적 권위의 제안으로서 파생되는 권위이다. 그러나 이 권위가 이성에 모순적인 것이라고 생각됨에 따라 자기 지배력의 강력과 자기 힘을 동시에 천천히 감소시키고 마침내 그 힘은 규칙적으로 정당하게 감소됨으로써 무로 사라지기에 이른다.[4]

---

[4] David Hume, *A Treatise of Human Nature*, analytical index by L. A. Selby- Bigge, 2d ed. with text revised and notes by P. H. Nidditch(Oxford: Clarendon, 1978; first ed., 1888), book 1, part 4, section 1, pp. 186-187.

회의주의를 반대하는 흄의 논증은 다음과 같이 풀어 쓸 수 있다. 즉 우리는 이성을 신뢰하는 데서 시작한다. 그러나 나중에 우리는 그 신뢰를 반대하는 회의적 논증을 만나고 드디어 이성을 믿는 것을 중지한다. 그러나 일단 이렇게 하고 나면 우리는 더 이상 회의적 논증 자체를 받아들이는 그리고 이성에 대한 불신을 계속하는 이유를 가지지 않게 된다. 여기서 나는 이성을 다시 신뢰하기 시작하고 그러고 나면 회의적 논증은 다시 자기 자신을 주장하는 것을 반복한다. 우리는 악한 변증법적 고리에 들어갔으며 마침내 일종의 지적 마비에 도달하게 된다. 플랜팅거에 따르면, 진화론적 자연주의자는 이와 동일한 종류의 고리에 갇혀 있다. 이것은 진화론적 자연주의가 우리의 인식 장비의 신뢰가능성을 믿는 근거에 대하여 궁극적으로 불패의 무효자라는 것을 보여준다. 달리 표현하면 진화론적 자연주의는 자기 패배적이라는 것이다. 왜냐하면 그것은 궁극적으로 불패하는(더 근본적인 고찰을 한다 해도 제거될 수 없는) 무효자(우리의 인식 장비를 신뢰하지 않는 근거)를 스스로 제공하기 때문이다. 진화론적 자연주의와 전통적 유신론이 우리의 선택권이라면, 이러한 조건은 전통적 유신론을 위한 논증을 제공하거니와, 전통적 유신론은 많은 것을 가르친다. 말하자면, 합리적이고 선하다고 하는 하나님이 우리의 인식 장비를 기획했고 인지적 환경에 공헌하는 장소에 우리를 놓아두었다고 가르치며, 그리하여 우리는 그분과 그분의 세계에 관한 많은 지식을 가질 수 있다고 가르친다.

우리는 플랜팅거의 사고 노선에 반대하는 논증과 이에 대한 대응을 평가하는 과제를 여기서 수행할 수 없다. 그러나 한 가지는 언급되어야 한다. 우리의 인식 장비의 신실성은 이러한 능력의 본성, 기능 그리고 근원과 관련된 폭넓은 세계관적 고찰과 밀접하게 연관되어 있다. 따라서 회의주의의 문제는 적어도 부분적으로, 서로 다른 세계관이 이 문제에 영향을 미치는 자료에 비추어 분석되어야 한다.

[제2장의 요약]

　회의주의는 고대의 학술적, 퓌론적 회의주의로부터 현대의 회의주의에 이르기까지 기나긴 역사를 가지고 있다. 여러 가지 형태의 회의주의가 있다. 반복적 회의주의자는 단순히 당신은 어떻게 아는가라는 질문을 반복하고, 메타 인식론적 회의주의자는 철학과 인식론 자체에 대하여 회의적이며, 발견적 회의주의는 인식론적 통찰의 개발로 이어지는 주요 안내자이다. 지식 회의주의와 정당화 회의주의는 각각 지식과 정당화를 겨냥하고 지식 또는 정당화의 발생, 이행 또는 원천에 대한 논증을 사용한다. 순전한 회의주의자는 회의주의를 더 확신하고, 완화된 회의주의자는 더 한시적이다. 전체적 회의주의자는 인간 사고의 어떤 영역에서도 지식은 없다고 주장하고, 영역적 회의주의자는 회의주의를 특정한(또는 종류의) 대상, 능력 또는 내용에 국한한다. 일차 회의주의는 일상적 믿음에 초점을 맞추고, 이차 회의주의는 우리가 안다는 것을 아는 앎에 집중한다. 회의주의자를 논박하는 것과 반박하는 것 사이에는 주요한 차이가 있다.

　세 가지 주요 회의적 논증 즉 오류에 의거한 논증, 오류 가능성에 의거한 논증, 지식 이행에 관한 논증이 진술되었다. 우리는 회의주의에 대응하면서 중점 영역이 기준 문제였고 회의주의자, 방법주의자, 특수주의자 사이에 오고 갔던 논쟁에 대한 그 기준의 적용 문제였음을 보았다. 회의주의 논쟁의 일부는 우리의 인식 장비에 대한 신뢰에 관련되는 것이고 그 신뢰는 부분적으로, 사람이 가지는 세계관 전반의 기능이다. 특히 자연주의적 진화론은 우리의 인식 장비의 신실성에 대한 자신감을 정당화하는 자원을 끝내 소유하지 못하고 만다.

[기본 용어 및 개념 목록]

기준의 문제
논리적 "추측"
데카르트적 확실성
메타 인식론적 회의주의
무효자
반립 명제
반복적 회의주의
발견적 또는 방법론적 회의주의
방법론적 회의
방법주의
변증법적 고리
보증
순전한 회의주의
실용적으로 순환적
아타락시아
악무한 소급
에포케
오류에 의거한 논증
완화된 회의주의
이차 회의주의
인식적 "추측"
인식주의자
일단 정당화된

일차 회의주의
자연화된 인식론
적절한 기능
전체적 회의주의
정당화 이행 논증
정당화 회의주의
증명 책임
지식 회의주의
영역적 회의주의
통 속의 두뇌 논증
특수주의
퓌론적 회의주의
학술적 회의주의
확실한 권리
회의주의자 논박
회의주의자 반박

제3장
정당화의 구조

> 진리는 두 가지 방식으로 마음에 일어날 수 있다. 즉 그 자체로 알려지는 것과 삼자를 통해 알려지는 것.
>
> 아퀴나스, 『신학대전』(*Summa Theologiae*) IA. Q.84, A.2

> 실제로 강요받을 때 우리가 어느 곳 또는 어느 때나 사용할 수 있는 단 하나의 [진리의] 시금석이 있다. 정합성은 우리의 유일한 진리의 기준이다.
>
> 블랜샤드, 『사고의 본성』(*The Nature of Thought*)

> 기초적인 이해를 사용하지 않고 정당화의 정합 이론을 구성하는 것은 생중계가 없었는데도 녹화 방송으로써 노래를 새롭게 녹음하는 것과 다르지 않다.
>
> 치좀, 『지식론』(*Theory of Knowledge*), 3D ED.

1. 서론

앞의 세 장에서 우리는 지식과 합리성의 본성, 지식과 정당화된 믿음에 대한 다양한 회의적 도전, 그리고 지식과 정당화된 믿음에 대한 다양한 원천과 소견을 살펴보았다. 그 세 장에서 우리는 정당화와 정당화된 믿음의 인식적 개념들을 언급할 기회를 가졌고 적어도 그에 관한 두 가지 조항을 발견했다. 첫째, 사람들은 실제로 많은 영역의 인지 활동에서 정당화된 믿음을 가진다. 둘째, 정당화는 규범적 개념 즉 적극적 인식 평가와 관계하는 개념이다. 우리가 어떤 믿음이 정당화를 가진다고 말한다면, 그때는 인식론적 관점에서 적극적인 어떤 것을 말한다. 그리고 훨씬 그 이상으로, 정당화는 지식의 필요조건이다. 이 장에서 우리는 정당화와 정당화된 믿음의 구조를 심층적으로 고찰하고자 정당화에 대한 토대주의자 이론과 정합주의자 이론의 논쟁에 집중할 것이다. 약간의 서론적 언급 후에 우리는 순서에 따라 토대주의와 정합주의를 평가할 것이다.

인식 구조라는 용어는 어떤 사람 S가 믿는 일련의 전 명제를 대표하고 여기에는 S 자신과 그러한 믿음 사이의 관계(예컨대 S는 어떤 믿음에 기초해서 다른 믿음을 받아들인다) 이외에 믿음과 믿음 사이에서 얻어지는 다양한 인식론적 관계(예컨대 사과가 빨갛다는 어떤 믿음은 그 사과가 유색이라는 다른 믿음을 포함한다)가 함께 포함된다. **토대주의**와 **정합주의**는 인식 구조가 어떻게 구조화되어야 하는가? 말하자면 믿음이 그러한 인식 구조에서 그 구조를 소유하는 사람에게 어떻게 정당화되는가에 관한 규범적 이론이다.

우리 모두는 다른 믿음을 수용하는 것을 기초로 해서 어떤 믿음을 수용한다. 사라는 나뭇잎이 떨어지는 와스스하는 소리를 듣는다. 그녀는 바람이 불고 있다는 것을 깨닫는다. 바람이 불고 있다는 그녀의 믿음은 나뭇잎이 바스락거린다는 그녀의 믿음에 기초하며 또 그런 믿음에 의해 정당화된다. 바람이 분다는 둘째 믿음은 간접적이다. 즉 최초의 믿음을 통해서 또는 최초의 믿음에 의해서 간접적으로 정당화된다. 이제 우리는 다음과 같이 묻고 싶을 것이다. 바람이 불고 있다는 믿음을 정당화하는 것은 무엇인가? 제3의 믿음인가? 아니면, 감각적 경험 즉 소리를 듣는 경험인가?

일반적으로 P, Q, R은 어떤 사람에 의해 수용된 세 믿음이고 P는 Q를 기초로 해서 정당화되고 Q는 R을 기초로 해서 정당화된다고 가정하자. 우리는 P는 Q를 기초로 해서 정당화되고 Q는 R을 기초로 해서 정당화되는 경우에 P, Q, R과 같은 믿음의 연쇄를 **인식의 연쇄**라고 부른다. 이제 우리는 R과 R의 정당화에 관해서는 어떻게 말해야 하는가? 네 가지 주요 선택권이 제시된다.

첫째, R은 S에 의해서 정당화되고 S는 T에 의해서 정당화된다는 것이다. 대다수의 철학자들은 이 선택을 수용하지 않는다. 왜냐하면 그것은 악무한 소급을 보여주게 되기 때문이다. 둘째, 혹자는 R에서 정당화의 연쇄를 멈추고 R은 정당화되지 않은 맹목적인 가정이라고 말한다. 대다수의 철학자들 역시 이러한 대안을 싫어했다. 왜 그런가? P와 Q에 대한 정당화는 궁극적으로 R에 대한 정당화에 의존하기 때문이다. R 자체가 정당화가 없고 단순한 맹신일 뿐이라면, 어떻게 R이 P와 Q를 정당화할 수 있는가? 정당화할 수 없다. 셋째, 사람들은 R에서 멈추고 어쨌든 R 자체는 정당화되는 것이기는 하나 어떤 다른 믿음을 기초로 해서 정당화되는 것은 아니라고 말한다. 아마도 R은 자명하거나 신뢰할 수 있는 방법으로 산출되거나 또는 감각적 경험에 근거를 두거나 하겠지만 결코 지각적 믿음에 근거를 두지는 않는다. 이것이 토대주의자가 취한 전략이다. 넷째, 사람들은 R은 P에 의해 정당화된다고 주장함으로써 정당화의 원을 그리거나 P, Q, R은 상호 지원 작용 체제로서 서로 정당화한다고 주장함으로써 정당화의 거미줄을 형성할 수 있다. 이것이 정합주의자의 조망이다.

토대주의자와 정합주의자는 이 문제에 대해서 서로 다르고 정당화된 믿음을 전개하는 인식 구조의 본성에 대해서 경합을 벌인다. 토대주의자의 경우, 정당화의 인식 연쇄는 다른 믿음을 기초로 해서는 정당화가 되지 않는 믿음에서 멈춘다. 정합주의자의 경우, 어떤 믿음을 정당화하는 유일한 것은 다른 믿음이다. 더 구체적으로 말하면 문제의 그 믿음이 정당화되는 것은 올바른 방식으로 다른 믿음과 정합한다는 사실에 있다.

우리가 이 두 가지 사상을 심층적으로 다루기 전에, **감각**과 **믿음**을 구별할 필요가 있다. 모든 철학자들이 이 구별에 동의하는 것은 아니지만 한 가지 전통적 설명에 따르면 감각은 경험하는 주체에 의해 소유되는 비명제적 경험이다. 어떤 사람이 적색의 감각을 가지면 그때는 그 사람에게는 적색 유형의 방식이 출현하는 것 같다. 그 사람은 자신의 의식 내에 어떤 감각적 속성 즉 적색 현상으로 나타나는 속성을 가진다. 감각은 믿음을 포함하지 않는다. 약간 다르게 표현하면 **단순하게 보는 것**은 ~**으로서 보는 것** 또는 ~**라고 보는 것**을 요구하지 않는다. 사람들이 적색 사과를 보면 그때는 적색의 감각 즉 적색 유형의 방식이 그 사람에게 출현한다. 사람들이 그 대상을 적색으로서 보면 그때는 "적색이다"는 개념을 소유하고 이를 지각의 대상에 적용한다. 마지막으로 사람들이 이것을 적색 사과라고 보면 그때는 이 대상은 적색 사과이다라는 명제를 수용한다(따라서 이 대상은 적색 사과이다라는 지각적 믿음을 가진다). 어떤 대상의 감각적 경험을 소유하기 위해서, 사람들은 그 마음 속에 개념이나 명제를 소유할 필요는 없다. 이와는 대조적으로 믿음은 명제의 수용을 포함한다. 아울러 믿음은 그 사람이 문제의 그 믿음을 생각할 때 바로 그 사람에게 그 대상이 ~으로서 보여지는 방식이다. 전통적 견해에 따르면 감각은 명제적이 아니지만 믿음은 명제적이다.

2. 토대주의

이런 저런 형태로 토대주의는 서구 철학사 전반에 걸쳐서 인식 정당화에 관한 지배적 이론이었다. 형태가 어떠하든 토대주의를 현재 옹호하는 철학자로는 치좀(R. Chisholm), 아우디(R. Audi), 플랜팅거(A. Plantinga)가 있다. 토대주의자의 이론은 모든 지식은 **토대**에 의존한다는 개념에 의해 두드러진다. 더 구체적으로 말해서 토대주의자는 우리가 다른 믿음을 명증적인 기초로 삼아서 정당하게 수용하는 믿음들(예컨대 바람이 불고 있다는 믿음은 나뭇잎이 바스락거린다는 믿음에 명증적으로 기초해 있다)과 기초적인 방식으로 우리가 정당하게 수용하는 믿음들 즉 반드시 전적으로 다른 믿음으로부터 얻는 지지를 기초로 하지 않는 믿음들 사이에는 근본적인 구별이 있다는 점에 주목한다.

1) 토대주의의 해설

토대주의자에게 모든 믿음은 **기초적**이거나 **비기초적**이다. 기초적 믿음은 어쨌든 직접적으로 정당화된다. 모든 비기초적 믿음은 기초적 믿음과 유지하는 관계에 의해서 어떻게든 해서 간접적으로 정당화된다. 예를 들면 13×12=156이라는 믿음은 비기초적이고 다른 믿음(예컨대 2×3=6)에 의해서 정당화된다. 토대주의를 묘사하기 위해 때때로 피라미드의 비유가 사용된다. 피라미드의 윗부분은 아래 영역에 의해서 지탱되고 궁극적으로는 토대, 말하자면 피라미드의 다른 부분에 의해서 지탱되지 않는 토대에 의해서 지탱된다. 그래서 비기초적 믿음은 토대가 되는 기초적인 믿음에 관계한다. 토대주의에 대한 이와 같은 간명한 묘사를 염두에 두고 토대주의의 세부 내용을 좀더 주의 깊게 살펴보자.

(1) 적절한 기초성과 토대

우선, 토대주의에 따르면 **적절한 기초적 믿음**이라 불리는 믿음이 있다. 이러한 믿음은 다른 믿음에 의해 정당화되거나 기초되지 않는다는 점에서 기초적이다. 우리가 **증거**라는 용어를 "명제적 증거"의 의미로 사용한다면, 그때의 증거는 어떤 사람 S가 명제를 믿고 이것이 다른 명제를 믿는 기초로서 사용되는 경우를 가리킨다. 적절한 기초적 믿음은 증거를 기초로 해서 믿어지지 않는다는 점에서 즉 다른 명제에 대한 믿음에 기초하지 않는다는 점에서 기초적이다. 더욱이 믿음은 (1)기초적이고 (2)이 믿음을 기초적인 것으로서 채택하는 것이 적절할 수밖에 없는 이유를 명세화하는 또 다른 어떤 조건을 충족시키는 오직 그 경우에만 적절하게 기초적이다. 우리는 자칫 이러한 조건들의 얼마를 아래에서 살펴볼 것이다. 그러나 지금의 논점은 어떤 낡은 믿음을 기초적인 것으로 채택해야 한다는 점이 아니라 기초적인 것으로 채택하는 것이 적절하면 그런 믿음은 기초적인 믿음이라는 점이다.

둘째, 토대주의자 사이에도 어떤 믿음이 토대의 자리에 놓이는가 하는 문제에 대해 차이가 있다. **고전적 토대주의자**에 따르면, 감각적 믿음 또는 이성의 진리에 대한 믿음만이 토대인 것으로 허용되어야 한다. 다른 토대주의자는 부가적 믿음 역시 토대이어야 한다고 주장한다. 예를 들면 몇몇의 도덕적 믿음(예컨대 자비는 덕이다)과 신학적 믿음(예컨대 신은 존재한다)이다. 대강을 말하면 이성의 진리는 감각 경험과 독립해서 즉 자기 정당화를 위해서 감각 경험이나 감각적 믿음을 요구하지 않아도 알려질 수 있는 진리이다. 그 보기로서 수학적 진리(필연적 진리, 2+2=4), 논리학적 진리(필연적 진리, P이거나 Q이다. 그런데 P는 아니다. 그러므로 Q이다), 형이상학적 진리(필연적 진리, 적색은 색깔이다)를 들 수 있다. 마지막 보기에 관하여, 사람들은 필연적인 명제, 적색이 색깔이라는 명제를 이해하기 위해 요구되는 적색임이라는 개념을 형성할 수 있기 전에 적색의 감각 경험을 가질 필요가 있다. 그러나 사람들은 그 명제를 정당화하기 위해 감각 경험에 의존하지 않는다. 어느 전통에 따르면, 토대가 되는 이성의 진리는 이성적 직관, 말하자면 방금 예시된 명제들을 참으로 만들어 주는 사실에 대한 내적 자각이나 통찰에 의해서 정당화된다. 이러한 보기들의 경우, 사람들은 문제의 그 진리를 단순하게 "알아본다" 즉 이성적으로 직관한다.

더욱이 잠시 우리의 논의를 외부 세계에 대한 감각적 믿음에 국한한다 해도 **고대의 고전적 토대주의자**와 **근대의 고전적 토대주의자** 사이에는 차이가 드러날 수 있다. 아리스토텔레스와 아퀴나스를 위시한 고대의 고전적 토대주의자에 따르면, 어떤 감각적 믿음은 감각에 명증적이고 토대적인 것으로 채택되지 않으면 안 된다. 예컨대 "내 앞에 나무가 있다" 또는 "적색의 대상이 탁자 위에 있다"와 같은 믿음이 그러하다. 이러한 믿음은 믿는 주체의 의식 밖에 있는 외부 세계에 존재하는 대상들에 관한 것이라는 점에 주목해야 한다. 데카르트를 비롯해 금세기의 치좀에 이르는 근대의 고전적 토대주의자는 다음과 같은 믿음이 토대이어야 한다고 주장한다. (1)나는 나무를 보는 것으로 보인다. (2)나는 붉게 나타나는 것 같다. 여기서 이 믿음들은 외부 대상에 관한 것이 아니라 대신에 **자기 현시적 속성** 즉(감각 상태 또는 사고 상태와 같은) 심리학적 속성이나 경험하는 주체 자신 내부의 의식 방식에 관한 것이다. (1)과 (2)는 어떤 것이 1인칭 조망에서 사람들에게 보이거나 나타나는 방식에 관한 것이다.

셋째, 토대주의자는 토대의 정당화가 얼마나 강한가 하는 문제에 대하여 서로 다르다. 강경 토대주의자는 토대적 믿음은 오류 불가능하고 확실하며 의심 불가능이고 교정 불가능이라는 입장이다. 이러한 용어들이 모두 도달하고자 하는 곳은 동일하나 그 의미는 서로 조금씩 다르다. 어떤 사람이 믿음을 고수하고 그것이 오류라는 것이 불가능하면 그 믿음은 **오류 불가능**이다. 때로는 **교정 불가능**이라는 용어가 동일한 방식으로 사용된다. 믿음을 가지고 있는 사람이 그것을 교정할 입장에 결코 있지 않을 수 있는 경우에만 그 믿음은 교정 불가능이다. **확실성**의 개념은 두 가지 다른 의미를 가지고 있다. 때때로 그것은 믿음이 고수되는 심리학적 확신의 깊이를 가리킨다. 반면에 적어도 믿음이 그 믿음에 대하여 사실이라는 의미에서 그 믿음은 확실하다고 불리운다. 말하자면 그 믿음을 수용하는 것은 적어도 다른 믿음을 수용하는 것과 같이 동일하게 정당화된다. 마지막으로 **의심 불가능성**은 아무도 그 믿음을 의심하는 근거를 가질 수 없을 때 그 믿음이 가지는 특성을 지시한다.

강경 토대주의자의 경우 이러한 가족적 용어들의 논지는 믿음이 토대적인 자격을 획득하기 위해서 될 수 있는 대로 강하게 정당화되어야 한다는 점과 어떤 "인식의 면역"을 보여주어야 한다는 점에 있다. 그것은 교정에도 면역되어야 하고 합리적 의심 가능성에도 면역되어야 하며 잘못 믿을 수 있는 가능성에도 면역되어야 한다. **온건 토대주의자**는 토대적인 믿음이 그와 같은 강력한 인식적 지위를 가져야 한다는 것을 부인한다. 이들에게 토대적인 믿음은 다만 **일단 정당화된**

것이어야 할 뿐이다. 매우 개략적으로 말해서 믿음이 일단 정당화되는 것은 어떤 사람이 믿음을 소유해서 이에 대한 정당화가 없다고 생각할 좋은 이유가 없는 경우에 한해서이다. 바꾸어 말해서 그는 믿음에 대한 정당화를 제거하기에 충분히 승산 있는 무효자가 있다고 생각할 이유를 가지고 있지 않다.

넷째, 토대주의자는 기초적 믿음이 적절하게 기초적이라고 간주되기 위한 필요조건에 관해서 서로 다르다. 토대주의자는 적절한 기초적 믿음은 다른 믿음에서 오는 증거에 기초할 수 있다는 것을 부인한다. 그러나 토대주의자는 적절한 기초적 믿음은 일종의 **근거** 즉 다른 믿음이 갖는 기초와는 다른 어떤 기초를 가져야 한다고 여전히 주장한다. 적절한 기초적 믿음은 어떻게 해서든 기초를 가지게 되면 그때는 그 믿음에 대하여 아무런 증거가 없어도(그 기초로서 사용되는 어떤 다른 명제가 없어도) 그 믿음은 적극적, 인식적 지지나 정당화를 받아들인다.

어떤 토대주의자는 내부주의자이다. **내부주의**는 적절한 기초적 믿음을 정초하는 조건이 인식 주관에 내재적이라고 주장한다. 예컨대 그 믿음은 "자기 명증적"이거나 모종의 감각적 또는 지성적 경험에 근거를 둔다. 가령 바람이 분다는 믿음은 나뭇잎이 바스락거린다는 믿음으로부터 지지 증거를 얻는다. 그러나 후자의 믿음은 그 근거가 "나타나는 방식" 즉 감각적 경험(지금의 경우는 바스락거리는 소리를 듣는 것)이다. 13×12=156이라는 믿음은 2×3=6이라는 믿음으로부터 지지 증거를 확보했다. 그러나 후자의 믿음은 "자기 명증적"이다. 다시 말하면 사람들은 이 명제의 의미를 이해하게 되기만 하면 곧바로 그 명제가 참이지 않으면 안 된다는 것을 단순하게 "알아볼" 수 있다. 이 경우에 사람들이 "알아본다"는 것, 또는 경험한다는 것은 도대체 무엇인가? 아마도 경험되는 것은 어떤 광명이나 섬광 또는 어떤 명백성일 것이다. 아니면 그 명제가 참이라고 믿을 수밖에 없는 불가항력적 성향이 느껴질지도 모른다. 여하튼 적절한 기초적 믿음은 인식하는 사람의 내부에 있는 어떤 것(경험)에 근거를 둔다. 또 다른 토대주의자는 외부주의자이다. **외부주의**는 적절한 기초적 믿음을 정당화하는 근거 요인이 인식 주관에 내적 접근을 해야 하는 믿음이 아니라고 주장한다. 즉 아마도 근거가 되는 믿음은 어떤 방식으로 일어나는 것이거나 믿을 수 있게 산출되는 것이다.

(2) 기초적 믿음과 비기초적 믿음과의 관계

이러한 관계에 대한 토대주의자의 조망을 명료화하는 것으로서 세 가지 중요한 문제가 있다. 우리는 이러한 관계를 **기초지우는 관계**(때때로 "~을 기초로 해서 믿어지는 관계)라고 부른다. 예를 들면 나뭇잎이 바스락거린다는 믿음은 바람이 분다는 믿음과 기초지우는 관계이다. 첫째, 이 관계는 비재귀적이고 비대칭적이다. 어떤 관계가 **비재귀적**이라 함은 어떤 것이 자기 자신과 기초지우는 관계에 있을 수 없는 경우이다. 예를 들면 "~보다 더 크다"는 아무 것도 자기 자신보다 더 크지 않다는 것이므로 비재귀적이다. 이를 믿음에 적용하면, 어떠한 믿음도 자기 자신에 기초하지 않는다는 의미가 된다. 자기 명증적 믿음은 비록 직접적으로 정당화된다 해도 자기 자신에 기초하는 것은 아니다. 오히려 그것은 경험된 광명 또는 명백성, 느껴진 것, 그것을 믿는 불가피한 성향 또는 여러 가지 다른 방식에 근거를 둔다.

어떤 관계가 **비대칭적**이라 함은 A와 B가 주어져 A가 B와 기초지우는 관계에 있으면 그때는 B는 A와 기초지우는 관계에 있을 수 없는 경우이다. "~보다 더 크다"는 비대칭적이다. A가 B보다 더 크면 B는 A보다 더 클 수 없다. 이와는 대조적으로 "~와 동일한 크기"는 대칭적이다. 왜냐하면 A가 B와 동일한 크기이면 B는 A와 동일한 크기이기 때문이다. 비대칭을 믿음에 적용하면 A가 B의 기초라면 그때는 B는 A의 기초일 수 없다는 의미가 된다.

둘째 문제는 기초지우는 관계의 강도에 관한 것으로서 역시 토대주의자들끼리 서로 다르다. 역사적으로, 어떤 토대주의자는 기초적 믿음과 비기초적 믿음의 관계가 연역적 확실성의 관계라고 주장했다. 즉 기초적 믿음은 비기초적 믿음의 진리를 포함한다. 그러나 대다수의 토대주의자는 오늘날 정당한 이유를 가지고 이를 부인한다. 많은 적절한 기초적 믿음은 비기초적 믿음의 진리를 포함 또는 보장함이 없이도 지지한다. 나뭇잎이 바스락거린다는 믿음은 바람이 분다는 믿음을 포함하지 않는다. 즉 전자는 참일 수 있지만 후자는 거짓일 수 있다. 이러한 이유로 해서 대다수의 토대주의자는 기초적 믿음과 비기초적 믿음의 관계에 대하여 일종의 귀납적 관계를 허용한다. 토대주의자는 이러한 관계를 정확하게 명료화하는 문제로 약간의 어려움을 겪었다.

셋째, 토대주의자는 정합의 개념에 대하여 정당화의 일정 역할을 허락한다. 나중에 우리가 정합주의를 검토할 때 정합이 무엇이라고 생각하는가에 관해 주의 깊게 살펴볼 것이다. 그러나 지금은 비기초적 믿음이 기초적 믿음에서 얻는 지지에 대한 토대주의자의 설명에서 정합에 주어지는 두 가지 역할만을 주목하면 된다. 첫째, 정합은 부정적 기능을 담당한다. 사람들이 가지는 일련의 믿음이 부정합하다면, 즉 그것들이 논리적 모순을 포함하면, 그때는 그것은 그러한 일련의 믿음에 불리한 것이 된다. 예를 들면 사람들이 적색 사과가 있는 주방 식탁을 왔다 갔다 하다가 열 가지 지각적 믿음을 구성해서 첫 아홉 가지 지각적 믿음은 사람들이 적색 대상을 보는 것 같다는 생각을 표현하고 마지막 열 번째 지각적 믿음은 사람들이 적색 대상이 아니라 청색 대상을 보는 것 같다는 생각을 표현한다고 해 보자. 그렇다면 이 열 번째 지각적 믿음은 나머지 아홉 가지 지각적 믿음과 정합하지 않을 것이고 이러한 상황은 주방 식탁 위에 실로 적색 대상이 있다는 믿음에 대한 기초로서 사용되는 일련의 기초적 믿음(그리고 보다 강경하게 말하면 마지막 열 번째 지각적 믿음)에 불리한 것이라고 생각된다.

둘째, 이러한 일련의 믿음은 저마다 비기초적 믿음에 어떤 기초를 부여할 수 있다. 그러나 기초적 믿음 전체가 서로 잘 정합한다면, 이것은 그 믿음 전체가 비기초적 믿음에 부여하는 적극적 지지를 증대시킨다. 예를 들면 방금 예시된 개개의 지각적 믿음(예컨대 사람들이 지금 적색 대상을 보는 것 같다)은 실로 식탁 위에 적색 대상이 있다는 믿음에 어떤 지지를 제공한다. 그러나 열 가지가 모두 동일한 개념을 표현하면(그리고 이들 가운데 어느 것도 사람들이 청색 대상을 보는 것 같다는 것이 아니라면), 그때는 열 가지 믿음의 정합성은 식탁 위에 실제로 적색 대상이 있다는 믿음에 대한 기초를 증대시킨다. 따라서 토대주의자는 인식 정당화에 관한 자신의 전체적 이론에서 정합이 일정한 역할을 담당한다는 것을 허용한다.

2) 토대주의를 찬성하는 논증

(1) 정당화에서 경험과 지각적 믿음의 역할

외부 세계에 대한 감각적 믿음에 관해서, 어떤 토대주의자는 우리의 의식이 현실적으로 작용하는 방식과 그러한 몇몇의 믿음을 우리가 현실적으로 정당화하는 방식에 주의를 기울여보면, 그때는 한 무리의 믿음(우리가 감각에서 경험하는 것과 밀접하게 관련되어 있는 믿음)의 둘레에 있는 감각적 경험과 지각적 믿음이 특전적인 인식적 지위를 가지고 있다는 사실이 명백해진다고 주장한다. 우리 자신의 감각에 대한 믿음이 교정불가의 것인가 하는 문제는 제쳐놓고라도, 우리의 감각적 경험과 지각적 믿음은 직접적으로 정당화되는 것(근거를 가지는 것) 같고 보다 못한 기초적 믿음을 정당화하는 것 같다. 소리에 대한 사람들의 감각적 경험과 바스락거리는 소리를 자신이 듣고 있다는 지각적 믿음은 바람이 불고 있다는 믿음을 토대주의가 묘사한 방식으로 정당화한다. 정합주의는 경험에게 우리의 믿음의 정당화에 공헌할 수 있는 어떠한 여지도 허락하지 않는다(왜냐하면 정합주의자는 믿음과 그리고 오직 믿음만이 정당화를 수여하는 것이라고 주장하기 때문이다). 정합주의는 지각적 믿음(사람들이 바스락거리는 소리를 듣는다는 믿음) 또는 감각적 경험이 정당화에서 차지하는 특별한 역할을 설명할 수 없다.

이러한 논점에 대해서 정합주의자는 적어도 세 가지 방식으로 대응한다. 첫째, 대다수의 정합주의자는 **소여의 신화** 즉 사실들이 선개념적, 선판단적 방식으로 의식에 직접 현존하거나 "주어진다"는 사상을 부인한다. 달리 표현하면 그들은 모든 지각은 이론이 실려 있고 ~로서 보거나 ~라고 보거나 하지 않고는 어떠한 봄도 없다고 주장한다. 그러나 이러한 주장에도 불구하고 우리는 사물을 직접적으로 볼 수 있다고 생각된다. 사람들은 머리 위로 날아가는 새를 의식할 수 있지만 시험 준비에 몰두하고 있어서 새를 인식할 수 없다. 그렇지만 나중에 사람들은 그 경험을 회억하며 새의 의식은 조금 전에 새를 보았다는 믿음을 정당화하는 데 사용될 수 있다. 또는 그렇게 사용될 수 있을 것 같다. 여하튼 지각에 이론이 실려 있다는 것은 토대주의자와 정합주의자 사이의 쟁점이 되는 부분이다.

둘째, 정합주의자는 어떤 믿음(예컨대 감각적 경험이나 지각적 믿음)을 직접적으로 정당화하기 위해 취해지는 무엇이든 간에 그것은, 자칭 직접적 요인이 직접적으로 정당화하는 것으로서 기능하는 것을 가지고 있다는 사상을 정당화하는 논증을 소유하는 경우에만, 취해질 수 있다고 주장한다. 따라서 자칭 직접적 요인의 정당화는 이보다 높은 정당화 또는 메타 차원의 정당화를 요구하기 때문에, 그 원래의 요인은 직접적으로 정당화되는 것이 아니라 모종의 메타 차원의 논증에 의해서 간접적으로 정당화되는 것이다. 예를 들면 소리의 경험이나 사람들이 바스락거리는 소리를 듣는다는 믿음은 정당화할 수 있고 또 바람이 불고 있다는 그 밖의 다른 믿음을 정당화하는 것일 수 있기 전에, 사람들은 전자의 믿음이 사실상 그러한 방식으로 기능한다는 논증을 먼저 소유하고 있어야 한다. 토대주의자는 이 메타 차원의 정당화가 어떤 믿음을 직접적으로 정당화하는 것처럼 보인다는 점을 정당화하기 위해 요구되는 것이라고 생각할 충분한 이유가 없다고 답변한다. 감각적 경험 또는 지각적 믿음은 비기초적 믿음(예컨대 바람이 불고 있다는 믿음)을, 사람들이 잠시 멈추어서 바람이 일고 있다는 사실을 찬성하는 논증을 구성함이 없이도 정당화할 수 있다.

셋째, 어떤 정합주의자는 심리학적 사실의 문제라서 감각적 경험은 믿음을 소유하지 않아도 가능하다고 주장한다. 그렇지 않으면 유아나 많은 종류의 동물(또는 전술한 새의 경우에서 보듯 어떤 환경에 처해 있는 어른)은 감각적 경험을 가질 수 있기 위해 믿음을 먼저 가져야 할 것이다. 이것은 불합리한 것으로 생각된다. 방금 언급된 존재들은 분명히 믿음을 가지고 있지는 않지만, 그러나 확실히 감각적 경험을 가지고 있는 것처럼 보인다. 바로 그러한 이유로 해서 어떤 정합주의자는 지각적 믿음이 없는 감각적 경험의 존재는 다만 심리학적 사실일 뿐이고 인식론적 사실은 아니라고 말한다. 즉 심리학적으로 말하면, 경험은 믿음에 앞서 일시적으로 존재할 수도 있으나 인식론적으로 말하면, 경험은 믿음에 근거를 주는 것, 또는 정당화를 수여하는 것으로 사용될 수 없다.

토대주의자는 이 정합주의자의 셋째 주장에 대하여 두 가지 방식으로 대답한다. 첫째, 토대주의는 감각적 과정이나 믿음 형성 과정이 현실적으로 일어나는 방식과 관련해서 정합주의보다 더 일치한다는 정당화 이론인 것 같다는 점이고 이것이 정합주의에 불리하게 작용하는 것은 확실하다는 점이다. 감각이 지각적 믿음 또는 보다 못한 기초적 믿음에 앞서 일시적으로 심리학적으로 일어날 수 있기 때문에 그때는 정당화 이론 즉 지금 논의되는 토대주의는 이 사실을 자신의 정당화 이론에 적당하게 전유한다면, 이 사실은 토대주의 이론에 유리한 것으로 계산된다. 지각적 믿음에 대한 감각적 경험의 심리학적 우선성은 정당화의 정합 이론에서 제시하는 임시변통에 불과하다고 토대주의자는 주장한다. 그렇다고 해도 여전히 그것은 토대주의자의 입장과 자연스럽게 어울리는 것이다. 둘째, 토대주의자는 정합주의자가 믿음이 없는 감각적 경험의 존재를 인정하지 않을 수 없는 주요 이유가 그러한 인정은 우리의 주관적 삶이 우리 자신에게 자신을 현시하는 방식에 대해서 더 우수하게 반성하는 것에 해당하기 때문이라고 주장한다. 그러나 역시 우리의 주관적 삶을 주의 깊게 기술해 보면, 그 밖의 또 다른 것이 포함되어 있다. 즉 그러한 감각적 경험이 자주 우리의 지각적 믿음에 근거를 제공하는 것으로 사용된다는 점이다. 정합주의자는 우리의 주관적 삶을 자기 자신에게 편리한 대로 자의적으로 설명하고 만다.

(2) 이성의 진리

토대주의자는 또한 몇 가지 유형의 선천적 지식 특히 이성의 자기 명증적 진리에 대한 우리의 지식이 토대주의와 잘 맞아 떨어지고 정합주의는 아니라고 주장한다. 그러한 지식의 사례로는 2+2=4는 필연적이라는 우리의 앎, A가 B보다 크고 B가 C보다 크면, A는 C보다 크다는 필연적이라는 우리의 앎이 있다. 이와 같은 사례들에서 사람들의 믿음이 정당화되는 것은 자신들이 믿는 어떤 다른 것들에서 나오는 정당화가 없는 정당화이다. 이러한 진리들은 "자기 명증적"이고 그 정당화는 직접적이다. 사람들은 그 진리들이 바로 이해되기만 하면 아마도 어떤 명백성이나 그것들을 믿는 강한 성향이나 그렇다고 느껴진 성향을 의식함으로써 필연적 진리라는 것을 단순하게 "볼" 뿐이다. 이러한 논증은 정합주의자가 특별히 대답하기 어려운 부분이었다. 결과적으로, 널리 파급된 정합주의자의 반응은 자신의 정합주의를 감각적 경험에만 국한시키는 조정 결과이고 이성의 진리에 대한 지식을 포함하는 것이 아니었다.

(3) 소급 논증

소급 논증을 이해하기 위해 앞에서 언급된 인식의 연쇄를 회상해 보자. 믿음 P는 믿음 Q에 기초하고 믿음 Q는 다시 믿음 R에 기초한다. 이러한 연쇄를 이해하는 네 가지 선택이 주어질 수 있다. 첫 둘은 분명하게 불충분하다. 악무한 선택(R은 S에 기초하고 S는 T에 기초하며 이러한 과정은 무한히 계속된다)과 맹신하는 입장(소급이 R에서 멈추고 R은 맹목적 믿음에 의해서 수용된 정당화되지 않는 맹목적 가정으로 채택된다)이 그것이다. 이제 두 가지 대안만이 남게 된다. 토대주의(R은 기초적인 것 말하자면 정당화된 것으로 취해지고 그러나 어떤 다른 믿음에 기초하지 않는다)와 정합주의(R은 P에 기초하거나 또는 P, Q, R 사이의 상호 정합적 관계에 기초한다)가 그것이다. 그러나 토대주의자는 정합주의자가 인식의 연쇄를 취급하는 방식은 악순환에 빠지는 것으로 판명된다고 주장한다. 따라서 이러한 연쇄를 석명하는 유일한 합리적 대안은 토대주의자의 길이다.

　그러나 사람들은 왜 정합주의자가 악순환에 빠진다고 생각해야 하는가? 토대주의자의 논증을 이해하기 위해 A가 B의 존재를 일으키는 경우에 주의를 집중해보자. 이러한 사례로서 다음을 주목해 보자. 즉 A는 B와 인과적 관계에 있다. 그런데 그러한 인과적 관계는 비재귀적이다. A는 자기 자신을 일으킬 수 없다. 왜냐하면 이것은 A가 자기 존재를 일으키기 위해 자기 존재에 앞서 존재해야 하는 것을 요구할 것이기 때문이다. 이것은 불합리하다. 이것은 또한 비대칭적이다. A가 B를 일으킨다면, 그때는 B는 A를 일으킬 수 없다. 왜냐하면 B가 이미 존재하지 않는 한, A가 존재하게 될 수는 없기 때문이다. 그러나 B가 존재하기 위해서는 반드시 A가 B를 존재하도록 해야 한다. 따라서 A는 B로 하여금 A를 일으키도록 하지 않으면 안 될 것이다. 요컨대 A는 스스로를 존재하게 만들어야만 한다. 이것은 불합리하다. 이제 인과적 관계가 비재귀적이고 비대칭적이라면, 그때는 그 관계는 비순환적이지 않으면 안 된다. 즉 A(손의 움직임)가 B(빗자루의 움직임)를 일으키고 B가 C(쓰레기의 제거)를 일으키면, 그때는 C는 A를 일으킬 수 없다. 왜냐하면 이것은 A가 스스로를 일으키도록 어떤 역할을 맡았다는 주장과 사실상 다를 바 없을 것이기 때문이다.

　이제 "기초적 관계"(P는 그 기초 또는 정당화가 Q라는 믿음에 있다)라고 부르는 인식적 관계는 비재귀적이고 비대칭적인 셈이다. 따라서 적어도 몇 가지 유형의 정합주의자식 정당화는 악순환에 빠진다. 왜냐하면 P가 Q에 기초하고 Q는 R에 기초하며 R은 P에 기초한다고 주장할 때 정합주의자는 개개의 믿음이 적어도 부분적으로는 자기 자신에 기초한다는 것을 암시적으로 주장하고 있기 때문이다. 이러한 방식으로 우리는 기초적 지각적 믿음 또는 기초적 감각적 경험에 대한 토대주의자의 개념이 일종의 인식론적 "부동의 동자"라는 것을 보게 된다. 그것은 자기 자신에 대하여 자기 이외의 다른 것에 의해 정당화를 수여할 필요는 없지만 다른 믿음에는 정당화를 수여한다. 이 장의 후반부에 가서 우리는 정합주의를 보다 상세하게 검토할 것이고 이러한 논증을 피해가려는 정합주의자의 시도를 살펴볼 것이다.

3) 토대주의를 반대하는 논증

(1) 토대의 교정 불가능성

고전적 토대주의에 대한 주요 반론은 어떠한 교정 불가능한(또는 오류 불가능한, 확실한, 의심 불가능한) 믿음도 없다는 주장이다. 강경 토대주의 비판자들은 자칭 교정 불가능한 믿음이 교정 가능하거나 오류 가능한 것으로 판명되는 방식을 제시하고 이러한 반대 사례들을 교정 불가능한 믿음의 존재에 반대하는 논증으로 사용한다.

토대주의자는 이러한 전략에 대하여 두 가지 방식으로 대응한다. 첫째, 어떤 토대주의자는 이러한 비판을 받아들이고 온건 토대주의를 채택한다. 온건 토대주의는 기초적 믿음을 일단 정당화된 것으로 보되 교정 불가능한 것은 아닌 것으로 받아들인다. 토대주의의 본질은 적절한 기초적 믿음의 존재이고 기초적 믿음과 비기초적 믿음 사이의 비대칭성이지, 적절한 기초적 믿음에 의해 소유된 힘의 정도가 아니다. 따라서 토대주의와 정합주의의 논란은 교정 불가능한 믿음의 존재 문제를 최우선적으로 삼아서는 안 된다.

둘째, 어떤 토대주의자는 그러한 쟁점에 관한 논증에 응답하고 교정 불가능한 믿음의 존재를 재차 주장하고자 시도한다. 이러한 대화를 이해하기 위해서 어떤 사람이 적색 감각을 가지고 있다고, 즉 어떤 사람이 적색으로 나타나고 있다고 가정해 보자. 이제 그 사람은 자기 자신의 감각적 경험을 반성하고 자신이 적색으로 나타나고 있다고 믿는다면, 그러한 믿음이 교정 불가능하다면, 그는 적색으로 나타나고 있는 중이다. 일반적으로 만일 존재 R이 자기 현시적 속성(예컨대 적색으로 나타나고 있음)이고 사람 S가 R(예컨대 S는 적색으로 나타나고 있다)이라면, 그리고 이에 근거해서 S가 자기 자신이 R이라고 믿는다면, 그때는 그가 R이라는 것은 S에게 교정 불가능한 것이다.

자기 현시적 속성이 심리학적 속성이요 의식의 방식이며 1인칭 정신 상태의 속성이라는 사실을 기억해 두자. 감각적 속성은 자기 현시적이다. 전술한 진술대로, R은 적색의 감각적 경험, 보다 정확히 말해서 적색 상을 가짐이라는 속성, 더 편하게 말한다면, 적색으로 나타나고 있음이라는 속성일 것이다. 따라서 사람 P가 적색으로 나타나고 있고, 그리고 이 감각적 상태에 근거해서 P가 자기 자신이 적색으로 나타나고 있다고 믿는다면(그가 자기 자신의 감각을 반성하고 그러한 믿음을 형성한다면), 그때는 그가 사실상 적색으로 나타나고 있다는 것은 S에게 교정 불가한 것(즉 오류 불가한 것)이다.

이것은 사람들이 자신의 감각적 상태를 교정 불가능하게 알 수 있다는 사상이다. 그러나 이러한 사상은 제한될 필요가 있다. 왜냐하면 여기에는 어떤 오류의 원천이 있는 것 같기 때문이다. 예를 들면 사람들은 기억력이 떨어지고 과거의 감각들을 잘못된 방식으로 정리하여 현재의 감각에 대한 거짓된 믿음을 소유할 수 있다. 따라서 사람들은 자신의 현재의 적색 감각을 과거의 귤색 감각과 잘못 비교할 수도 있고(약화된 기억으로 인해서) 이것은 (귤색) 감각과 같은 것이라고 잘못 믿을 수도 있다. 어떠하든지 간에 사람들은 현재의 감각을 타인에게 보고할 때 잘못된 단어(귤)를 사용할 수도 있다.

둘째, 사람들은 시각 영역에서 감각을 가질 수 있으나 선입견과 부주의로 인해서 주목하지 못하고 나중에 감각을 가졌다는 것을 부인할 수 있다. 이 경우에 사람들은 감각을 모호하게 아니면 아마도 분명하게 의식할 수 있다. 셋째, 사람들은 오류의 원천으로 사용되는 모호한 감각을 분명하게 의식할 수 있다. 따라서 사람들은 150미터 전방의 사람을 의식하고 그 사람과 얼굴이 지각자에게 모호하고 불명확하게 나타나서 자기 친구 빌을 감각하고 있는 것이라고 잘못 믿을 수 있다. 넷째, 사람들은 매우 복잡한 감각을 하나의 전체로서 취하지만, 오류의 원천일 수 있는 매우 복잡한 감각으로서도 가질 수 있다. 왜냐하면 그 감각 전체에 관한 사람의 믿음의 얼마는 기억의 사용을 필요로 하기 때문이다. 따라서 사람들은 벽 위에 찍힌 24개의 점을 의식할 수 있으나 자신의 감각은 22개의 점만이 자기에게 보이는 그런 감각이라고 보고할 수 있다. 이 경우에 그는 자신의 시각 영역에 나타난 점을 계산해야 하고 하나씩 계산함에 따라 수많은 다른 감각들을 현실적으로 가지고 있으나 계산된 점들에 대한 과거의 감각을 자신의 기억 속에 품으면서 계산을 마치게 된다. 오류가 기억의 잘못으로 인해서 발생할 수 있었던 셈이다.

이제 강경 토대주의자는 이 모든 것을 인정할 수 있다. 그러나 여전히 다음과 같이 묻는다. 즉 우리가 단 한번의 주목 행위로(그 자체로 적색으로 나타나고 있는 상태와 같은) 그 전체가 마음 앞에 나타날 만큼 단순한 감각들에만 제한한다면, 그가 자기 자신이 적색으로 나타나고 있다고 믿고 있고 그 사람의 믿음이 그 현상에 근거하고 있는데도 이러한 상태에 대하여 오류를 범할 수 있는가? 아마도 어떻게 오류를 범할 수 있는가를 아는 것은 어려울 것이다. 비판자들은 이러한 경우에 사람들이 오류를 범할 수 있다는 것을 보여주는 반대 사례들을 제공한다. 예를 들면 혹자는 자신이 적색으로 나타나고 있다는 그 사람의 믿음이 그 믿음에 내용이 있도록 할 수 있기 전에 두 가지 중에 한 가지 또는 두 가지 모두가 참이어야 한다고 주장한다. 첫째, 사람들은 어떤 것이 현재의 감각을 과거의 유사한 감각과 비교함으로써 파생된 적색의 감각이라는 것이 무엇인지에 대해 일반적 개념을 가지고 있어야 하고 그러고 나서 현재의 감각은 적색의 감각의 분류에 정확하게 일치한다고 판단하는 데로 나아가야 한다. 둘째, 자신이 적색으로 나타나고 있다는 그 사람의 믿음이 내용을 가질 수 있기 전에 그는 언어를 통달하지 않으면 안 되었다(예컨대 그는 "나타나고 있음", "적색" 등을 사용하는 법을 안다). 왜냐하면 사람들은 언어로만 사고할 수 있기 때문이다. 비판자들은 계속해서 사람들은 언어를 사용하지 않는다면 자신의 감각이 무엇인지를 타인에게 보고할 수 없다는 것이 확실하다고 말한다. 어느 한 쪽이든 간에 사람들은 잘못된 방식으로 언어를 항상 사용할 수 있기 때문에 오류의 원천은 존재한다.

이러한 논증은 두 가지 모두 잘못된 것처럼 보인다. 첫째, 그 사람은 현재의 감각이 무엇인지를 의식할 수 있기 전에, 또는 그에 관한 믿음을 가질 수 있기 전에, 이것을 다른 감각과 먼저 비교해야 하는 것은 아니다. 두 가지 이유가 있다. 그 한 가지는 이러한 사상이 정당화의 악무한 소급에 귀착한다는 것이요 많은 사람들에게 명백한 것을 허락하지 못하고 만다는 것이다. 다시 말해서 사람들은 비교적 판단을 하지 않고서도 어떤 것을 직접적으로 단순하게 의식할 수 있고 그에 관한 믿음을 형성할 수 있다. 다른 한 가지는 이러한 사상은 정확한 후진 배열식 순서를 가지고 있다는 것이다. 사람들은 기억과 유사 판단이 기초하고 있는 감각의 집합(예컨대 모든 적색 감각의 집합)을 형성할 수 있기 전에 먼저 개개의 감각에 대한 믿음을 의식할 수 있고 형성할 수 있어야 한다는 것이다.

둘째 논증인 언어에 관한 논증을 말하면, 그 논증은 사람들이 언어로 사고해야 한다고 잘못 가정하고 있다. 그러나 이것은 사실인 것처럼 보이지 않는다. 사람들은 자주 마음을 스치는 감각적 기호 없이도 자신들이 신속하게 생각하고 있다는 것을 경험한다. 유아들과 다른 피조물들은 언어를 습득하지 않아도 사고할 수 있는 것처럼 보인다. 더욱이 사람들이 언어 없이 사고할 수 없다면, 어떻게 언어를 먼저 배우고자 언어 안으로 들어갈 수 있겠는가? 끝으로, 우리는 나의 현재의 감각(아마 틀림없이 교정 불가의 것일)에 대한 참된 믿음을 가지는 것과 어떤 다른 사람에게 감각(잘못 보고하거나 전술한 오류의 원천으로 인해서 오류의 것일)을 말해주기 위해 언어를 사용하는 것을 서로 구별해야 한다. 이 두 가지는 서로 다른 것이다.

교정 불가능성에 대한 또 다른 **반대 사례**는 바로 이것이다. 즉 어떤 두뇌 생리학자가 사람의 두뇌의 특정 부분을 그 사람이 적색으로 나타나고 있음과 연결해 놓고 그 부분을 점검하기 위해 신뢰할 수 있는 기계를 사용할 수 있었다고 가정해보자. 반면에 그 사람은 자신이 적색으로 나타나고 있었다고 믿었으나 두뇌 모니터는 다르게 지시하고 있었다고 가정해보자. 이 경우에 그 사람이 잘못 알았을 수 있었던 것이 아닌가? 그래서 그는 자신의 현재의 감각에 대해 교정 가능한 믿음을 가질 수 있었던 것이 아닌가? 이에 대한 대답으로, 이 논증은 선결 문제를 요구한다는 점을 지적할 수 있다. 이러한 믿음이 교정 불가능하다면, 두뇌 생리학자는 그 사람이 적색의 감각을 가지고 있지 않았다고 계속 주장해서는 안 된다. 결국 두뇌 생리학자의 모니터는 그 사람의 두뇌가 이것저것을 하고 있었던 동안 피실험자가 무슨 감각을 가지고 있었던지에 대해 두뇌 판독과 1인칭 보고를 연결시킴으로써 진행되고 있었던 것이다. 따라서 모니터의 신뢰 가능성은 일차적으로 1인칭 보고의 정당화에 기초하는 셈이다. 이것이 1인칭 보고의 권위를 훼손하는 데 사용된다면 역시 모니터 자신의 신뢰 가능성도 훼손시키는 셈이다.

요약하면 교정 불가능성에 반대하는 논증은 결정적인 것은 아니지만 철학자들은 이 문제에 대해서 서로 엇갈린다. 그렇지만 아무런 교정 불가능한 믿음이 없다 할지라도 귀결되어 나오는 모든 것은 온건 토대주의와 대립하는 강경 토대주의가 곤란해진다는 사실이다.

(2) 모든 지각은 이론을 부담한다.

이 논증은 모든 지각은 이론이 실려 있다는 주장과 다를 바 없다. 결국 그것은 ~로서 보는 것, 또는 ~라고 보는 것 없이는 어떠한 봄도 없다는 주장이 되고 따라서 아무런 감각적 경험도 없고 해석되지 않은 자료는 없으며 아무 것도 의식에 그저 "주어지지" 않는다는 주장이 된다. 나아가서 모든 지각적 믿음 그리고 실로 믿음이라는 모든 믿음은 모종의 이론적 해석을 포함한다. 이로부터 두 가지가 나온다. 첫째, 어떠한 지각적 믿음도 오류에서 면제되어 있지 않다. 왜냐하면 적어도 원칙적으로 이론들은 변할 수 있고 해석들은 교정될 수 있기 때문이다. 둘째, 많은 것들 가운데서 이론들은 상관된 믿음들의 정합적 거미줄 또는 그물망이다. 지각적 믿음은 실제로 이론적 그물망의 일부이므로 어떤 이론 내의 다른 믿음과 정합함으로써 지지를 얻는다. 이것은 지각적 믿음이 토대주의자가 생각하는 기초적 믿음은 아니라는 것을 의미한다.

우리는 이미 이 장에서 지각이 이론을 부담하고 있는 문제를 살펴보았다. 여기서 주의할 주요 사항은 이 문제가 토대주의-정합주의 논쟁에 밀접하게 관련되어 있다는 사실이고 모든 지각의 이론 부담성을 전자는 부인하고 후자는 굳힌다는 사실이다.

(3) 정당화의 이행

마지막으로, 정합주의자는 토대주의자가 기초적 믿음과 비기초적 믿음의 관계를 설명할 때 전자가 어떻게 정당화를 후자에 이행시키는가를 설명하는 방식에서 분명히 하지 못했다고 주장한다. 더욱이 현실에서 토대가 되는 믿음들은 우리가 믿는 것이 정당화되는 그 모든 것을 구축하는 데 충분한 바닥재가 되기에는 그 수와 내용이 지나치게 적다. 이러한 이유로 해서 토대주의는 거부되어야 한다.

첫째 반론에 관하여, 토대주의자는 과연 기초적 믿음(예컨대 탁자 주위를 걸으면서 형성된 다음과 같은 종류의 수많은 믿음 즉 나는 지금 적색으로 나타나고 있다)과 비기초적 믿음(탁자 위에 적색 사과가 있다)의 관계를 분명히 하는 데 어려움을 겪은 바 있다. 이 관계는 연역적이 아니며(전자는 참일 수 있지만 후자는 거짓일 수 있다), 비기초적 믿음도 매거적 귀납에 의해 도달된 것이 아니다. 예를 들면 사람들은 자기 앞에 적색 대상이 실제로 있었던 경우에 가지는 적색 감각의 수많은 사례를 귀납적으로 열거하고 그러고 나서 (1)현재의 적색의 감각과 (2)그러한 감각이 실제로 외부의 지각 대상과 상관되어 있는 빈도를 기초로 해서 아마도 내 앞에 지금 적색 사과가 있다는 주장으로 나아가는 것이 아니다. 토대주의자가 이 문제를 계속 풀고 있겠지만, 현재로서 말할 수 있는 최선의 것은 정합주의자가 "정합"의 개념을 명료화하는 노력에는 다양한 애매성이 있으므로 그 때문에도 그들이 더 잘하는 편이라고는 할 수 없다는 점이다. 우리는 이 점을 간단하게 살펴볼 것이다.

둘째 반론(현실에서 토대가 되는 믿음이 정당화의 충전적 기초로서 사용되기에는 그 수나 내용에서 너무 적다는 반론)에 관하여, 이 문제를 다루는 것은 이 장의 범위를 벗어난다. 그러나 토대주의자는 정당화의 세부적인 이론을 완성해야 하고 이 이론을 통해서 토대적 믿음이 사실상 정당화의 체계를 구축하는 근거로서 충분하다는 것을 그럴듯하게 제안하게 된다. 그리고 아우디, 치좀과 같은 토대주의자는 이미 그들이 그렇게 했다고 믿는다.

3. 정합주의

1) 정합주의의 설명

정합주의에 대한 우리의 취급은 토대주의에 대한 우리의 논의보다 더 짧을 수 있다. 왜냐하면 문제의 많은 부분들이 이미 표면화되었기 때문이다. 이모저모에서 서로 다른 여러 가지 형태의 정합주의가 있으나, 그 본질은 기초적 믿음과 비기초적 믿음 사이에 아무런 비대칭도 없다는 사실이다. 모든 믿음은 서로 동등하고, 믿음의 정당화의 주요 아니, 아마도 유일한 원천은 그 믿음이 우리의 인식 구조에서 다른 믿음과 특유하게 "정합한다"는 사실이다. 정합주의의 주요 사상가로는, 브래들리(F. H. Bradley)와 블랜샤드(B. Blanshard)가 있고 근자에 와서는 레러(Keith Lehrer)와 레셔(Nicholas Rescher)가 있다.

우리가 진술한 대로 정합주의는 **인식의 정당화**에 관한 이론이다. 그러나 항상은 아니지만 자주 정당화 정합 이론과 엉켜 있는 두 가지 다른 유형의 정합주의가 있다. 첫째, **믿음 또는 의미의 정합 이론**이다. 이것은 좌우간 믿음의 내용, 즉 믿음을 바로 그 믿음으로 만드는 것은 그 믿음이 믿음의 전 체계에서 담당하는 역할이라고 주장하는 이론이다. 이 입장은 때때로 전체적 의미 이론으로 불린다. 둘째, **진리의 정합 이론**이 있다. 대강을 말하면 이것은 명제가 참인 것은 그 명제가 일련의 정합 명제들의 일부이고 오직 그 경우에 한해서만이라는 이론이다. 이 진리 이론은 **진리의 대응 이론**과 대립한다. 이것은 명제의 진리는 그 명제와 외부 세계와의 일치의 함수라는 이론이다. 진리 이론은 이 장의 후반부와 제4장에서 거론될 것이다. 지금으로서는 사람들이 정당화의 정합 이론과 진리의 대응 이론을 일관성 있게 함께 고수할 수 있다는 점만을 지적하고자 한다. 현재 우리의 관심은 전자에 있고 이를 자세하게 특징적으로 살펴보겠다.

(1) 정합주의와 교의론적 가정

교의론적 가정(그리스어 doxa, "믿음으로부터 나온")은 사람의 믿음을 정당화하는 유일한 요인이 그 사람이 지니고 있는 다른 믿음이라는 입장을 가리킨다. 이렇게 이해되면, 정합주의(적어도 강경 정합주의를 말하는데 이에 대해서는 아래를 참조할 것)는 교의론적 가정을 받아들인다. 감각적 경험(예컨대 적색으로 나타나고 있음)은 그 자신이 믿음의 근거를 제공하는 데 아무런 역할도 하지 않는다. 심지어는 지각적 믿음 그리고 일반적으로 믿음이라는 것은 경험과의 관계로부터 어떠한 정당화도 얻지 못한다. 또한 사람의 감각적 능력의 적절한 기능과 같은 외부주의자의 요인도 정당화에서 아무런 역할도 하지 않는다. 오로지 믿음 또는 일련의 믿음이 다른 믿음에 정당화를 수여할 수 있다. 이것은 많은 다른 의미가 있겠지만, 모든 형태의 정합주의는 내부주의자 이론이라는 것을 의미하며 반면 토대주의자의 이론은 그 방향이 내부주의자이거나 외부주의자이거나 둘 중의 하나일 수 있다.

(2) 기초적 믿음과 비기초적 믿음의 비대칭성은 없다.

정합주의의 경우 어떠한 기초적 특전적 종류의 믿음(예컨대 나는 지금 적색으로 나타나고 있다와 같은 지각적 믿음을 표현하는 부류의 믿음)도 없다. 이러한 믿음은 다른 믿음으로부터 어떠한 정당화도 필요로 하지 않으면서 자기 자신의 믿음에 대한 정당화의 토대로서 사용되는 믿음이다. 우리의 인식 구조는 그 안에 그와 같은 비대칭성을 가지고 있지 않다(그리고 가져서도 안 된다). 피라미드가 토대주의자의 훌륭한 인식 구조를 묘사하기 위한 좋은 비유라면, 많은 사람들은 뗏목이 정합주의자의 묘사를 위한 좋은 비유라고 생각한다. 더욱이 모든 감각적 경험은 이론 부담적이고 따라서 가령 나타나고 있는 방식과 같은 식의 비명제적 방식이 아니라 지각적 판단인 것으로 드러난다. 사람들의 믿음을 전반적으로 살펴보면, 다른 믿음보다 각별히 경험의 주위에 밀접해 있는 믿음들이 있을 수 있지만 이것은 정도의 문제일 뿐 종류의 차이는 아니다.

(3) 정합 자체의 본성

여기서 기본 관념은 믿음을 정당화시키는 것이 그 믿음이 우리의 인식 구조에서 다른 믿음과 "정합하는" 방식이라는 점이다. 이를 좀더 낫게 표현하면, 어떤 사람에게 믿음이 정당화되는 것은 그 믿음이 그 사람에게 정합적인 일련의 믿음의 일원이 되는 경우에 한해서이다. 정당화는 주로 개개의 믿음들의 특징이고 정합은 개개의 믿음들의 특징이 아니라 전체로서 취해진 믿음 전체의 특징이다. 예를 들면 어떤 사람이 바람이 불고 있다는 것을 어떻게 아는가 하고 의아해 한다면, 나뭇잎이 바스락거린다고 말할 수 있을 것이다. 그가 그것을 어떻게 아는가라고 물으면, 그는 나뭇잎이 바스락거리는 소리를 듣고 있다는 것을 안다고 대응할 것이다. 나아가서 그는 나뭇잎이 바스락거리는 소리를 듣고 있다는 것을 아는 것은 바람이 사실상 불고 있기 때문이라고 대응할 것이다. 바로 여기서 개개의 믿음은 일련의 정합적 믿음의 부분으로 됨으로써 정당화된다.

정합주의자는 정합이 무엇에 해당하는가에 대해서 입장이 서로 달랐다. 이 점에서 그들은 기초적 믿음과 비기초적 믿음의 정당화 관계에 대한 최선의 설명에 대해서 서로 달랐던 토대주의자와 같다. 거의 모든 정합주의자는 정합이 적어도 **논리적 일관성**을 의미해야 한다는 점에 동의한다. 즉 그것은 일련의 믿음은 명시적으로 또는 암시적으로 모순 명제를 포함할 수 없다는 것이다. 그러나 이것만으로는 충분하지 않다. 어떤 사람이 자신이 나폴레옹이었다고 믿을 수 있고 그 밖의 모든 사람은 그 사람이 나폴레옹이었다는 것을 부인했다고 믿을 수 있으며 그들은 모두 거짓말하기로 공모했었다고 믿을 수 있다. 이것은 논리적으로 일관성 있는 일단의 믿음이기는 하나, 그 일단의 믿음의 일원에 대하여 정당화를 수여하는 일단의 믿음은 아닐 것이다.

다른 정합주의자는 정합이 포함해야 하는 조건들을 더 추가했다. 그 한 가지 후보자는 **포함 정합**이라는 것이었다. 즉 일단의 믿음이 정합적인 것은 그 일단의 믿음의 개개의 구성원이 그 일단의 믿음의 다른 나머지 모든 구성원에 의해서 포함되면 된다는 것이다. 또 다른 보다 인기 있는 후보자는 **설명적 정합**이라 불린다. 즉 일단의 믿음의 개개의 구성원은 그 일단의 믿음의 다른 구성원을 설명하는 것을 도와주고 또 그 다른 구성원에 의해서 설명된다는 것이다. 일단의 믿음이 수적으로 많아지면, 그 일단의 믿음의 정합(따라서 그 일단의 믿음의 개개의 구성원의 정당화)은 그 일단의 믿음 사이에 존재하는 상호 설명적 힘이 질과 강도에서 세차지면 증대한다. 여전히 다른 후보자가 있는데, 이것은 이른바 **개연성 정합**이다. 즉 일단의 믿음이 정합적인 것은 그 일단의 믿음이 P라는 믿음을 포함하지 않거니와, 아울러 P라는 믿음이 개연적이지 않다는 뜻도 포함한다.

(4) 정합 이론의 다양성

마지막으로 정합 이론의 분류는 다양한 형태의 정합 이론을 포함할 것이다. 첫째, **적극적 정합주의**와 **소극적 정합주의**가 있다. 전자에 따르면, 어떤 믿음이 일단의 믿음과 정합하다면, 그때는 그것은 그 믿음에 대한 적극적 정당화를 제공한다. 여기서 적극적 이유는 어떤 믿음이 정당화될 수 있기 전에 요구되는 것인 바, 정합은 그러한 정당화를 제공한다. 소극적 정합주의에 따르면, 어떤 믿음이 일단의 믿음과 정합하지 못하면, 그때는 그 믿음은 정당화된 것이 아니다. 여기서 믿음은 유죄 입증까지는 무죄이다. 다시 말해서 믿음은 정합의 시험에서 실패하지 않는 한 어느 정도는 정당화된다.

둘째, **온건 정합주의**와 **강경 정합주의**가 있다. 온건 정합 이론은 정합이 정당화의 한 가지 결정 요인에 지나지 않는다고 함축한다. 따라서 온건 정합주의는 정합에 정당화의 역할을 허용하는 형태의 토대주의와 양립할 수 있다. 강경 정합 이론은 정합이 정당화의 유일한 결정 요인이라고 주장한다. 이러한 형태의 정합주의에 대해 간략하게 평가해 볼 것이다.

끝으로 **선형적 정합주의**와 **전체적 정합주의**는 서로 차이가 있다. 선형적 정합주의에 따르면, 믿음은 다른 개개의 믿음(또는 소규모의 일단의 믿음)에 의해서 직선적 연쇄로 또는 원형적 연쇄로 정당화된다. 따라서 P가 Q를 정당화하고 Q가 R을 정당화하고 하면서 이 고리가 완성될 때까지 하나의 지시적 일직선 형태로 정당화가 이루어진다. 그 고리가 크고 충분하면 그 고리의 구성원에게 정당화를 수여한다. 전체적 정합주의는 어떤 사람 S가 P를 믿는 것이 정당화되기 위해서, P는 그 사람이 믿는 일단의 믿음과 정합 관계에 있어야 한다고 확정한다. 정당화를 제공하는 것은 바로 이러한 전체적 유형의 상호 결합, 상호 정합이다.

2) 정합주의의 평가

우리는 이미 토대주의를 평가할 때 정합주의를 위한 대부분의 주요 논증을 목격했다. 사실상 정합주의를 지지하는 많은 부분은 토대주의의 실패로 추정된 것에 놓여 있거니와, 말하자면 기초적 믿음의 부인, 기초적 믿음과 비기초적 믿음의 비대칭성의 부인, 사람들이 믿는 모든 것을 정당화된 것으로 지지하는 토대의 불충전성, 기초적 믿음과 비기초적 믿음의 관계에 대한 토대주의자 설명의 결점, 모든 지각의 이론 부담성 등과 함께 정합주의가 그 유력한 유일 대안이라는 입장과 결부되어 있다. 이처럼 정합주의를 위해 구성된 본질적으로 소극적인 논증 이외에, 정합주의자는 사람들이 현실적으로 자신의 믿음을 정당화하기 위해 어떻게 하고 있는가에 대하여 자신들이 정확하게 설명한다고 확신한다. 정합주의자는 우리가 믿음이 실제로 정당화되는 방식에

주의를 기울인다면, 정합주의의 정확성은 명백해질 것이라고 주장한다.

이러한 주장에도 불구하고 수많은 심각한 비판들이 정당화의 강경 정합 이론에 대해서 제기되었다. 이러한 비판은 세 가지 주요 논점으로 묶어질 수 있다. 첫째, 한 믿음에서 다른 믿음으로 이행하는 정당화 문제에서 보여지는 바, 정합 이론의 악순환과 그 미심쩍음을 주시하는 반론이다. 선형적 적극적 정합주의를 고찰해보자. 이러한 입장에 따르면 정당화의 이행은 일직선으로 진행되다가 원을 그린다. 즉 P는 Q를 정당화하고 Q는 R을 정당화하고 하면서 그 고리는 Z는 P를 정당화한다는 것으로 원을 그리면서 닫힌다. 여기서의 문제는 그 고리가 악순환적이고 미심쩍다는 점이다.

악순환에 관하여 지금의 문맥에서 앞서 말한 논의 내용을 회상해보자. 기초 관계는 인과 관계와 같다. 즉 두 관계가 모두 비재귀적이고 (A는 자기 자신을 일으킬 수 없거나 자기 자신의 기초일 수 없다) 비대칭적이다(A가 B를 일으키거나 B의 기초라면, 그때는 B는 A를 일으킬 수 없거나 A의 기초일 수 없다). 그러나 이것은 어떠한 믿음도 전체적으로 또는 부분적으로 자기 자신의 기초일 수 없다는 것을 의미하고, 바로 이것이 선형적 적극적 정합주의가 요구하는 것이다. P가 연쇄 과정(R, S, …, Z)을 정당화하고 이 연쇄 과정이 다시 P를 정당화한다. 그러나 이 연쇄 과정은 자신이 정당화되지 않는다면 P를 정당화할 수 없다. 따라서 R에서 Z에 이르는 과정이 P를 정당화하는 것은 P가 그 연쇄 항을 정당화하기 때문이고 이러한 의미에서 P는 자기 자신을 스스로 정당화하는 셈이다. 그리고 이와 동일한 것이 그 연쇄 과정의 다른 항에 대해서도 사실이다.

더욱이 이러한 정당화의 순환은 악순환일 뿐 아니라 지각적 믿음을 다루는 데도 사실일 것 같지 않다. 프랭크가 적색 사과가 탁자 위에 있는 것을 보고 그 사과는 적색이라고 믿는다고 가정해보자. 토대주의자는 자신이 적색으로 나타나고 있다는 프랭크의 믿음을 가리키면서 그 믿음을 정당화한다. 그리고 이 믿음은 다시, 프랭크가 실제로 문제의 그 지각적 믿음을 가지고 있다는 사실에 근거를 둔다. 그러나 정합주의자는 사과에 대한 프랭크의 믿음을 더 높은 차원의 믿음(프랭크의 직접적 경험과는 멀리 떨어져 있는 믿음들)에다 고리를 다시 걸게 함으로써 정당화해야 한다. 예를 들면 일상적 물리적 대상 믿음(어떤 탁자가 오랫동안 방에 있었다는 믿음, 어떤 친구가 사과를 한 시간 전에 책상 위에 가져다 놓았다는 믿음, 방의 조명이 적당하다는 믿음, 아무도 그 이후에 방에 오지 않았다는 믿음 등)은 다시, 다른 일상적 물리적 대상 믿음(탁자들이 제멋대로 없어지지 않는다는 믿음, 아무도 가구를 가져가지 않았다는 믿음, 친구가 사과를 가져와서는 집으로 다시 가져가지 않았다는 믿음)에 기초한다. 또는 정합주의자는 적색 사과가 거기에 있다는 프랭크의 믿음을 2차 질서의 믿음을 언급함으로써 정당화할 수 있다.

이러한 전략의 문제점은 믿음이 어떻게 현실적으로 정당화되는가에 대한 설명, 다시 말하면 사과가 탁자 위에 있다는 프랭크의 현재의 경험을 언급하는 설명이 사실로 보이지 않는다는 것이다. 이러한 책임에 대한 정합주의자의 대응 방식은 경험 자체가 믿음을 근거지울 수 있다는 사실을 부인하는 것이다. 왜냐하면 모든 감각은 이론 부담적이고 믿음만이 믿음을 정당화할 수 있기 때문이다. 그러나 여기서 반론의 요지는 이러한 정당화의 개념이 일상적 지각적 믿음에서 사람들이 현실적으로 정당화의 요인들이라고 발견하는 것에 비추어 보면, 사실이 아닐 것 같다는 점을 드러내고 있다는 것이다.

악순환의 문제는 어떠한가? 정합주의자는 이러한 문제에 대해 적어도 두 가지 방식으로 대응한다. 첫째, 혹자는 정당화의 순환이 소규모라면, 그때의 순환은 그야말로 악순환적이라고 주장한다. 그러나 그 순환이 대규모이고 많은 구성원으로 이루어진 고리를 포함한다면, 그때는 순환적 정당화는 전혀 문제가 아니다. 그러나 이러한 주장은 하나의 논증으로서는 실패작이다. 정당화의 순환이 충분할 정도로 대규모라면 사람들이 그로 인해 곤란을 겪지 않을 것이라는 점은 우리에 관한 심리학적 사실일지도 모른다. 왜냐하면 그들은 순환성과 그 불충전성을 의식하지 못할 것이기 때문이다. 그러나 악순환의 문제는 정당화의 이행을 일으키는 비재귀적 비대칭적 관계의 본성에 뿌리를 내리고 있으므로 그 고리 규모의 대소에 관계 없이 현존한다.

둘째 반응은 선형적 적극적 정합주의를 포기하고 전체적 정합주의를 채택하는 것이다. 이러한 설명을 택하면, 정합주의는 정당화의 이행에 관한 입장이 아니라 정당화의 원천에 관한 이론이다. 즉 정합주의의 본질은 기본적으로, 믿음의 거미줄 속에 이루어지는 믿음 사이의 상호적 전체적 정합이 믿음에 정당화를 수여하는 원천이라는 사상에 있다. 우선적으로, 정합주의는 정당화가 정합으로 인해서 존재하게 된다면, 그 정당화가 어떻게 한 믿음에서 다른 믿음으로 이행하는가에 관한 입장이 아니게 된다. 그러나 전체적 정합주의가 순환성의 문제를 피한다 해도 그 주요 인자로 말미암아 여전히 미심쩍을 수밖에 없다. 즉 그것은 감각적 경험 또는 이성(논리학, 수학과 같은 이성의 진리에 대한 지식의 경우)을 우리의 믿음의 정당화에 공헌하는 것으로 허락하지 않는다. 사람들이 적색으로 나타나고 있다는 사실 또는 사람들이 2+2=4라는 것을 단순하게 볼 수 있다는 사실은 정합주의가 함축하는 바가 무엇이라고 하더라도 정당화에서 결정적 역할을 담당하는 것으로 보인다. 요컨대 정합 이외에도 정당화의 원천이 있다.

이로 말미암아 정합주의에 대한 둘째 주요 반론 즉 **고립 문제**에 도달한다. 대개 이 문제와 연결되어 있는 몇 가지 상호 밀접한 난점들이 있다. 우선, 혹자는 정합 이론이 정당화를 외부 세계와 그 세계가 실제로 존재하는 방식으로부터 분리시킨다고 주장했다. 정당화는 오로지 우리의 인식 구조에서 믿음들 사이의 내적 관계(상호 정합)의 함수일 뿐이고 따라서 정당화는 사람들이 가지고 있는 일단의 믿음 밖에 있는 것들(가령, 외부 세계, 또는 우리의 믿음과 외부 세계의 관계로서의 진리)과는 아무런 상관이 없다(감각적 경험이 상관이 있는 것과는 다르게). 정당화의 목표는 우리에게 외부 세계에 대한 앎을 주는 것이므로, 그렇다면 정합 이론이 외부 세계와 단절된 채로 남는 한, 정당화의 불충전적 이론일 수밖에 없다.

정합주의자는 이러한 문제에 대하여 세 가지 방식 가운데 어느 하나로 대응했다. 첫째, 혹자는 진리의 대응 이론을 포기하고 진리의 정합 이론을 정당화의 정합 이론에 덧붙였다. 여기서 진리는 명제와 외부 세계의 대응 관계가 아니다. 대신에 명제가 참이라고 말하는 것은 그 명제가 일단의 정합적 명제의 구성원이라고 말하는 것이다. 정합이 정도의 문제(정합성이 더 하거나 덜 하거나 할 수 있는 일단의 믿음의 문제)일 수 있는 것과 마찬가지로 진리도 정도의 문제이다. 정당화가 우리에게 진리를 주는 이유는 정합의 관점에서 이해될 수 있지 않으면 안 된다. 우리의 믿음이 점점 더 증대하는 일단의 정합적 믿음의 구성원인 탓에 정당화가 되면 될 수록, 우리는 참된 믿음에 더 가까이 가는 셈이다. 왜냐하면 믿음의 진리는 그 믿음이 일단의 정합적 믿음의 구성원이 되는 정도에 달려 있기 때문이다. 우리는 여기서 이러한 대응을 평가할 수 없다. 진리 이론은 4장에서 논의될 것이다. 그러나 진리 자체가 정도로 오지 않고 진리의 대응 이론이 정합 이론보다 우수한 것이라면, 그때는 그러한 대응은 불충전적이다.

혹자가 제시한 둘째 대응은 신의 눈의 관점에서 있을 수 있는 가령, 이론 독립적 세계라는 개념 또는 소위 "세계가 존재하는 그 방식"이라는 개념은 비정합적인 것이라고 주장한다. "외부" 세계나 "세계가 존재하는 그 방식"이라는 우리의 특이한 개념은 "세계가 존재하는 그 방식이 주어진 이론 또는 일단의 믿음에서 주어진다"는 사상으로 환원되는 개념일 뿐이다. 세계가 존재하는 단 하나의 방식이란 존재하지 않는다. 서로 다른 이론 속에 서로 다른 세계가 있을 뿐이다. 따라서 이론-세계 사이의 구별 관계는 궁극적으로 좌초한다. 이러한 대응은 이론(마음, 언어)으로부터 독립한 세계가 실제로 있다는 실재론적 입장을 부인한다. 우리는 이 문제를 제3부 형이상학 제8장에서 충분하게 고찰할 것이다.

마지막으로 어떤 정합주의자는 외부 세계는 그들이 보기에 우리의 믿음이 그 외부 세계의 "입력" 즉 파장이 우리의 감관에 미치는 영향으로부터 일어난다는 점에서 그 세계에 대한 우리의 믿음에 영향을 미친다고 대응한다. 이 때문에 외부 세계는 우리의 믿음을 정당화하는 데서 어떠한 역할도 담당하지 않는다. 다만 그것은 우리가 현실적으로 가지는 믿음을 산출하고 영향을 미치는 인과적 역할을 담당한다. 이러한 대응의 문제점은 그 대응이 외부 세계에 대한 우리의 직접적 의식이 우리의 믿음을 정당화하는 과정에서 담당하는 합리적 역할의 여지를 조금도 허락하지 않는다는 점이다. 그런데 인식론에서 유관한 역할은 바로 그러한 역할이다.

이 마지막 언급으로 인해서 고립 문제에 연관된 둘째 난점에 도달하게 된다. 즉 정합주의는 경험 또는 다른 요인들(예컨대 우리의 감각적 인지적 장비의 신실성)이 정당화에서 어떤 역할을 담당하게끔 아무런 여지도 남기지 않는다. 왜냐하면 믿음 그리고 오직 믿음만이 정당화에 유관한 것이기 때문이다. 정합주의자의 경우, 믿음의 정당화는 오로지 그 믿음이 다른 믿음에 대해 가지는 정합의 함수일 뿐이다. 사람들이 서로 다른 두 환경에서 일단의 동일한 믿음을 가진다면, 그때는 그가 가지는 어떤 믿음이라도 비록 믿는 주체 바깥의 감각적 경험이나 요인들이 극심하게 변할지라도 동일한 정도의 정당화를 가질 것이다. 이것은 많은 다른 의미가 있겠지만, 정합주의자가 정당화가 없는 정합적 환상(예컨대 정합적 요정 이야기, 꿈, 또는 일단의 비정상적 환상적 믿음)과 정당화가 있는 일단의 똑같은 정합적 믿음 사이의 구별 기준을 제공할 수 없다는 사실을 의미한다. 따라서 정합은 정당화의 충분조건이 아니다.

정합 이론이 정당화에 불충분하다는 것을 예증하는 플랜팅거의 두 가지 사례를 살펴보자.

> 올리버 삭스는 작고한 마리너의 경우를 다시 생각해 본다. 그는 코르사코프씨병 증후군, 즉 알코올 중독으로 두뇌의 돌기 부분이 파괴되어 심각한 영구적 기억 장애를 앓았던 사람이다. 그는 30년 간의 삶을 완전히 망각했고 자신이 지금 49세인데도 19세라고 믿었다. 또 1975년인데 1945년이라고 믿었다. 그의 믿음은 (우리가 조정해도 좋다면) 정합적이었다. 그러나 그의 심각한 병증으로 인해 그의 믿음의 많은 부분은 보증이 되지 않는 또는

보증이 거의 없는 믿음이었다….

최종적으로, 인식론적으로 경직된 등산가의 경우를 고찰해보자. 릭은 그랜드 테톤에 있는 스톰 포인트의 가이드 윌을 올라가고 있다. 최종 지점 도달 직전에 어려움을 맞이해 향도하면서 이제 그는 편평한 암석 위에 앉아 동료를 끌어올리고 있었다. 그는 캐스캐이드 캐년이 왼쪽 아래에 있고 오웬 산의 절벽이 바로 자기 앞에 있다고 믿으며 60미터 아래에서 매가 천천히 선회하고 있다고 믿는다. 또한 자신은 파이어 신제품 암벽형 등산화를 신고 있다고 믿는다. 그의 믿음(우리가 조정해도 좋다면)은 정합적이다. 그런데 릭은 등산로를 따라 가다가 갑자기 강력한 빛이 방사되는 사건을 맞이하게 되었다. 이 때문에 그는 인지 장애를 일으키게 되었다. 그의 믿음은 고착되고 더 이상 경험의 변화에 대처할 수 없게 되었다. 그가 어떤 경험을 하더라도 그의 믿음은 동일하게 굳어 변화할 수 없었다. 동료가 애를 많이 써서 눕힌 다음 절망적인 마지막 응급 처치를 하고 잭슨 거리 가까이에 있는 오페라 하우스로 데려 갔다. 그 오페라 하우스는 뉴욕 오페라 극단이 라 트라비아타를 순회 공연하고 있는 곳이었다. 릭은 거기에 있는 자신 이외의 모든 사람이 그렇듯 동일하게 나타나고 있다. 즉 그는 멋진 연속 화음의 홍수에 노출되어 있다. 슬프게도, 치료를 위한 많은 노력은 실패로 돌아간다. 릭의 믿음은 고착되어 있고 자신의 경험에 대하여 도무지 아무런 반응이 없다. 여전히 그는 자신이 가이드 윌의 마지막 도착 지점 직전에서 암반에 자일을 고정시키고 있고 캐스캐이드 캐년은 왼쪽에 있다고 믿는다. 더욱이 그는 편평한 암석 위에서 앉아 있을 때 믿었던 것을 그대로 믿고 있기 때문에, 그의 믿음은 정합적이다. 그러나 그것들은 그에게 보증이 없는 또는 보증이 거의 없는 믿음인 것은 확실하다. 그 이유는 인지 장애 때문이고, 말하자면 그의 믿음은 자신의 경험에 적절하게 반응하지 않기 때문이다.[1]

---

1) Alvin Plantinga, *Warrant: The Current Debate*(Oxford: Oxford Univesity Press, 1993), pp. 81-82.

고립 문제와 연관되어 있는 셋째 난점은 이른바 **복수 반론**이다. 똑같이 정합적인 두 가지 이상의 일단의 믿음이 있을 수 있다. 그러나 이 두 가지 이상의 일단의 정합적 믿음은 서로 논리적으로 양립될 수 없다. 자신이 세례자 요한이라고 생각하는 정신병 환자는 그 환자를 치료하는 사람의 믿음과 동일한 정합적 믿음을 가질 수 있다. 이 경우에 정합주의자는 개개의 일단의 믿음은 똑같이 정당화된다고 말해야 할 것이다. 그러나 이것이 사실이 아님은 확실하다. 어느 한쪽의 일단의 믿음만이 사실일 것이다. 말하자면 한쪽의 믿음만이 정당화된 믿음 곧 치료하는 사람의 믿음을 포함하는 것으로 여겨진다.

악순환의 문제와 고립 문제 이외에도, 혹자는 정합 자체의 개념에 반대하는 난점을 제기했다. 즉 그 개념은 너무 불충분하거나 아니면 너무 불분명해서 만족스러운 것이 아니라고 반론되었다. 이러한 문제에 대한 분석은 지금 이 자리에서 논구할 수 없고, 또 어쨌든 토대주의자에 대해서도 동일한 반론이 제기되었다. 즉 기초적 믿음과 비기초적 믿음의 관계에 대한 토대주의자의 취급도 마찬가지였다는 것이다. 우리가 보기에, 인식 정당화의 문제에 관하여 토대주의가 정합주의보다 나은 위치에 있다. 그러나 독자 스스로가 이 문제에 대해 결론을 내려야 할 것이다.

[제3장의 요약]

토대주의와 정합주의의 논쟁은 주로 인식 구조에 대한 여러 가지 다른 규범적 입장에 집중되어 있다. 토대주의자는 기초적 믿음과 비기초적 믿음을 구별한다. 적절한 기초적 믿음은 어떤 다른 방식으로 근거를 가질 수 있을지언정 다른 믿음에 의해 정당화되지 않는 그런 기초적 믿음이다. 기초적 믿음과 비기초적 믿음 사이에는 비대칭이 존재한다. 기초지우는 관계는 비재귀적이고 비대칭적이다. 다른 유형의 토대주의에는 강경 토대주의와 온건 토대주의가 있다. 토대주의자는 자신의 입장을 위해 적어도 세 가지 주요 논증, 즉 정당화에서 차지하는 경험과 지각적 믿음의 역할, 몇 가지 이성의 진리의 기초적 본성, 그리고 소급 논증을 제공한다. 정합주의자는 토대의 교정 불가능성 즉 강경 토대주의의 핵심 논제를 공격한다. 많은 정합주의자는 모든 지각은 이론이 실려 있다고 주장한다. 그들은 정당화의 이행에 대한 토대주의자의 입장을 비판한다.

정당화의 정합 이론은 교의론적 가정 즉 어떤 사람에게 믿음을 정당화하는 유일 요인은 다른 믿음이라는 입장을 받아들인다. 게다가, 정합주의자는 기초적 믿음과 비기초적 믿음 사이의 비대칭을 부인한다. 셋째로, 정합주의자는 정합 자체의 본성에 대하여 서로 다르다. 가장 인기 있는 입장들로는 논리적 일관성으로서의 정합, 포함으로서의 정합, 설명력으로서의 정합, 개연성으로서의 정합이 있다. 끝으로, 선형적 정합주의와 전체적 정합주의를 비롯한 여러 가지 형태의 정합주의가 있다. 정합주 지지 증거의 많은 부분들은 현실에서 우리의 믿음이 정당화되는 방식에 관련한 토대주의의 추정적 불충전성과 정합의 우수성에 놓여 있다. 토대주의는 정합 이론 적어도 적극적 선형적 이론은 악순환적이고 모든 정합 이론은 적어도 지각적 믿음이 정당화되는 방식에 관해서는 사실이 아닌 것 같다고 주장한다. 또한, 그들은 정합 이론은 감각적 경험이 정당화에서 차지하는 적극적 인식론적 역할을 갖게끔 여지를 허락하지 않는다고 주장한다. 끝으로, 토대주의자는 고립 문제와 복수 반론을 정합 이론의 난점으로 인증한다.

[기본 용어 및 개념 목록]

~라고 보는 것
~으로서 보는 것
감각
강경 정합주의
강경 토대주의
개연성 정합

고대의 고전적 토대주의
고립 문제
고전적 토대주의
교의론적 가정
교정 불가능한
근거

근대의 고전적 토대주의
기초적 믿음
기초지우는 관계
내부주의
논리적 일관성
단순한 봄
믿음
믿음(의미)의 정합 이론
복수 반론
비기초적 믿음
비대칭적
비재귀적
선형적 정합주의
설명적 정합
소극적 정합주의
소급 논증
소여의 신화
오류 불가능한
온건 정합주의

온건 토대주의
외부주의
의심 불가능한
인식 구조
인식의 연쇄
일단 정당화된
자기 현시적 속성
적극적 정합주의
적절한 기초적 믿음
전체적 정합주의
정당화의 정합 이론
정합주의
증거
진리의 대응 이론
진리의 정합 이론
토대
토대주의
포함 정합
확실한

제4장
진리 이론과 포스트모더니즘

> 그것을 그것이라고 말하는 것, 즉 그것이 아닌 것을 그것이 아닌 것이라고 말하는 것이 진리이다.
>
> 아리스토텔레스, 『형이상학』(Metaphysics) 1077B26

> 예언자가 주님의 이름으로 말한 것이 이루어지지 않거나 진리로 입증되지 않으면 그 말은 주님께서 하신 말씀이 아닙니다.
>
> 신명기 18:22

> 빌라도가 예수께 물었다. "그러면 당신은 왕이오?" 예수께서 대답하셨다. "당신이 말한 대로 나는 왕이오. 나는 진리를 증언하기 위해 태어났으며 진리를 증언하기 위해 세상에 왔소. 진리에 속한 사람은 누구나가 내가 하는 말을 듣소." 빌라도가 예수께 "진리가 무엇이오?" 하고 물었다.
>
> 요한복음 18:37-38

1. 서론

세세대대로 사람들은 빌라도의 질문을 던졌다. 진리와 같은 것이 있는가? 그렇다면 진리는 정확하게 무엇인가? 기독교와 그 대립 종교는 본질적으로 진리이거나 거짓이거나 간에 실재에 대한 주장을 포함한다. 나아가서 경합하는 진리 주장들 특히 경합하는 세계관의 핵심에 자리 잡고 있는 진리 주장들은 종종 삶에 매우 다른 결과를 가져온다. 루이스가 표현하는 대로, "우리는 지금 우주에 대한 다른 믿음이 다른 행동을 초래하는 지점에 도달하고 있다. 종교는 참이거나 거짓이어야 하는 사실에 대한 일련의 믿음들을 포함하고 있다. 이것들이 참이라면 인간 여정의 바른 항해와 관련된 일련의 결론이 나올 것이고 거짓이라면 상당히 다른 결론이 나올 것이다."[1]

루이스의 진술에 사용된 진리의 개념은 이른바 **진리의 대응 이론**이다. 그것은 대략적으로 진리는 명제(믿음, 사고, 진술, 표상)와 실재의 일치 문제라는 사상이다. 진리는 어떤 명제가 실재에 대해서 실재라고 표상하는 방식대로일 때 얻어진다. 진리의 대응 이론은 고전적 진리 이론이라고 부르는 것이 적절하다. 왜냐하면 거의 예외 없이 그 이론은 실질적으로 모든 사람에 의해서 19세기까지 유지되었기 때문이다. 그러나 그 이후로 대응 이론은 비판을 맞이하게 되었고 대안적 진리 이론들이 정식으로 제출되었다. 더욱이 많은 지지자에 의하면 현대의 중요 이데올로기인 **포스트모더니즘**은 진리의 존재를 거부한다. 특히 포스트모더니즘이 어떤 형태의 대응 이론에 따라 해명되는가에 달려 있다.

이러한 문제에 이르기 위해서 이 장은 두 부분 즉 진리 이론과 포스트모더니즘으로 대별된다. 첫째 부분에서 예비적 문제를 고찰한 후에 진리의 대응 이론이 분석되고 평가되며 대안 이론에 대한 논의가 뒤따를 것이다. 둘째 부분에서 포스트모더니즘의 다양한 모습들이 제시되고 평결될 것이다.

---

1) C. S. Lewis, *Mere Christianity*(New York: Macmillan, 1960), p. 58.

2. 진리 이론

1) 예비적 문제

성경적 진리관이 있는가? 그 대답은 사람들이 무엇을 의미하는가에 따라서 예이면서 아니요인 것 같다. 아니요의 경우는 특별한 기독교적 진리 이론 즉 성경에서 사용되고 그 밖의 다른 곳에서는 전혀 없는 이론이 없다는 것이다. 특별한 기독교적 진리 이론이 있었다면, 두 가지의 재앙적 함축이 따라 나올 것이다. 즉 어떤 기독교적 교리들이 참이라는 주장은 일상적 진리 주장과 동등한 것이 되리라는 점과 기독교가 진리라는 주장은 순환적, 체계 의존적 따라서 사소한 것이 되리라는 점이 그것이다. 게다가 성경은 정밀한 진리 이론을 내놓기 위해 전문적 철학 용어를 사용하지도 않으며 특수한 진리 이론의 옹호가 성경의 가르침의 주요 의도도 아니다.

그러나 이 중 어느 것도 성경의 가르침이 특정한 진리 이론을 전제하지 않는다거나 그 이론에 비추어 큰 의미가 없다는 것을 뜻하는 것은 아니다. 진리에 대한 구약과 신약의 용어는 각각 에메트 ('emet)와 알레테이아(alētheia)이다. 이 용어의 의미, 그리고 더 일반적으로 말해서 성경적 진리 개념은 폭넓고 다면적이다. 말하자면 충성, 도덕적 올바름, 참됨, 진정함, 신실함, 진실함, 완전함이다. 성경적 진리 개념의 두 가지 측면이 우선적인 것으로 보인다. 즉 신실하다는 것과 사실과 일치한다는 것이 그것이다. 후자는 진리의 대응 이론을 포함하는 것 같다. 논란의 여지는 있지만, 전자는 대응 이론을 전제하는 것으로 볼 수 있다. 따라서 신실성은 어떤 사람의 주장 또는 약속에 일치하는 그 사람의 행동으로 이해될 수 있을 것이다. 진정성과 도덕적 올바름 등에 대해서도 비슷한 논점이 성립될 수 있을 것이다.

성경적 진리 개념의 이 첫째 측면이 대응 이론을 전제하든 아니든 간에, 둘째 그룹 즉 "사실에 대한 일치"에 속하는 충분한 수많은 구절들이 있다. 두 가지의 종류의 흥미로운 본문이 그 종류마다 수많은 사례들을 포함한 채로 이 둘째 그룹에 배치된다. 첫째, 수 백개의 구절들이 명시적으로 대응이라는 의미의 진리를 명제(주장 등)에다 귀속시킨다. 따라서 하나님은 말하기를, "나 주는 진리를 말하고 바른 것을 알린다"(사 45:19). 잠언은 말하기를, "내 입은 진리를 말하며"(잠 8:7), "증인은 진리를 말하면 남의 생명을 건지지만 위증을 하면 배신자가 된다"(잠 14:25). 예레미야에 따르면, "누구나 이렇게 자기 이웃을 속이며 진리를 말하지 않는다"(렘 9:5). 요한복음 8:44-45에서 예수는 악마는 진리 편에 있을 수 없는 거짓말쟁이이고 기만자이며 그러나 나는 즉 예수는 진리를 말한다고 말한다. 요한복음 17:17에서 예수는 하나님의 말씀은 진리라고 확신하고 요한복음 10:35에서 그는 하나님의 말씀은 폐하지 못한다(즉 거짓이라고 주장할 수 없다)고 우리에게 확신시킨다.

둘째, 수많은 구절들이 명시적으로 참 명제와 거짓 명제를 대조시킨다. 따라서 로마서 1:25에서 우리는 "사람들은 하나님의 진리를 거짓으로 바꾸고"라는 말을 듣는다. 구약은 반복적으로, 그 말이 실재와 일치하지 않는 거짓 예언들에 대해서 경고한다. 제9계명의 경고는 거짓 증언 즉 실제로 일어난 것에 일치하지 않는 증언을 하지 말라는 것이다(출 20:16).

그렇다면 성경은 어떤 형태의 대응 진리설을 정식으로 전제하는 것으로 보인다. 그리고 이것은 19세기까지 실질적으로 모든 철학자에 의해서 승낙된 상식적인 관점이면서도 고전적인 입장이다. 그러나 대응 이론과 그 두 대적 이론을 분석하기에 앞서, 두 가지 예비적 문제가 더 언급되어야 한다. 주지하다시피 이 두 문제는 진리 자체의 명료화 없이는 충분하게 다루어질 수 없다. 이러한 명료성의 추구는 진리 이론의 분석에서 나온다. 따라서 이러한 논의는 곤경에 빠지는 것 같다. 다행스럽게도 한 가지 출구가 있다. 적어도 두 가지 이유에서, 진리 이론을 분석하기 전에 이 두 문제를 숙고하는 것이 적절한 것 같다. 우선, 이 예비적 문제가 진리 이론을 살펴보기 전에는 충분하게 토론될 수 없지만 그 역도 사실이라는 것이다. 사람들은 한 곳에서 출발하지 않을 수 없으므로 이 두 문제는 명료화의 논의를 시작하는 경우에 어느 문제보다도 좋은 지점이다. 더 중요한 것은 사람들이 철학을 거론하기 전에 진리가 무엇인가에 대해 상식적 개념을 가지고 있다는 점이다. 전술한 대로 어떤 형태의 대응 이론은 상식적 직관과 성경의 가르침을 동시에 포착하는 것 같다. 대응 이론의 거부를 정당화하는 분석이 더 제시되어야 하지만, 그 정당화를 예비적으로 사전 조사하는 작업 역시 시작용으로 의미가 있다.

첫째 문제는 진리 주장의 절대주의자와 상대주의자 서술 사이의 구별이다. **상대주의**에 의하면, 어떤 주장은 그 주장을 받아들이는 개인 또는 집단의 믿음이나 평가에 따라 상대적으로 진리이다. 상대주의에 의하면, 어떤 주장은 사람들이 그 주장을 받아들인다는 사실에 의하여 그 사람들에게 참이 된다. 도덕적 유비를 사용하면 이 점이 명확하게 될 것이다. 차가 우측 통행 해야 하는 절대적 도덕적 의무는 없다. 이 의무는 미국에서는 상대적으로 진실이다. 그러나 영국에서는 진실이 아니다. 마찬가지로 지구가 평평하다는 것은 고대의 사람들에게는 참이었지만 현대의 사람들에게는 거짓이다.

진리가 사람, 집단에 따라 달라지지 않는다고 주장하는 사람들은 **절대적 진리**, 또한 소위 **객관적 진리**를 받아들인다. 이러한 관점에 따르면, 사람들은 진리를 발견하지 창조하지 않으며 어떤 주장은 이 주장을 어떤 사람이 받아들이는지와는 전적으로 독립적으로, 실재 자체에 의해서 이런저런 방식으로 참 아니면 거짓이 된다. 게다가 절대적 진리는 절대적 진리 자체이기도 한 3대 기본 논리 법칙과 일치한다. 어떤 서술 명제 P 즉 2는 짝수이다는 명제를 살펴보자. **동일율**은 P가 P 자체와 동일하고 다른 것, 예를 들면 잔디가 푸르다는 Q 와 다르다고 말한다. **비모순율**은 P가 동일한 의미에서 동시에 참이자 거짓일 수 없다고 말한다. **배중율**은 P가 참이거나 거짓이거나 둘 중의 하나라고 또는 약간 달리 표현해서 P가 참이거나 또는 그 부정, 즉 비P가 참이거나 둘 중의 하나라고 말한다. 이 세 법칙이 P의 진리성을 검증하는 능력에 관해서는 아무 것도 말하지 않는다는 사실에 유의하자.

예를 들면 색맹인 사람은 Q가 참인지 거짓인지를 알지 못할 것이다. 배중율은 Q가 참 아니면 거짓이라고 말한다. 배중율은 어느 쪽이 옳은지를 발견하는 능력에 관해 아무 것도 말하지 않는다.

절대주의자와 상대주의자 중 누가 옳은가? 적어도 두 가지 이유에서, 절대주의자는 진리의 본성에 대하여 옳다. 이 두 가지 반응은 세 가지 진리 이론에 대한 논의에서 자세하고 충분하게 논의될 것이고 여기서는 간단하게 진술해도 좋을 것이다. 첫째, 상대주의 자체는 절대주의자의 의미에서 참이거나 거짓이거나 둘 중의 하나이다. 전자라면 상대주의는 자기 논박적이다. 왜냐하면 이 경우 아무런 객관적 진리가 없다는 것이 객관적 진리이기 때문이다. 후자라면 상대주의는 객관적 보편적 타당성이 없는, 집단 또는 개인의 취향이나 습관의 단순한 표현에 불과할 것이다. 따라서 그 물음과 관련해서 상대주의는 자신이 객관적 진리이기 때문에 사람들이 믿어야만 하는 것으로 다른 사람들에게 추천될 수 없다. 바로 이것이 상대주의를 "옹호하는" 사람들에게 심각한 난점이다.

둘째, 상대주의를 위한 이유는 적어도 세 가지 방식으로 혼동스럽다. 우선, 상대주의자의 주장 즉 "지구는 고대인에게는 평평하고 현대인에게는 아니다"는 주장을 살펴보자. 이 주장은 애매성을 담고 있거니와, 이 때문에 어느 정도까지 그럴 듯하게 보이는 것이다. 이 애매성은 "P는 그들(그)에게 참이고 우리들(나)에게 거짓"이라는 문구에서 성립한다. 설명의 편의를 위해서 그 문구를 축약하면, 존재론적으로는 (존재 혹은 실존과 관련해서), 그 문구는 "P는 나에 대한 참인 그것"으로 해석되어야 하고 인식론적으로는(즉 인식과 관련해서), 그 문구는 "P는 나에 대하여 참이다"로 해석되어야 한다. 존재론적 의미는 진실로 상대주의의 표현이고 이는 어떤 것은 바로 이것을 믿는 행위에 의해서 참이 되게 된다는 것을 함축한다. 그러나 인식론적 의미는 P가 객관적 의미에서 참이라는 견해를 표현한다. 즉 "나는 P를 객관적으로 참이라고 받아들이기는 하는데, 확신할 수 없고 사실상 P를 변론하는 나의 능력을 신뢰할 수 없다. 그래서 나는 내기를 걸어 P의 진리성이 내가 가지는 의견에 불과하다는 것을 단순하게 말하는 것뿐이다." 이렇게 이해되면, 인식론적 의미는 절대적 진리성을 요구한다. 대다수의 사람들이 P가 그들에게 참(또는 거짓)이고 다른 사람들에게 거짓(또는 참)이라고 주장할 때 인식론적으로 말하고 있는 것이지 존재론적으로 말하는 것이 아니다. 사람들은 달리 생각하지 않는 한 상대주의자는 틀린 쪽에 속한다.

상대주의를 찬성하는 사람들의 둘째 혼동은 진리 조건과 진리 기준의 혼동이다. **진리 조건**은 어떤 주장의 진리성을 구성하는 것이 무엇인가를 서술한다. 이렇게 이해되면, 진리 조건은 존재론적이고 진리 자체가 무엇인가라는 진리의 본성과 연결된다. 예를 들면 "일각수가 캔자스에 살고 있다"는 S의 진리 조건은 일각수가 캔자스에 현실적으로 살고 있다는 실재적 사태를 획득하는 것이 될 것이다. **진리 기준**은 어떤 주장이 참이고 거짓인가를 결정하거나 정당화하기 위한 인식론적 시험에서 성립한다. S에 대한 기준은 일각수 목격의 증인 보고, 일각수 흔적의 발견 등과 같은 것이 될 것이다. 이제 어떤 의미에서 주장을 인식론적으로 정당화하는 것은 어떤 사람이 다른 사람이 모르는 증거를 알 수 있을지 모른다는 점에서 개인이나 집단에 따라 상대적이 된다. 증거의 수집 가능성에 비추어 보면, 고대 사람들은 지구가 평평하다는 믿음을 정당화했을 수도 있다. 그러나 새로운 증거에 비추어 보면, 그 믿음은 더 이상 정당화되지 않는다. 그래서 이러한 유화적인 의미에서 어떤 주장의 진리 기준의 충족은 유관한 증거의 소유와 부족에 따라 상대적이 된다. 그러나 그렇다고 진리 조건이 상대적이라는 결론은 나오지 않는다. 우리의 증거와는 아주 별도로, "지구가 평평하다"는 객관적으로 참이거나 거짓이다.

마지막으로, 때때로 상대주의자는 절대주의자 입장과 연결된 세 가지 기본 논리 법칙에 대하여 혼동을 일으킨다. 혹자는 그 법칙들이 아리스토텔레스 논리학의 표현이며 그 자체로서 서양의 구성물 또는 서양의 논리학일 뿐으로서 문화 상호간에 적용될 수 없다고 주장한다. 이러한 "논증"은 명제 또는 논증의 논리적 지위를, 명제를 표현하기 위해 사용하는 언어 양식 또는 결론에 도달하기 위해 사용하는 사회적 과정과 혼동하고 있다.

『신학대전』에서 아퀴나스는 엄격한 논리적 형식과 삼단논법적 표현을 명시적으로 따르는 문어체 형식의 글을 사용했다. 이와는 대조적으로, 브라질의 고산 지대의 고립 문화들은 구두 전승의 운문 형식을 사용할지도 모르고 그들의 문장은 명시적 정연한 주어-술어 형식을 따르지 않을지도 모른다. 또 그들은 서양 문화에는 상당히 낯선 방식으로 부족에만 맞는 결론에 도달할지도 모른다. 그러나 이들 가운데 어느 것도 자신들의 주장의 근저에 놓여 있는 심오한 논리적 구조 또는 개개의 주장들이 순복하는 세 기본 법칙과는 아무런 상관도 없다. 이와 달리 생각하는 것은 오류일 뿐이다. 우리는 독자들에게 "서양 논리학"은 문화적으로 상대적이라는 주장을 비롯해서, 아리스토텔레스의 세 논리 법칙에 일치하지 않는 문화에서 나오는 주장을 담은 서술문을 제시할 수 있을 것이다. 그러한 어떤 주장도 참 또는 거짓으로서 의미 있거나 주장될 수 있는 성질의 것이라면 그 정도만큼은 세 논리 법칙을 따라야 할 것이다. 이에 대한 어떠한 추정적인 반대 사례들도 자기 논박적이거나 의미 없거나 일 것이다. 결국 아리스토텔레스가 이 법칙을 고안하지 않았다는 것은 콜럼부스가 신대륙을 고안하지 않았다는 것과 같다. 아리스토텔레스는 서양 사상가였을 것이고 세 법칙을 발견했을 수도 있지만 그렇다고 그 법칙 자체가 서양의 구성물이라는 결론이 함축되는 것은 아니다.

둘째 예비적 문제는 **수축론적 진리 이론**에 연관된다. 아래에서 검토할 세 가지 진리 이론은 진리를, 그 진리를 보여주는 개개의 품목의 실재적 중요 특징으로 받아들인다. 그러나 최근의 입장 즉 수축론적 진리 이론은 진리와 같은 속성이나 관계는 존재하지 않는 것이라고 함축한다. 따라서 진리 자체의 본성을 명료화하는 이론을 개발하는 것은 방향이 잘못된 것이다. 수축론적 진리 이론의 주요 유형은 **잉여진리론**으로서, 이 진리론에 따르면 진리라는 말은 언어에서 어떠한 특이한 또는 특수한 기능도 가지고 있지 않고 언어적으로 표현될 수 있는 것을 제약함이 없이도 제거될 수 있다. 진리임을 호소하는 문장 T, 즉 "링컨이 죽었다는 것은 사실이다"는 그러한 호소를 전혀 포함하지 않는 문장 U "링컨은 죽었다"와 동일한 내용을 정확하게 가지고 있다. 잉여론의 몇몇 옹호자들은 진리 주장의 역할은 기껏해야 주장되고 있는 내용과의 동의("나는 링컨이 죽었다고 동의한다")를 표현하는 방식이며 최악의 경우 잉여적이라는 결론을 내렸다.

수축론적 진리론에 대한 적절한 평가는 이 책의 입문적인 저술의 범위를 벗어난다. 그러나 두 가지만 짧게 차례로 언급되어야 한다. 첫째, 우리가 대응 이론을 다룰 때 알 수 있겠지만, 사람들이 현실적으로 진리 자체를 경험하고 즉 진리 자체를 의식한다는 것은 논란의 여지가 있지만 사실이다. 이것이 옳다면, 그때 진리는 존재한다. 둘째, T와 U가 동일 내용을 표현한다는 것은 사실이 아닌 것 같다. U는 세상의 사태 즉 죽은 링컨에 관한 진술이고 T는 직접적으로 링컨에 관한 것이 아니다. 오히려 T는 하나의 주장인 U 자체에 관한 진술이고 U가 진리를 가지고 있다는 것을 U에 대하여 말하고 있다. 게다가 U와 T는 인간의 삶에서 다르게 기능한다. 사람들은 U에 관심을 가질 수 있다. 왜냐하면 사람들은 링컨이 실제로 살았는지를 알고 싶고 살았다면 여전히 살아 있는지를 알고 싶기 때문이다. 이와는 대조적으로 T에 관심이 있는 사람은 자신의 일련의 믿음 중 어느 정도가 진리인가를 식별하고자 목록을 조사하는 데 관심을 기울일지도 모른다. 따라서 T는 자신의 믿음 중 어느 하나를 기술하는 기능을 하는 데 비해 U는 그런 기능이 없다.

이제 세 가지 주요 진리 이론을 살펴볼 단계가 되었고 대응 이론에서부터 시작하자.

2) 대응 진리 이론

진리의 대응 이론은 그 가장 단순한 형태를 말하면, 명제(문장, 믿음)는 바로 이것이 사실이라고 주장하는 것이 사실로서 실재와 일치하는 경우에만 참이라는 이론이다. 더 추상적으로 말해서 많은 대응 이론가들은 진리는 진리 담지자가 진리 형성자와 적절한 일치 관계에 있을 때 얻어진다고 주장한다. 따라서 진리의 적합한 분석은 진리 담지자, 일치 관계 그리고 진리 형성자를 분석하는 것과 연관된다.

여러 가지 형태의 대응 이론이 이 세 가지 구성소를 달리 분석한다. 사실상 대응 이론의 주요 비판 중의 하나는 그 옹호자가 이러한 분석의 세부 내용에 동의할 수 없거나 이러한 분석이 신비스럽고 이상한 존재물을 가져온다는 점이다. 이러한 비판을 잠시 제쳐두고 이 세 가지 구성소를 분석하는 경우에 보이는 문제들과 대안들을 살펴보자.

첫째, **진리 담지자**란 무엇인가? 세 가지 주요 유형의 후보자가 제공되었다. 우선, 두 가지 언어적 후보자는 문장과 진술이다. 둘째, 두 가지 정신 상태로서 사고와 믿음이 제시되었다. 마지막으로, 명제는 기초적 진리 담지자로 명명되었다. 이제 이것들을 제시된 순서대로 조사해 보자. 먼저 언어적 대안에서 시작하자. **문장**은 문화적으로 인위적인 일련의 구문론적 규칙에 따라 형성된 감각 지각적 일단의 표지에서 성립하는 언어적 유형 또는 표시이다. **진술**은 특정한 경우에 문장을 제출하기 위해 화자에 의해서 사용된 일련의 연속적인 소리 또는 신체적 동작이다. 이렇게 이해되면 문장도 진술도 기초적 진리 담지자로서 좋은 후보이기를 의도할 수 없다. 우선 진리 담지자는 의미를 가지고 있지 않는 한 참일 수 없다. 유의미한 그리고 무의미한 문장/진술이 존재한다. 나아가서 어떤 문장/진술은 질문을 던지고 감정("헉")을 표현하고 행동을 수행한다(결혼식순에서 "예 나는 약속합니다"라고 말한다). 이러한 문장/진술은 참도 거짓도 아니다. 이러한 문제에 대응하여, 사람들은 유관한 진리 담지자는 서술적 문장/진술 즉 주장되고 있는 것의 내용이라고 주장할 수 있다. 불행하게도 이러한 대응이 옳다면, 언어적 진리 담지자는 명제로 넘어가는 것 같다.

둘째, 어떤 정신 상태 즉 사고와 믿음은 적절한 진리 담지자로서 확인되었다. 언어적 존재물에 비교하면, 이 후보자들은 두 가지 이유에서 진전을 이룬 후보자이다. 첫째, 참 또는 거짓일 수 있는 것은 사고나 믿음을 표현하는 문장/진술 뿐일 것 같다. 그래서 사고와 믿음이 언어보다 진리에 더 근본적인 것이다. 둘째, 언어가 사람들의 사고와 믿음을 발전시키는 데 이바지하지만 사람들, 이를테면 아동들은 언어로 사고하지 않고 또는 습득된 언어를 아직 소유하지 않고 참된 또는 거짓된 사고/믿음을 가질 수 있다.

반면에 사고 또는 믿음을 기초적 진리 담지자로 확인하는 것은 문제가 있다. 이를 보기 위해 잔디가 푸르다는 생각을 하는 사람을 살펴보자. 어느 한 각도에서 보면 이 사고는 다만 개인의 정신적 상태이고 기록된 의식적 사건일 뿐이다. 이렇게 이해되면 그것은 어떤 사람에게 정오에 일어나서 5초 동안 지속하다가 사라지고 말 수 있다. 개인의 정신적 상태로 고찰하는 한, 사고 또는 믿음은 의미를 가지고 있는 것도 아니고 참인 것도 거짓인 것도 아니다. 그러나 다른 각도에서 보면, 사고는 그러한 특징을 소유하는 것 같다. 즉 참이거나 거짓이거나 하는 것은 사고의 내용이다. 개인의 사고라는 사건은 정신적 내용 예를 들면 잔디는 푸르다는 내용을 예화하는 것 같고 이것은 참이거나 거짓이거나 하는 것이다.

지금까지 진리 담지자에 대한 우리의 연구는 다음과 같은 결론에 도달했다. 즉 기초적 의미에서 참이거나 거짓이거나 하는 것은 서술적 문장/진술과 사고/믿음의 내용이다. 이러한 내용이 소위 **명제**이고 바로 이 명제가 진리 담지자의 셋째 후보자를 대변한다. 명제란 무엇인가? 명제의 존재를 받아들이는 철학자들은 이 문제에 대한 대답에서 일치하지 않는다. 그러나 그 대답에 유관한 어떤 것들이 있다. 즉 (1) 명제는 시간이나 공간에 위치하지 않는다. (2) 명제는 명제를 표현하기 위해 사용하는 언어적 존재물과 동일하지 않다. (3) 명제는 감각 지각적인 것이 아니다. (4) 명제는 그 동일 명제가 동시에 하나 이상의 마음속에 있을 수 있다. (5) 명제는 어떤 사람(적어도 유한한)에 의해 존재하는 것으로 그리고 존재하는 그대로라고 파악될 필요가 없다. (6) 명제는 사람이 가령 자기 자신의 사고 과정의 내용을 사고하고 있을 때 그 자체로 사고의 대상일 수 있다. (7) 명제는 어떠한 의미에서도 물리적 존재물은 아니다. 명제의 정확한 본성에 대한 토론을 사정하는 것이 현재의 연구 범위를 벗어난다 할지라도 조금 후에 곧바로 명제로 되돌아갈 것이다.

진리 형성자란 무엇인가? 명제를 참이게 하는 것은 무엇이고 그것은 어떻게 명제를 참이게 하는가? 첫째 질문에 대한 가장 인기 있는 대답은 **사실** 또는 **사태**이다. 혹자는 사실과 사태를 구별한다. 그러나 그것들은 동일하게도 보인다. 현재의 논의에서는 동일한 것으로 취급될 것이다. 정확하게 사태란 무엇인가? 적절한 정의를 내리는 것은 예를 인용하는 것보다 더 어렵다. 사태는 술어 또는 예증 관계에 의해서 정리된 현실적으로 존재하는 어떤 전체이다(제10장 참조). 예를 들면 2가 짝수라는 것, 사과가 적색이라는 것, 중간 A가 중간 C보다 더 높다는 것, 이 모두는 사태이다.

사태는 어떻게 명제를 참이게 만드는가? 그리고 특정 명제가 주어진 경우 어떤 사태가 그에 유관한 사태인가? 이러한 문제에 답하기 위해, 잔디는 푸르다는 명제를 고찰해 보자. 이 명제는 특별한 사태 즉 잔디의 푸름이 현실적으로 얻어지는 경우에만 참이다. 주의해야 할 중요 대목은 명제는 **지향성** 즉 ~에 관한 것임, ~에 대한 것임, 대상을 향함을 가진다는 점이다. 개인의 사고가 잔디에 관한 것이고 미주리 주에 관한 것이 아니라는 점은 실제로 그 사고가 잔디는 푸르다는 명제를 예화하기 때문이다. 명제의 지향성은 그 지향적 대상 즉 그 명제가 집어내는 특별한 사태를 향한 자연적 친화성 또는 내재적 향함이다. 따라서 진리 형성자는 진리 담지자를 참이게끔 만든다. 이것은 전자가 후자와 유효한 인과 관계에 놓여 있어서 후자를 참이게끔 형성한다는 점에서가 아니다. 오히려 진리 담지자 즉 명제가 그 명제의 내재적 지향성 덕분에 특별한 사태를 집어내고 이 특별한 사태가 그 명제를 참이게끔 "형성한다". 다만 그 사태가 그렇게 형성하는 것은 현실적으로 그 명제가 그 사태가 존재하는 대로 표상하는 방식이 되는 경우뿐이다.

몇 가지 반대 사례가 제시되었는데, 그 취지는 명제가 진리 형성자 없이도 참일 수 있다는 것을 보여주는 것이었다. 이것이 성공한다면,

반대 사례는 진리 형성자가 잉여의 것이라는 것을 보여줌으로써 대응 진리론을 훼손할 수 있을 것이다.

어떤 대응 이론 옹호자는 소위 진리 형성자 최대 요구주의, 이를 대강 말하면 개개의 참 명제에 대한 진리 형성자가 있어야 한다는 입장을 거부함으로써 이러한 비판에 반응했다. 이러한 입장의 사상가들은 참 명제가 있는 대부분의 많은 경우에 대응 이론이 명세화하는 것과 같은 진리 형성자가 있다고 주장한다. 그러나 어떤 난처한 경우 즉 진리 형성자가 무엇인지가 분명하지 않는 경우에서 보듯, 유관한 진리 형성자가 없어도 명제는 참일 수 있다는 점은 여전히 일리가 있다. 대응 이론의 다른 옹호자는 자기 이론을 이러한 방식으로 조정하는 것을 거역하고 문제가 되는 경우에 대하여 적절한 진리 형성자를 제공하고자 한다. 이러한 경우에 맞는 그럴 듯한 진리 형성자가 있는가? 대응 이론 옹호자는 이 문제에 대해서 입장이 나뉘는데, 독자들은 이에 대해 스스로 결정해야 할 것이다. 이 문제를 수월하게 반성하기 위해 다음과 같은 사례들을 고찰해보자.

1. 바알 신은 존재하지 않는다.
2. 공룡은 현재 멸종 상태이다.
3. 모든 까마귀는 검다.
4. 어린이 사랑은 도덕적으로 옳다.
5. 2070년 미국 대통령은 여성일 것이다.
6. 존즈가 부자였더라면 렉서스를 구입했을 것이다.

이러한 참된 명제 보기들은 끝내 진리 형성자를 가질 수 없는가? 개개의 명제에 맞는 유관한 진리 형성자가 발견될 수 있다고 생각하는 것은 적어도 그럴 듯하다.

(1)을 고찰해 보자. (1)의 진리 형성자는 현실 세계에서 얻어지는 모든 사태가 "바알 신의 존재"의 사태를 결여하고 있다는 사실과 다를바 없다. 이것은 실재적 결여이고 결핍으로서 그 실재를 진정으로

특징짓는 것이다. 따라서 우리는 (1)의 진리 형성자를 가진다.

명제(2)는 현실적으로 두 가지 주장이다. 첫째, 그것은 현재보다 앞선 어떤 시기에 공룡과 같은 것이 있었다고 주장한다(따라서 일각수는 현재 존재하지 않는다는 명제와는 구별된다). 둘째, 그것은 공룡은 현재 존재하지 않는다는 것이다. 따라서 (2)의 진리 형성자는 두 가지이다. 첫째는 현재보다 앞선 어떤 시기에 "공룡이 있다"는 사태가 실재적이었다는 것이지만, 둘째는 현재의 현실 세계에서 얻어지는 모든 사태에는 "공룡이 있다"는 것이 사실상 결여되어 있다는 것이다.

(3)은 보편 양화사가 있는 진술이다. 그것은 그 자체로서 까마귀라면 현실적이든 가능적이든 모두에게 적용되고 우연히 막 존재하게 되는 까마귀에만 적용되고 마는 것이 아니다. 따라서 진리 형성자는 "현실적으로 존재하는 까마귀가 검다"는 것일 수 없다. 그렇다면 (3)의 진리 형성자는 무엇인가? 그 진리 형성자는 조건적으로 얻어지는 사태이다. 즉 "어떤 것이 까마귀라면 그때는 그것은 검다"이다. 다시 말하면 까마귀인 어떤 것이 있다면, 그때는 그것은 검다는 속성을 가질 것이라는 것이다(이러한 조건이 참이라는 것에 대해서는 그 이상 가는 형이상학적 근거가 있다. 즉 까마귀라는 속성과 검다는 속성 사이의 법칙적 관계가 있다).

(4)는 도덕성의 명제이고 이 명제는 아동이 존재한다는 것도 함축하지 않고 존재하는 어느 누구라도 현실적으로 사랑을 받고 있다는 것도 함축하지 않는다. 그렇다면 (4)의 진리 형성자는 무엇인가? 우리는 다음과 같이 제안한다. 즉 옳음이라는 도덕적 속성을 가지는 어린이 사랑과 같은 유형의 행동이 있다. 현실적으로 이러한 유형의 행동은 아동이 없는 세계 또는 사랑할 수 있는 능력을 가진 피조물이 없는 세계를 비롯한 모든 가능 세계에서 도덕적 옳음의 속성을 가지고 있다. 사랑 받는 아동이 개개의 사례로 존재하는 세계에서 이러한 개개인은 도덕적 옳음의 속성을 가질 것이다. 따라서 (4)의 진리 형성자는 어린이 사랑과 같은 유형의 행동이 도덕적 옳음이라는 속성을 가지는 사태가 있다는 것이다.

(5)는 미래 시제 진술로서 독특한 문제를 제기한다. 잠시 논증의 편의상 2070년 미국 대통령은 여성일 것이다는 진술을 인정해보자. (5)에 딸린 문제는 어떤 의미에서 그것이 여성이 아직 대통령직에 선출되지 않았을지라도 현재 진리인 것으로 보인다는 점이다. 그렇다면 우리는 (5)를 어떻게 처리해야 하는가? 두 가지 전략이 가능한 것 같다.[2] 첫째, 문장 (5)는 (5′)로 번역될 수 있을 것이다. 즉 (5′) "2070년 미국 대통령은 여성이라는 것은(시제와 관계 없이) 참이다." 이러한 전략에 따르면, "미국 대통령은 2070년에는 여성이라는" 사태는 시제와 관계 없이 얻어지고 또 (5)의 진리 형성자이다. 둘째 전략은 (5)를 번역하면서 시제를 제거하는 것이 아니라 시제를 가진 사태를 그 진리 형성자로서 정립한다. 즉 "미국 대통령은 여성이라는" 사태는 미래에 구체적으로 2070년에 얻어지는 속성을 가진다. 둘째 전략을 취하면, "미국 대통령은 여성이라는" 사태가 현재 이러한 미래 시제 속성을 가진다는 사실이 (5)의 진리성에 근거를 제공하는 것이다.

(6)은 피조물의 자유의 반사실성 말하자면 가난한 존즈가 부자이기만 했다면 구입했을 어떤 것을 참되게 표현한다. (5)를 검토할 때 우리는 미래에 대한 시제화된 사실들이 당연히 있다는 점을 배웠다. 즉 그 사실들이 관련되어 있는 대상이나 사건이 존재하지 않아도 현실적으로 존재하고 있는 사실들은 있다는 점이다. 이와 유사하게, 관련되어 있는 대상이나 사건이 존재하지 않아도 현실적으로 존재하고 있는 "반사실들"(사실에 반대하는 사태들)이 있다고 우리는 주장한다. 따라서 (6)의 진리 형성자로 사용되는 것은 "존즈가 부자였더라면 렉서스를 구입했을 것이다"라는 반사실적 사태이다.[3]

---

[2] 이 두 전략의 차이점은 서로 다른 시간론 즉 각각 A 이론이라고 부르는 동적 이론과 B 이론이라고 부르는 정적 이론에 달려 있다. 차이점에 대한 논의는 이 장의 범위를 넘어선다. 예를 들면 다음 책에 나오는 논의를 참조. Gregory E. Ganssle, ed., *God and Time: Four Views*(Downers Grove, Ⅲ.: Inter Varsity Press, 2001).

[3] 무엇이 피조물의 자유의 반사실성을 참되게 만드는가 하는 물음은 현대 철학과 종교 철학에서 많은 주목을 받은 매력적인 문제이다. 일반적으로 말해서 이에 대한 만족스러운 대답을 제공하는 것이 중요한 이유는 하나님이 미래의 우연적 명제를 알 수

그렇다면 이와 같은 세간의 반대 사례를 처리하는 그럴 듯한 방법이 있는 셈이고 진리 형성자 요구조건을 포기하라는 요구는 없어질 수 있다. 그러나 다시 한 번 말하거니와, 독자들은 이러한 반응이 그럴 듯한가를 결정해야 할 것이다. 여하튼 이러한 자칭 반대 사례에 대한 우리의 연구는 우리에게 두 가지를 상기시켰다. 첫째, 진리 형성자는 명제를 참이게끔 원인지우는 것이 아니라는 점이다. 오히려 그것은 지향적 대상이고 이 대상 덕분에 대응하는 명제가 참이 된다. 둘째, 진리 형성자는 구체적 대상일 필요가 없다는 점이다. 많은 경우에 그것인 모종의 추상적 사태이다.

진리 담지자에 대한 우리의 연구는 앞서 우리를 **일치 관계**의 주제로 데려갔었다. 그런데 이러한 관계는 정확하게 무엇인가? 주의해야 할 첫째는 일치가 가령 사과의 경우 사과의 적색처럼 명제의 단자적 성질이 아니라는 점이다. 단자적 성질은 어떤 하나의 사물에만 소유하도록 요구되는 하나의 속성이다. 오히려 일치는 명제와 그 **지향적 대상**인 사태 사이 즉 두 항 사이의 관계이다. "~보다 크다"와 같은 두 항 사이의 관계는 두 존재물이 예시되는 것을 요구하는 관계이다. 따라서 진리는 지향성에 근거를 둔다. 명제에 내재하는 ~에 관한 것임은 사태를 지향하고 그 진리 관계는 지향적 대상이 명제에 맞추어져 대응하고 일치하는 경우에만 예증된다.

둘째, 일치 관계는 관계들 가운데서 특이하다. 아래에서 보겠지만, 일치 관계는 그 자체가 직접적으로 경험될 수 있고 사고의 대상이 될 수 있다. 그리고 그것은 그 밖의 다른 어떤 것으로 환원될 수 없다. 그것은 인과적 관계가 아니며 물리적 관계도 감각 지각적 관계도 아니다. 또한 그리는 관계도 아니다. 명제는 자신과 일치하는 사

없다는 "열린 유신론"의 주장에 대답하고 특정한 신의 예지에 대한 중간 지식 접근법을 구제직으로 변호하는 문제와 관련해서이다. 더 자세한 논의를 위해서 다음 책을 참조. Thomas P. Flint, *Divine Providence: A Molinist Account*(Ihtaca, N.Y.: Cornell University Press, 1998), chap. 5; William Lane Craig, "Middle Knowledge, Truth-Makers, and the 'Grounding Objection,'" *Faith and Philosophy*(근간 예정).

태의 그림도 묘사도 아니다. 이것은 자기 자신이 감각 지각적이 아닌 사태, 예를 들어 2가 짝수라는 것, 자비로움이 덕이라는 것, 가브리엘이 천사라는 것에 대하여 분명하다. 그러나 사정은 감각 지각적 사태에 대해서도 마찬가지이다. 잔디가 푸르다는 명제는 잔디가 푸르다는 사태를 그리는 것이 아니다. 그 명제는 마음속에서 예시될 수 있으나 그 자체가 푸르다거나 감각 지각적이다거나 하는 것은 아니다. 반면에 일치하는 사태는 실로 푸르다. 따라서 전자는 후자의 그림이 아니다.

우리가 대응 이론에 대한 비판을 살펴볼 때 그 반론은 일치 관계가 너무 신비스러워서 그 사람의 존재론(실재관)을 인정할 수 없다는 점에 근거한다는 것을 보게 될 것이다. 이러한 이유에서 어떤 옹호자는 일치 관계 없이 대응 이론을 진술하고자 노력했다. 예를 들면 혹자는 참된 명제는 그 명제가 사실이라고 주장하는 바로 그것이 실제로 사실이라고 하는 그런 명제라고 주장한다. 이 주장은 일치 관계를 명시적으로 언급하지 않는다는 점에 유의하자. 이것은 일치 관계의 언급 없이 적절한 대응 이론을 표현한다는 것이 될지도 모른다. 그러나 이 주장은 언급은 없지만 일치 관계를 암시적으로 그럴싸하게 사용한다. 우리가 어떤 것이 실제로 어떤 주장을 통해서 사실이라고 주장하는 바로 그것이라고 함은 도대체 무엇인가라고 물을 때 한 가지 가능한 대답은 다음과 같다. 즉 그것은 전자(사실인 것)가 후자(사실이라고 주장되는 것)와 일치한다는 것이다.

두 가지 주요 논증이 대응 이론을 위해 제출되었다. 즉 현상학적 논증과 변증법적 논증이다. 에드문트 후설(1859-1938)은 **현상학적 논증**을 가장 강력하게 진술했다. 현상학적 논증은 구체적인 사례들로부터 진리에 관해 무엇을 배울 수 있는지를 알기 위해 주의 깊게 기술하고 제시하는 작업에 집중한다. 하나의 보기로서 조와 프랭크의 경우를 숙고해보자. 조는 사무실에 있는데, 주문한 책 스윈번(Richard Swinburne)의 『영혼의 진화』(*The Evolution of Soul*)가 도착했으니 찾아가라는 전화를 대학 서점으로부터 받는다. 이때 새로운 정신 상태가 조의 마음에 일어난다. 즉 스윈번의 『영혼의 진화』가 대학 서점에 있다는 생각이다. 이제 조는 그 사고의 내용을 의식하면서 밀접하게 관련되어 있는 두 가지를 의식하게 된다. 즉 사고의 지향적 대상의 본질(스윈번의 책이 서점에 있다는 것)과 그 사고의 진리성을 결정하게끔 도와줄 검증 단계가 그것이다. 예를 들면 그는 그 사고를 검증하기 위해 태평양에 가는 것은 아무런 상관이 없다는 것을 알고 있다. 오히려 그는 특정 빌딩으로 가서 대학 서점의 어느 코너에 스윈번의 책이 놓여 있는지를 알 수 있는 일련의 조치를 취해야 한다는 것을 알고 있다. 동시에 그는 스윈번의 『영혼의 진화』가 대학 서점에 있다는 명제에 의해서 인도되고 있다. 조는 프랭크에게 자기가 어디로 무엇 때문에 가고 있는지를 말해주지 않았지만 프랭크는 동행한다. 그들은 서점에 도착하여 거기에 스윈번의 책이 있는 것을 둘 다 본다. 그 순간에 조와 프랭크는 동시적으로 스윈번의 책 『영혼의 진화』를 보는 감각적 경험을 가진다. 그러나 조는 프랭크가 소유하지 않는 둘째 경험을 가진다. 조는 자신의 사고가 어떤 현실적 사태와 맞고 일치한다고 경험한다. 그는 자신의 사고와 그 지향적 대상을 비교할 수 있고 그 사고가 참이라는 것을 "볼" 수 있으며 직접적으로 의식할 수 있다. 이러한 경우에 조는 현실적으로 일치 관계 자체를 경험하고 진리 자체는 그의 의식 대상이 된다.

방금 인용된 보기는 유관한 지향적 대상이 감각 지각적 대상 즉 서점에 있는 한 권의 책이라는 그런 진리를 경험하는 경우를 보여준다. 그러나 이것이 사실일 필요는 없다. 전건 긍정식을 배워서 아는 학생이라면, 이러한 사고를 논리적 추리의 특수 사례로 가져가서 전건 긍정식의 진리성을 "볼" 수도 있다. 유사하게 어떤 사람이 자기 아버지에 대한 분노를 거부하는 노력을 실천하고 있다는 사고를 하고서는 내성을 통해서 그 사고가 자신의 내적 정신 상태에 일치하는지 어떤지를 발견할 수 있다.

혹자는 현상학적 논증이 지나치게 단순화되었다는 근거에서 그 논증을 거부할지도 모른다. 그러나 단순화되었다는 것은 분명하지 않다.

그 논증은 단순하지만 단순화된 것은 아니다. 왜냐하면 과학자, 수학자 그리고 다른 학자들이 진리를 경험하도록 보다 정교하게 가공된 동일 종류의 사례들이 제공될 수 있기 때문이다. 게다가 어떤 진리론이 철학적으로 문제시되기 전에 우리 모두가 경험하는 것과 조화를 이루는 것(일치하는 것)은 그 진리론의 미덕이다.

변증법적 논증은, 대안적 진리론을 내놓거나 대응 이론을 단순하게 거부하는 사람들이 자신들의 주장을 펼칠 때 특히 그들이 자신의 입장을 위한 논증을 제시하거나 자신의 논증의 무효화 요소들에 반대하는 변론을 펼치거나 할 때 실제적으로는 대응 이론을 전제하고 있다고 주장한다. 때때로 이 논증은 딜레마의 형식으로 진술된다. 즉 대응 이론을 거부하는 사람들은 일치라는 의미에서 자신의 발언을 참으로 받아들이거나 받아들이지 않거나이다. 전자라면 그 발언은 자기 패배적이다. 후자라면, 자신의 발언을 받아들일 이유가 없다. 왜냐하면 아무도 그들의 발언을 참으로 받아들일 수 없기 때문이다.

어떤 비판가는 이 딜레마의 둘째 뿔이 선결 문제를 요구하고 있다고 반응할지도 모른다. 그는 그 자신의 주장이 참으로 제공되는 것이 아니라거나 정합적 진리론 또는 실용적 진리론(아래 참조)과 일치해서 참으로 제공되는 것이라거나 이 둘 중의 어느 하나라고 주장할 수도 있을 것이다. 대응 이론의 변론자는 이 두 대안에 대하여 각각 다음과 같이 반응할 수 있다. 첫째, 포스트모더니즘에 대한 논의에서 좀 더 자세하게 보겠지만, 어떤 사람은 자신의 발언을 참으로 받아들인다고 말하지 않을 수도 있다. 그러나 사람들이 그 사람의 저서를 실제로 읽거나 그 진술을 주의 깊게 경청할 때 자신은 아니라고 하지만 사실상 자신은 자기 주장을 참으로 받아들인다는 인상을 뚜렷하게 줄 수 있다. 둘째, 대응 이론을 거부하고 이 거부 자체를 다른 진리론에 따라 참으로 받아들이는 것은 일관성 있는 입장일 것이다. 그러나 사람들이 대안적 진리론을 변호하는 사람의 저서를 주의 깊게 살펴보면 가끔씩이지만 그 논점이 실재와 일치하는 것이기 때문에 그 논점을 참으로 받아들이게 되는 것 같다. 간단한 예를 들면 정합적 진리론의 변호자는 때때로 사람들이 자신들의 믿음의 거미줄을 피할 수 없고 실재 자체에 도달할 수 없다는 근거로 또는 사람들이 자신들의 믿음은 자신의 다른 믿음과 잘 정합하기 때문에 실제적으로 정당화되어 참으로 받아들인다는 근거로 자신의 입장을 찬성하는 논증을 펼친다. 이러한 주장을 수용하는 가장 자연스러운 길은 대응 이론의 노선과 함께 하는 것이다. 즉 사람들이 자신들의 믿음의 거미줄을 피할 수 없다는 명제는 사람들이 실제로 존재하는 방식이고, 사람들의 믿음이 실제로 존재하는 방식이며, 사람들이 정합을 자신의 믿음에 관련시키는 방식 그대로이지 다른 것이 아니라는 것이다.

대응 이론에 반대하는 세 가지 주요 반론이 제기되었다. 첫째, 혹자는 대응 이론을 구성하는 세 가지 존재물에 관한 분명하고도 넓게 수용된 이론이 없으므로 대응론은 거부되어야 한다고 논변한다. 두 가지로 반응할 수 있다. 우선, 세 존재물에 대해 넓게 수용된 어떤 이론도 수집될 수 없다는 점을 그 논증을 위해 용인한다 할지라도 귀결되는 것은 그 이론이 거짓이거나 정당화가 없다는 것이 아니라 그러한 이론을 개발할 수 있도록 더 많은 작업이 행해질 필요가 있다는 것뿐이다. 결국 우리는 비록 우리가 아는 것을 소상하고 충실하게 구체화시킬 수 있는 이론으로서 넓게 수용된 독자적인 이론이 하나도 없다고 할지라도 자주 우리는 많은 것들을 알고 있고 하나님이 미래를 안다는 것도 알고 있고 전자가 양자를 인력한다는 것도 알고 있다. 둘째, 우리는 간략하게 제시했지만, 전술한 분석이 옳은 노선이라는 것과 좀 더 정교하게 다듬어진 변론이 가능하다는 것을 믿는다. 또한 대응 이론은 조와 프랭크를 포함하는 사례와 같은 분명한 사례들과 잘 일치하는 것 같고, 이 사실 덕분으로 우리는 대응론 비판이 어떤 변증법적 힘을 가지고 있다고 하더라도 그 비판의 강도를 뒤엎는 데 충분한 정당화를 당연히 제공받을 수 있을 것이다.

둘째, 사람들이 진리를 위해 가지고 있는 증거를 진리와 구별함으로써, 즉 진리는 증거를 초월하고 증거와 동일하지 않다고 주장되어, 대응 이론은 회의주의에 취약하게 노출되어 있다고 논증되었다. 왜 그런가? 대응 이론이 옳다면 그때는 사람들은 어떤 믿음을 위해 세상의 모든 증거를 가질 수 있었어도 여전히 그 믿음은 거짓일 수 있기 때문이다. 두 가지로 반응할 수 있다. 첫째, 그 논점이 용인된다 하더라도 우리가 진리를 획득할 수 없다는 귀결만 나올 뿐이다. 즉 대응 이론이 거짓이라는 귀결은 나오지 않는다. 둘째, 증거는 진리에 공헌하는 것이지만 증거가 진리 자체와 동일하지 않다는 것은 실제적인 사실이다. 따라서 있음직하지는 않지만, 사람들이 가질 수 있는 증거란 증거는 모두 가졌었어도 여전히 범과하는 것은 실로 논리적으로 가능하다. 따라서 이 논증은 현실적으로 대응 이론의 미덕을 표면화시키지, 그 악을 표면화시키지 않는다. 게다가 제2장에서 오류의 논리적 가능성이 사람을 회의주의에 취약하게 만들지 않는다는 주장을 위하여 상세한 논증이 제시된 바 있다.

마지막으로, 혹자는 대응 이론은 신비스럽고 이상한 존재물, 즉 명제, 환원 불가능한 지향성, 그리고 일치 관계를 포함하고 따라서 거부되어야 한다고 논변한다. 이러한 논증을 있는 그대로 볼 때 그 힘이 얼마만한 것인가를 납득하기란 어렵다. 어떤 존재물이 신비스럽다는 점은 그 이론을 거부하는 충분한 이유가 아니다. 게다가 이 세 존재물이 모두 일상적이고 상식적이지 신비스럽거나 이상한 것이 아닌 것 같다는 점은 대응 이론을 위한 현상학적 논증의 미덕이다. 사람들은 날마다 자신들의 사고/믿음의 명제적 내용, 그 지향성, 연결된 지향적 대상, 그리고 일치 관계 자체를 경험한다.

이러한 논증을 유발하는 비판가들은 통상적으로 바로 그 논증으로써 특별한 어떤 것을 의도한다. 즉 그들은 지식 주장은 어떻게 해서든 감각 지각적인 것과 "결부되어야" 한다는 요구 조건을 포함해서 철학적 자연주의에 대한 우선적 헌신으로 형이상학에 접근한다. 결과적으로 그들은 실재는 자연주의적 세계관에 조화해야 한다고 주장한다. 종종 이것은 어떤 형태의 물리주의가 필수적이라는 것을 의미한다. 이러한 논증은 자연주의가 참이라면 그때는 명제, 환원 불가능한 지향성, 그리고 일치 관계와 같은 존재물은 존재하지 않는다는 것이 된다. 후건 부정식의 논증 형식을 채택하는 것은 대응 이론의 변론자에게 열려 있는 선택이다. 즉 이 세 종류의 존재물이 존재하므로 자연주의는 거짓이다. 진리는 경험주의 인식론 또는 자연주의 세계관 내부의 인물에게는 언제나 어려운 문제였다. 독자들은 이 점이 사실인 이유를 알 수 있는 입장에 있어야 한다.

3) 정합 진리 이론

대응 이론에 대한 논의를 통해서 우리는 진리에 관한 주요 논증과 반증을 얼마간 살펴보았으므로 이제 다음 두 진리 이론을 상당히 간략하게 다루어도 무방할 것이다.

정합 이론에 따르면, 믿음(진술, 명제 등)이 참이 되는 것은 그 믿음이 사람의 일단의 믿음 전체와 잘 정합하고 그 일단의 믿음이 그 자체로 강력하게 정합적인 경우에만 한한다. 따라서 믿음의 참됨과 거짓됨은 믿음과 실재적 외부 세계와의 연결 문제가 아니다. 오히려 그것은 한 믿음이 사람의 믿음의 거미줄 내부에서 가지는 다른 믿음과의 관계 함수이다. 그 주요 옹호자로는 스피노자(1632-1677), 헤겔(1770-1831) 그리고 블랜샤드(1892-1987)가 있다.

진리의 정합 이론과 **정당화의 정합 이론**을 서로 구별하는 것이 중요하다(제3장 참조). 후자는 정합을 진리의 시금석으로 제공하고 진리의 대응 이론과 모순이 없다. 왜냐하면 사람들은 어떤 믿음이 다른 믿음과 잘 정합할 때 실재와 일치하는 것이 있을 수 있기 때문이다.

진리의 정합 이론의 주요 문제 중의 하나는 **정합**에 대한 충분한 개념이 없다는 점이다. 사실상 그것은 정확하게 규정되지 않았거니와, 적어도 그럴 듯한 방식으로조차도 아니었다. 그 요령은 너무 강하게도 너무 약하게도가 아닌 방식으로 규정하는 것이다. 어떤 믿음이 다른 믿음을 포함하는 경우에만 그 믿음이 참이라고 하는 규정은 정합을 포함으로 규정하는, 너무 강한 정의일 것이다. 탁자를 본다는 사람의 감각적 믿음은 참일 수 있을 것이지만, 이것은 두 명제(탁자를 본다와 탁자가 있다)가 동시에 참일 수 있고 서로 "잘 정합한다"고 하더라도 탁자가 있다는 것을 포함하는 것은 아니다. 정합을 단순한 논리적 가능성(두 가지 이상의 믿음이 서로 모순하지 않는다)으로 규정하는 것은 너무 약한 정의일 것이다. 어떤 사람은 참일 수 없는, 그러나 논리적으로 모순은 없는 기상천외한 일련의 믿음을 가질 수 있을 것이다. 예를 들면 톰 크립은 자신이 가지이고 가지는 의식적이며 자기 마음을 바꾸고자 하는 다른 사람의 모든 시도가 거짓이었다고 믿는다면, 그는 자기 자신에 대하여 논리적으로 모순은 없는, 그러나 거짓 믿음을 가지는 셈이다. 이러한 문제에 대하여, 어떤 정합주의자는 정합을, 가령 사람의 일단의 믿음들이 서로 결합하고 함께 들어맞고 상호 일치하는 상호 설명력으로 정의한다.

대응 이론이 가지는 추정적 난점을 별문제로 한다면, 정합 이론을 위한 주요 논증은 회의주의를 피하고자 하는 소원과 함께 정당화의 정합 이론에 대한 동참에서 나온다. 대응 이론에서 어떤 정당화된 믿음은 외부 실재와 일치할 수 없었기 때문에, 정당화는 매우 잘 되어 있으나 거짓된 믿음을 사람들이 가질 수 있었다는 사실을 상기해보자. 바로 이러한 정당화와 진리 사이의 간격이 정당화가 진리를 보장하는 것은 아니기 때문에 지식은 불가능하다는 회의주의자의 주장에 유리한 공격 무기를 제공하는 것이다(정당화와 회의주의에 관한 문제는 제2장과 3장에서 거론되었기 때문에 여기서는 반복하지 않을 것이다). 그러나 진리의 정합 이론은 충분한 정당화된 믿음과 참된 믿음 사이에는 더 이상 간격이 없기 때문에 회의주의자를 패퇴시키게 된다. 진리는 한 믿음과 일단의 적합한 믿음과의 충분한 정합일 뿐이기 때문에 그 믿음이 정합적 설명의 방식으로 정당화되면 자동적으로 참이 된다. 진리는 한 믿음이 다른 믿음에 대해서 가지는 내적 관계의 문제이지, 믿음 체계 밖의 실재와 맺어지는 외적 관계의 문제가 아니다.

이러한 정합적 진리론 찬성 논증은 그 이론에 반론을 가할 수 있는 알맞은 기회를 제공하게 된다. 첫째, 정합 이론에 따르면 석낭하게 정당화된 거짓 믿음과 같은 것은 없다. 왜냐하면 "적당한 정당화

(appropriate justification)"와 진리는 동일하기 때문이다. 실로 이것이 그 정합 이론의 미덕으로 주장되는 것이다. 그러나 사실상 그것이 악인 이유는 적당하게 정당화된 거짓 믿음이 완전하게 가능하기 때문이다. 실제로 사람들이 정당화는 적당하게 되었으나 거짓인 믿음을 가진다. 이 문제를 피하는 유일한 방법은 "적당한 정당화"를 진리와 동일한 것으로 규정하는 것이다. 그러나 이것은 선결 문제를 요구한다. 나아가서 정합 이론은 세계와 분리된다. 왜냐하면 이 입장에 따르면 진리는 믿음 체계 밖의 실재와는 아무런 연관도 없는 관계 즉 한 믿음과 다른 믿음 체계와의 관계 함수이기 때문이다. 이것은 심각한 문제이다. 이에 대한 대응으로, 대다수의 정합주의자는 마음에서 독립한 실재(언어나 믿음에서 독립한)의 존재를 단순하게 부인한다. 바꾸어 말하면 그들은 실재에 관하여 반실재론을 수용한다. 그러나 이러한 행보는 외부 세계가 있다고 믿거나 실제로 그렇게 알고 있는 사람들에 대해서는 그 이론의 불충분성을 한층 더 보여주는 신호일 것이다.

셋째, 정합 이론은 완전히 서로 다른 모순적 믿음들이 대안적 믿음 체계와 잘 정합하는 한, 참일 수 있는 가능성을 허용한다. 톰 크립의 사례를 다시 숙고해보자. P가 톰 크립은 가지이다고 하는 것이라면, 그때는 P는 참이다. 왜냐하면 P는 크립의 대폭적인 믿음들과 잘 정합하기 때문이다. 그리고 P는 크립을 비판하는 사람들의 믿음의 어느 하나와 끝내 잘 정합하지 않으므로 P는 거짓이다. 정합 이론은 P가 참이면서도 동시에 거짓임을 허용하므로, 정합 이론은 거부되어야 한다.

어떤 정합 이론 옹호자는 정합주의는 진리에 관한 일종의 상대주의라는 주장으로 대응할 수 있을 것이다. 그렇게 해서 그것은 P를 참이면서 동시에 거짓이라는 것을 동일한 의미로 취급하는 것을 피해간다. 이 입장에 서면, P는 크립의 체계에 따르면 상대적으로 참이고 크립 비판가들의 체계에 따르면 상대적으로 거짓이다. 앞서 우리는 진리 상대주의에 대해 제기된 비판들을 보았고 이러한 비판들은 상대주의 일반에 관한 문제들과 함께 이러한 정합 운동에 대해서도 똑

같이 적용된다.

마지막으로 정합 이론은 우리가 조와 프랭크의 경우에서 보았듯 대응 이론을 위한 현상학적 논증에 비추어 보면 실패한다. 이 경우를 위시한 실재적인 인간 경험의 수많은 사례가 우리에게 가르치는 것은 우리가 종종 믿음 체계의 전체가 아닌 개별적 명제들(스윈번의 『영혼의 진화』는 서점에 있다)을 진리치 판정을 위해 실재로 데려간다는 점이다. 우리는 우리 자신의 정신 상태의 지향성 덕분에 자주 실재 자체를 직접적으로 의식할 수 있고 말하자면 우리의 사고/믿음 밖으로 나갈 수 있으며 외부 세계의 견지에서 이들을 지향적 대상과 비교할 수 있다. 이것이 일어나면, 우리는 우리 믿음의 진리성 또는 허위성을 경험한다. 대응 이론이 이 모든 것을 유의미한 것으로 만들며 정합 이론은 그 점에서 실패하고 따라서 거부되어야 한다.

4) 실용 진리 이론

실용 진리론은 이 모양 저 모양으로 윌리엄 제임즈(1842-1910), 존 듀이(1859-1952), 그리고 현대 철학자 힐러리 퍼트남과 리차드 로티에 의해서 촉진되었다. 일반적 용어로서, 실용적 진리론은 믿음 P가 참인 것은 P가 작용한다거나 가져서 유용성이 있다든가 하는 경우뿐이다. P가 참인 것은 P가 이를 받아들이는 사람에게 어떤 가치를 보여주는 경우뿐이다. 실용주의는 외부 실재에 관해 반실재론의 표현으로 폭넓게 수용된다.

실용주의자는 작용하다 또는 유용하다를 해석하는 방법에 관해서 서로 다르고 따라서 비인식적 형태의 실용주의와 인식적 형태의 실용주의 사이에 차이가 있다. **비인식적 실용주의**에 따르면, 어떤 믿음이 참인 것은 이를 받아들이는 것이 유용하고 여기서 "유용하다"는 인식적 가치와는 아무런 관련도 없는 용어로 해독되는 경우만이다. 예를 들면 P가 참인 것은 "P를 수용하는 것을 기초로 한 행동이 마침내 P를 믿는 사람에게 이로운 결과가 되는" 경우이거나 또는 "P를 수용하는 것이 바람직한 결과를 가지는 행동으로 이끄는" 경우뿐이다. 이 "이로운 결과" 또는 "바람직한 결과"는 다시 행복의 최대화, 고통에 대한 쾌락의 최종적 차액의 최대화, 자연에 대한 기술공학과 통제의 최대화 등과 같은 것들로 확인될 수 있을 것이다.

인식적 실용주의에 따르면, 훨씬 자주 작용하다 또는 유용하다는 인식적 용어로 해독된다. 예를 들면 P가 참인 것은 오직 P가 다음과 같은 경우들이다. (1)사람들의 동료가 사람들로 하여금 합리적으로 주장해도 좋은 것이라고 허락하는 경우. (2)사람들이 주장하는 것이 이상적으로 정당화되는 경우. (3)이상적으로 합리적인 과학 공동체가 유관한 증거를 모두 가지고 받아들일 수 있을 만한 경우. (4)P가 단순성, 설명력, 경험적 충전성, 성공적 예측으로 끝날 수 있는 성향과 같은 것을 보여주는 그러한 것이 되는 경우. 어떻게 해서든 인식적 형태의 실용주의는 명제의 진리성을 그 인식적 성공과 동일시한다.

실용주의 옹호자는 자신 이외의 다른 두 이론이 가진 문제점 즉 이론(언어, 믿음)을 초월할 수 없는 우리의 무능력과 외부 세계(이와 같은 것이 있다면, 대다수의 실용주의자는 반실재론자이다)에 도달할 수 없는 우리의 무능력이 모두 실용주의에 유리하게 나타난다고 주장한다. 이에 대한 비판가의 주장들은 그러한 주장이 자기 논박적이라는 점, 변론 과정에서 실용주의 옹호자들은 그 이론 자체가 "유용하기" 때문에 추천하는 것이 아니라 언어, 과학적 이론 시험 등에 관한 어떤 사실들에 일치하기 때문에 추천하는 것이라고 한다는 점, 그 이론은 일종의 상대주의이고 대응 이론을 위한 현상학적 논증을 저버린다는 점 등이다. 이와 같은 논증들은 이미 제시되었기 때문에, 실용주의 평가를 좀더 상세하게 발전시키는 과제는 독자에게 남겨둔다.

3. 포스트모더니즘

현대적 환경에서 진리에 대한 논의는 **포스트모더니즘**(postmodernism)

의 분석 없이는 불완전할 것이다. 불행하게도 두 가지 이유에서, 이러한 분석은 짧은 시간 동안 입문적 방식으로 행하기란 극히 어려운 작업이다. 우선, 포스트모더니즘은 서로 다른 다양한 학문 분야의 전문 사상가들끼리 모여 있는 느슨한 연합이고 이러한 포스트모더니즘을 이들 다양성에 공정한 방식으로 특징짓는 것은 어려울 것이다. 나아가서 포스트모더니즘의 본질의 일부는 어떤 거부 가령 정확한 정의를 가능하게 하는 안정적인 언어적 의미와 보편적으로 타당한 언어적 규정과 더불어 진리, 객관적 합리성, 본문의 권위 있는 의미를 거부하는 데 있다. 그렇지만 포스트모더니즘 일반을 공정하게 정확히 특징짓는 것은 가능하다. 왜냐하면 포스트모더니즘 지지자와 적대자는 그 입장을 천착할 정도로 포스트모더니즘을 충분하게 잘 이해하고 있기 때문이다. 그러나 독자들은 포스트모더니즘 옹호자는 독립적으로 자신을 말할 수 있도록 허용되어야 한다는 점을 명심해야 한다. 따라서 아래에서 규명하는 특성의 모든 측면을 개별적인 정당화 없이 개개의 사상가에게 귀속시키는 것은 오류를 범하는 것이 될 것이다.

1) 포스트모더니즘의 일반적 특성

포스트모더니즘은 역사적 연대기적 개념이고 철학적 이데올로기이다. 역사적으로 이해할 때 포스트모더니즘은 **근대** 이후 일정 시기의 사상이며 근대라고 부르는 시기에 대한 반작용이다. 근대는 르네상스 시대(14세기-17세기)에서 발전한 일정 시기의 유럽 사상이고 계몽 시대(17세기-19세기)에 데카르트, 로크, 버클리, 흄, 라이프니츠, 칸트와 같은 사람들의 사상에서 꽃을 피웠다. 연대기적 의미로는, 포스트모더니즘은 때때로 "모더니즘 이후"(post modernism)시대라고 불리운다. 이렇게 이해되면, 포스트모더니즘은 종종 근대를 단순화하는 죄를 범한다고 말하는 것이 공평할 것이다. 왜냐하면 그 당시 근대의 사상가들 역시 일원화된 획일성으로부터 멀리 떨어져 있었기 때문이다. 실로 데카르트, 흄 그리고 칸트는 소위 근대의 시기에도 마찬가지였지만 근대

보다 포스트모더니즘 시대에 와서 더 많이 알려진 사상적 요소들을 함유하고 있다. 그렇지만 역사적 정확성을 별다른 문제로 본다면, 포스트모더니즘의 연대기적 개념은 자신을 다른 시작이 개시된 시대로 보고 어떤 의미에서 근대를 대체하는 시대로 해독한다.

철학적 관점으로서 포스트모더니즘은 주로 지식이란 무엇인가? 무엇이 지식으로 간주되는가?에 대해 재해석하는 관점이다. 보다 광범하게는 실재, 진리, 이성, 가치, 언어적 의미, 자아 그리고 여타의 개념들 등에 관해 일종의 문화적 상대주의를 대표한다. 포스트모더니즘 주요 사상가들로는 니체, 비트겐슈타인, 데리다, 쿤, 푸꼬, 하이데거, 료타르가 있다. 포스트모더니즘을 더 적절하게 파악하기 위해서 7개의 소절로 나누어 분석하는 것이 유익할 것이다.

(1) 형이상학적 실재론에 대한 비판

철학적으로, 형이상학적 실재론이 위임 받는 것은 다음과 같다. (1) 이론 독립적 또는 언어 독립적 실재의 존재. (2)세계가 실제로 어느 한 가지 방식으로 존재하고 있다는 개념. (3)기본 논리 법칙(동일율, 비모순율, 배중율)이 실재에 적용된다는 개념. 포스트모더니즘은 이러한 실재론적 동참에 대한 반실재론적 거부를 포함한다. 포스트모더니즘에 따르면, "실재"는 **사회적 구성물**이다. 언어가 실재를 창조한다. 어느 언어적 집단에 실재적인 것은 다른 집단에서 비실재적일 수 있다. 따라서 신은 그리스도인에게는 존재하고 무신론자에게는 존재하지 않는다. 나아가서 기본 논리 법칙은 서양의 구성물이고 결코 실재 자체에 보편적으로 타당한 법칙으로서 수용되어서는 안 된다.

신칸트주의 포스트모더니즘자로 부를 수 있는 어떤 포스트모더니즘자들은 물 자체(thing-in-itself), 외부 실재가 어떤 의미에서 존재한다는 데에 동의한다. 그러나 그들은 또한 우리가 실재에 도달할 수 있는 아무런 방법도 가지고 있지 않다고 주장한다. 우리는 실재에 대해 아무것도 모르기 때문에 실재 자체는 무용한 개념이고 실천적 목적에서 보면 무시될 수 있는 것이다.

(2) 대응적 진리론의 거부

포스트모더니즘자는 진리의 대응 이론을 거부한다. 어떤 포스트모더니즘자는 진리에 관한 말을 삼가하지만 다른 포스트모더니즘자는 정합주의적 또는 더 자주 실용주의적 진리론을 내놓는다. 중요한 것은 진리는 동일한 이야기를 공유하는 언어적 공동체에 따라 상대적이라는 점이다(아래 참조). 사물에 대한 어떠한 객관적 진리도 없고 신의 눈의 관점도 없다. 오히려 모든 사고는 역사적으로 사회적으로 조건화된다. 더욱이 포스트모더니즘자는 이분법적 사고를 거부한다. **이분법적 사고**는 어떤 사람이 일정 범위의 현상을 두 집단으로 나누고 하나가 다른 하나보다 낫다고 주장하게 될 때 발생한다. 여기에 몇 가지의 이분법을 제시한다. 즉 실재와 비실재, 참과 거짓, 이성과 비이성, 옳음과 그름, 덕과 악덕, 좋음과 나쁨, 미와 추 등이다. 한 쌍의 개념은 각각 첫째가 둘째보다 선호되는 이분법을 표시한다. 이와는 대조적으로 포스트모더니즘자는 그러한 용어들을 사용하는 주장들은 폭넓은 다양한 범위에 걸쳐 공유된 언어, 이야기, 문화에 의해서 구성된 집단에 따라 상대적이라고 주장한다. 따라서 이러한 쌍 개념들은 이들을 분류하는 집단이 있는 것만큼 많은 분류 방법들이 있다. 왜냐하면 이 모든 분류들은 사회적 구성물이기 때문이다.

(3) 합리성과 지식의 상대성

포스트모더니즘자는 믿음이 참인가 거짓인가, 합리적인가 비합리적인가, 좋은가 나쁜가를 결정하기 위해 논리 법칙, 귀납 추리의 원리와 같은 보편적 문화초월적 표준들이 있다는 것을 거부한다. 어떠한 선규정된 합리성도 없다. 또한 포스트모더니즘자는 누구도 편견 없이 절대적 객관적 방식으로 삶에 접근하지 않는다는 근거로 합리성이 객관적이라는 개념을 거부한다. 따라서 객관성은 불가능하다. 관찰, 믿음, 그리고 모든 이야기들은 이론 부담적이다. 세상에 접근하는 어떠한 중립적 관점도 없고 따라서 관찰, 믿음 등등은 자신의 믿음의 거미줄에 암시된 관점을 반영하는 조망적 구성물이다. 지식에 관하여 포스트모더니즘자는 선결 문제를 요구하지 않고서 자기 자신의 입장에 유리하게 지식 자체를 규정할 수 있는 어떠한 관점도 없다고 믿는다. "지식"은 사람의 사회적 언어적 구조의 구성물이지, 사람의 정신 상태에 의해서 정당화된 진리가 가득 찬 실재 표상이 아니다. 이를테면 지식은 다양한 전문가 협회의 전문 자격 이수 실습에 따른 전유물이다. 지식은 그 자체로서, 그러한 전문가 협회의 사회적 언어적 구조를 표현하는 구성물이지 그 이상도 그 이하도 아니다.

(4) 토대주의에 대한 반대

포스트모더니즘자는 토대주의가 인식 정당화의 이론(제3장 참조)이라는 것을 거부한다. 이 거부에 대한 이유 가운데 몇 가지는 토대주의 비판과 대안을 논의한 앞장에서 거론된다. 예컨대 단순한 봄을 거부하는 것이 그 한 가지이다. 그러나 사람들이 포스트모더니즘 문헌에 퍼져 있는 것으로 발견하는, 포스트모더니즘자의 토대주의 거부에 대한 추가적 이유가 있다. 토대주의는 인식적 확실성의 추구를 대표하고 토대주의의 지적 동력을 제공하는 것은 바로 이러한 확실성을 소유하고 싶은 욕망이다. 이러한 욕망 소위 **데카르트적 불안**이 인식 정당화에 대한 토대주의 이론들의 뿌리이다. 그러나 그러한 확실성은 없다. 그러한 확실성의 추구는 불가능한 추구이다. 나아가서 그러한 추구는 오도된 것이다. 왜냐하면 사람들은 잘 살기 위해서 확실성을 필요로 하지 않기 때문이다. 때때로 기독교 포스트모더니즘자는 확실성의 추구가 신앙에 대한 성경의 가르침, 우리의 지적 감각적 능력의 죄성, 무한한 신의 파악 불가능성과 어울리지 않는다고 단정함으로써 이러한 주장을 지지한다.

(5) 반본질주의와 유명론에 대한 지지

포스트모더니즘자는 보편자의 존재를 부인한다(제10장 참조). 보편자는 동일한 시간의 동일한 장소에 또는 서로 다른 시간대의 동일한 장소에 있을 수 있는 것보다 더 많이 있을 수 있는 존재물이다. 붉음,

정의, 짝수, 인간됨은 보편자의 보기들이다. 붉음이 보편자라면 그때는 사람들은 월요일에(동일한 색조의) 붉음을 보고 또 다시 화요일에 붉음을 보며, 화요일에 본 붉음은 월요일에 본 붉음과 동일시되고 동일한 것이다. 포스트모더니즘자는 그러한 동일성을 부인하고 아무것도 반복될 수 없다고 주장한다. 아무것도 순간의 연속에도 문자적으로 동일하지 않고 아무것도 어느 시간 또는 장소에 현존할 수 없고 다른 시간 또는 장소에 문자적으로 현존할 수 없다. 따라서 포스트모더니즘은 일종의 **유명론**을 고수한다. 즉 그들은 붉음과 같은 용어가 실재적 보편자를 대표하기보다는 다만 일군의 사물에 대한 이름으로만 간주한다.

또한 포스트모더니즘자는 **본질주의**를 거부한다. 본질주의에 따르면, 어떤 것들은 본질적 성질과 우연적 성질을 가지고 있다. 사물의 본질적 성질은 그 사물이 만일 잃게 되면 존재하기를 그치는 그러한 성질이다. 사물의 본질적 성질은 이것은 어떤 종류의 사물인가라는 가장 근본적인 물음에 답하는 것이다. 예를 들면 짝수임은 숫자 2의 본질적 성질이다. 인간됨은 소크라테스에 본질적인 것이다. 전능하심은 하나님에 본질적인 것이다. H_2O는 물에 본질적인 것이다. 우연적 성질은 사물이 잃을 수 있어도 여전히 존재할 수 있는 그러한 성질이다. 예를 들면, 키가 150센티 미터라는 성질은 소크라테스에게 우연적이다. 포스트모더니즘자에 따르면, 본질적 성질과 우연적 성질 사이에 아무런 차이가 없다. 오히려 이러한 구분은 우리의 관심, 가치, 분류 목적에 따라 상대적이고 그 구분 자체가 사회 집단마다 획일적일 수 없는 사회적 구성물이다. 예를 들면 어떤 집단이 새에 대해 내리는 정의가 부리를 포함한다면, 그때는 예해하는 목적상 부리가 있는 모든 것은 깃털이 있다고 가정하면, 깃털이 있는 것이 새의 본질적 성질이 된다. 만일 그 집단이 박쥐를 포함하려는 목적으로 새를 정의한다면, 깃털이 있는 것은 우연적 성질이 된다. 따라서 새에 본질적이라고 하는 그 무엇은 실재의 반영이 아니고 집단의 언어적 실천에 따른 구성물이다.

(6) 언어, 의미 그리고 사고에 대한 관점

포스트모더니즘에 따르면, 문자 텍스트와 같은 언어 품목은 적어도 해석자에게 접근 가능한 의미로서 저자의 의미라는 것을 소유하지 않는다. 따라서 저자는 자기 자신의 작품을 해석하기 위해 어떠한 특전적 지위도 가지지 않는다. 사실상 텍스트의 의미는 텍스트의 해석을 공유하는 독자 공동체에 의해서 창조되고 독자 공동체에 귀속한다. 따라서 로마서와 같은 것은 없고 오히려 로마서에 대한 루터의 해석, 가톨릭의 해석, 마르크스주의자의 해석만 있다.

나아가서 언어 없는 사고와 같은 것은 없다. 사실상 사고는 사람들이 사회 집단의 언어적 실천에 따른 그들의 어법에 의해 올바른 공적 노하우를 보여주는 단순한 언어적 행동일 뿐이다.

셋째, 포스트모더니즘자는 데카르트의 지각의 관념 이론을 언어적으로 변경한다. 이 관념 이론과 포스트모더니즘의 변경을 잘 이해하려면, 상식적인 **비판적 실재론의 지각 이론**에서 출발하면 된다. 비판적 실재론에 따르면, 주관이 사과와 같은 붉은 대상을 보고 있을 때 그 대상 자체는 감각 상태의 직접적 대상이다. 사람들이 직접 보는 것은 사과 자체이다. 사실이다. 사람들은 사과를 이해하기 위해 적색의 감각을 가져야 하지만, 비판적 실재론의 입장에 서면 적색의 감각은 적색으로 나타나고 있는 경우로 이해되고 자기 현시적 속성으로 분석된다. **자기 현시적 속성**이란 무엇인가? 어떤 속성 F가 자기 현시적 속성이라면, 그때는 유관한 외적 대상이 사람에게 직접적으로 나타나는 것은 F에 의해서이고 F는 그 사람에게도 직접적으로 나타난다. 따라서 F는 직접적일지라도 그 대상을 간접적으로 나타내고 또 자신은 직접적으로 나타난다.

이것은 처음 보기와는 다르게 이해하기가 어렵지 않다. 적색으로 나타나고 있음과 같은 감각은 중요한 부류의 자기 현시적 속성이다. 존즈가 사과를 보는 동안 적색의 감각을 갖고 있다면 적색으로 나타나고 있음이라는 속성을 자기 의식의 일부로서 갖는 것은 자신의 실체적 자아를 수식하는 것이다. 존즈가 이러한 감각을 가질 때 그 감각은 적색 사과를 그에게 간접적으로 나타내는 도구이고 또한 존즈에게 나타난다. 감각이 사과를 그에게 간접적으로 나타낸다고 말하는 것은 무슨 의미인가? 이것은 존즈가 사과를 보는 것은 그 감각 덕택이고 또는 그 감각에 의해서라는 것이다.

더욱이 적색의 감각을 가짐으로써 존즈는 사과와 사과에 대한 자기 의식을 직접적으로 의식한다. 비판적 실재론자의 경우, 그야말로 적색의 감각은 존즈가 사과를 의식하기 위해 사용하는 도구나 수단이고 이로써 그는 사과를 직접적으로 의식한다. 존즈의 사과 의식은 존즈와 사과 사이에 아무것도 심지어 존즈의 사과 감각조차도 있지 않다는 점에서 직접적이다. 적색의 감각은 비록 도구로서일 뿐이지만, 사과를 직접적으로 나타낸다. 존즈는 사과를 보기 위한 필요조건으로 감각을 가지지 않으면 안 된다.

반면에 데카르트의 **지각의 관념 이론**의 경우, 사람의 관념 가령 감각은 주관과 지각의 대상 사이에 존재한다. 존즈는 직접적으로 자기 자신의 사과 의식을 의식하고 간접적으로 사과를 의식한다. 간접적으로 의식한다 함은 그 사과가 그 감각을 일으키도록 하는 것이라는 의미에서이다. 지각의 관념 이론에 서면, 지각하는 주관은 자기 자신의 감각 이면의 덫에 빠져서 그 밖으로 나와 외부 세계에 도달할 수 없고 그 감각이 정확한지를 알기 위해 그 감각과 대상을 비교할 수 없게 된다.

이제 어떤 의미에서, 포스트모더니즘자는 사람들이 외부 세계에 도달하려는 시도에서 어떤 대상의 이면의 덫에 빠진다는 것을 믿는다. 그러나 그들에게 사람과 실재 사이에 있는 그 벽은 데카르트에서와 같이 감각들로 이루어지지 않는다. 오히려 그것은 언어적 범주와 실천에 의해서 구성된다. 사람의 언어는 일종의 왜곡으로 기능하고 실로 창조적 필터로서 이바지한다. 사람들은 세계에 관한 자신의 말이 세계가 존재하는 방식대로인가를 알기 위해 언어 밖으로 나갈 수 없다. 사실상 외부 세계에 관해 말하는 것조차도 불필요한 여분의 것이다. 이러한 이유에서 포스트모더니즘자는 "외부 세계"는 다만 구성물일 뿐이라고 주장한다. 사실상 자아 자체는 언어의 구성물이다. 통일성을 가지고 있는 실체적 자아는 전혀 존재하지 않는다. "자아"는 아내라는 것, 어머니라는 것, 대학원생이라는 것, 보험 설계사라는 것 등과 같은 사회적 역할의 다발일 뿐이고 이러한 사회적 역할은 결부되어 있는 언어적 실천에 의해 창조되는 것이다. 포스트모더니즘자의 경우, 의식과 자아는 사회적이지, 개체적이 아니다.

마지막으로, 포스트모더니즘자는 이른바 **언어의 지시적 사용**을 거부한다. "그 개가 뜰에 있다"는 문장을 고찰해보자. 언어의 지시적 사용에 따르면, 개라는 용어는 많은 기능이 있겠지만 언어 독립적 세계의 존재물 즉 특정한 개를 지시하는 기능을 수행한다. 이러한 입장에 서면, 사람들은 실재를 지시하기 위해 언제나 언어를 사용한다. 포스트모더니즘자는 단어와 같은 언어적 단위가 현실적으로 다른 단어를 지시한다거나 또는 더 정확하게 말해서, 그 단어가 다른 단어와의 관계에 의해서 공동체적 용법을 얻는다는 점에 일치를 보지 못하면서도 그렇게 주장하고 있다. 따라서 개는 실재적 대상을 지시하는 용어가 아니며 오히려 "인간의 가장 좋은 친구", "우리 집을 지키는 애완 동물" 등과 같은 용어에 사회적으로 관련되는 용어이다.

(7) 메타 이야기에 대한 부인

포스트모더니즘에 따르면, **메타 이야기**는 없다. 메타 이야기의 개념은 두 가지 의미를 지닌다. 때때로 그것은 경합을 벌이는 개념적 도식이나 세계관 가운데서 어느 것이 참이고 또는 합리적인지를 결정하기 위한 절차를 지시한다. 더 자주 그것은 불교, 무신론, 기독교 등등과 같은 대규모 집단의 사람들에 의해 받아들여졌던 광범위한 일반적 세계관을 지시한다. 메타 이야기가 없다고 주장할 때 포스트모더니즘자는 경쟁적인 세계관들 가운데 어느 것이 참인지를 결정하는 아무런 방법이 없다는 뜻으로 말한다. 더 중요한 것은 모든 사람에게 참인 단 하나의 세계관이란 없다는 것이다. 아무런 메타 이야기도 없고 오직 국부적인 이야기만 있을 뿐이다.

2) 포스트모더니즘의 평가

여러 가지 점에서 이 책(Philosophical Foundations for a Christian Worldview) 전체는 포스트모더니즘에 대한 비판이요 대안이다. 그래서 세부적인 비판을 여기서 전개할 필요는 거의 없다. 제1부 2장에서 논리적 기본 원칙과 추리 원칙이 진술되었고 그 보편적 타당성이 변론되었다. 제1장과 2장에서 지식의 본성이 명료화되었고 다양한 형태의 회의주의에 반대하는 변론이 개진되었다. 제3장에서는 토대주의가 논의되었고 변호되었으며 토대주의의 주요 논증은 데카르트적 확실성의 추구와는 거의 또는 아무런 관계도 없다는 것이 밝혀졌다. 토대주의만이 사람들이 자신의 믿음을 현실적으로 그리고 적합하게 정당화하는 방식인 것 같다. 제9장에서 존재의 본성이 논의될 것이고 사람들은 자신이 설명하고자 힘쓰는 특수자의 실재적 존재에서 시작함으로써 그 논쟁에 들어가야 하는 것이 분명해질 것이다. 제10장에서 보편자의 존재는 다양한 형태의 유명론에 반대하여 변호될 것이고 제11장과 12장은 의식과 자아는 사회적 구성물이 아니라 실재적이며 개체적이라는 주장에 대한 변호를 포함한다. 제23장에서 28장까지 기독교는 메타 이야기라는 즉 모든 사람에 참인 세계관이라는 주장을 정당화하는 논제들이 포함될 것이다. 확실히 그 장에서 다루는 의제들은 문제가 되는 논제들을 변호하는 이상의 것들이지만 그와 같은 변호를 포함하고 그 자체가 포스트모더니즘을 거부하는 근거를 제공한다. 이 장의 전반부에서 보는 바와 같이, 사람들이 언어로 사고할 필요가 없다는 주장이 변호된 것처럼 대응 진리 이론이 변호되었다. 그리고 대응적 진리론을 위한 현상학적 논증도 역시 지시적 언어 사용과 비판적 실재론의 지각 이론을 지지한다.

이 모든 것에 비추어 봤을 때, 포스트모더니즘에 대한 세부적인 비판이 필수적인 것은 아니지만, 이 장을 마무리하는 시점에서 포스트모더니즘에 대한 두 가지 반론이 제기되어야 한다. 첫째는 모든 사람은 어떻든 간에 편견을 가지고 있기 때문에 아무도 객관적 합리성을 쟁

취하지 못한다는 것을 근거로 해서 그러한 합리성을 거부하는 주장을 처리하는 문제이다. 이러한 주장에 대한 첫째 조치는 우리가 심리학적 객관성과 합리적 객관성을 구별할 필요가 있다는 점이다. 심리학적 객관성은 어떤 의제에 대한 편견의 부재이고 어느 한 쪽으로 기우는 참여의 부재이다.

사람들은 도대체 심리학적 객관성을 가지고 있는가? 그렇다. 그들은 가지고 있다. 대표적으로는 그들이 관심도 없고 또는 생각해 본 적도 없는 영역에서 그렇다. 심리학적 객관성에 대한 두 가지 사항을 주의하자. 우선, 그것은 반드시 덕스러운 것은 아니다. 사람들이 어떤 문제에 대해 깊이 생각해 본 적도 없고 아무런 확신도 없는 경우가 그렇다. 그러나 사람들은 어떤 의제에 대하여 깊이 생각하고 지적 확신을 발전시킴에 따라 그 의제에 관해 편견이 없는 채로 즉 참여하지 않은 채로 남는 것은 잘못된 것이다. 그렇지 않다면 연구와 증거가 우리의 삶에 대한 접근에서 발전을 이룩하기 위해 담당하는 역할이 무엇이겠는가? 사람들이 개개의 믿음에 대한 좋은 이유를 발견했는데도, 암이 병이라는 것, 강간이 나쁘다는 것, 신약 저술 시기는 1세기라는 것, 우주에 기획이 있다는 것에 대해서 편견이 없는 채로 머물러야 하는가? 아니다. 사람들은 그렇게 해서는 안 된다.

다른 한 가지는 어떤 경우에는 심리학적으로 객관적이라는 것이 가능하지만, 대다수의 사람들은 자신들이 믿는 방대한 것들에 관하여 심리학적으로 객관적이지 않다. 이러한 경우에 심리학적 객관성의 결핍은 중요한 것이 아니며 자신의 확신을 제시하고 찬성하는 논증을 펼치는 것을 차단하는 것도 아니라는 점을 관찰하는 것이 결정적으로 중요하다. 왜 그런가? **왜냐하면 심리학적 객관성의 결핍은 합리적 객관성의 결핍을 함축하지 않고 가장 중요한 것은 전자가 아니라 후자이기 때문이다.**

이것을 이해하기 위해 우리는 합리적 객관성의 개념을 분명히 할 필요가 있다. 사람들은 믿음에 대한 진실로 좋은 이유와 나쁜 이유의 차이점을 식별할 수 있고 진실로 좋은 이유에서 그 믿음을 고수하는 경우에만 합리적 객관성을 가진다. 여기서 중요한 것은 편견으로 인해서 어떤 것에 대한 이유를 평가할 수 있는 사람의 능력이 제거되지 않는다는 점이다. 편견으로 인해서 그 평가가 더 어려워질 수도 있으나 불가능한 것은 아니다. 편견이 합리적 객관성을 불가능하게 만든다면, 그때는 어떠한 교사도 가령 무신론자, 그리스도인 등 누구이든 간에 자신이 어떤 주제에 대해 믿었던 입장을 책임지고 가르칠 수 없을 것이다. 교사는 대립하는 관점도 가르칠 수 없을 것이다. 왜냐하면 그는 그러한 관점에 대한 편견을 가지고 있기 때문이다.

이를 적용해보면, 어떤 그리스도인은 신의 존재, 예수의 부활 등에 관해 심리학적 객관성을 결여할 수 있으나 여전히 빈 무덤, 신의 실재성 등과 같은 것에 대한 좋은 이유를 가질 수 있고 제출할 수 있다. 심리학적 객관성이 없을지라도, 합리적 객관성은 가능하다. 바로 이것이 시민의 토론, 합리적 대화, 사려 깊은 확신의 발전을 가능하게 하는 것이다. 가령 어떤 그리스도인 샤론이 한 입장에 대해 객관적으로 좋은 이유를 제시하려고 노력하고 있는데, 편견이 이유가 되어 자격 없는 사람이 하는 주장이라는 소리를 들을 때 적당한 반응은 다음과 같을 것이다. 즉 당신은 논의의 주제를 의제로 삼지 않고 그 주제를 논의하는 사람을 의제로 둔갑시키고 있다고 말하면 된다. 그 그리스도인은 들은 소리를 평가하고 자신의 내적 충동과 동기에 초점을 맞추겠지만, 역시 대화는 방금 제출된 그 이유의 힘에 대해 다시 초점이 맞추어져야 한다고 말해야 할 것이다. 아마도 다른 때에 그들은 서로의 개인적 동기와 충동에 관해 말할 수 있겠지만, 지금은 이유와 논증이 제시되었으므로 그에 대한 반응이 요구될 것이다.

둘째 반론은 이러하다. 단순하게 표현하면 포스트모더니즘은 자기논박적이다. 포스트모더니즘자는 근대성의 시기 그리고 언어와 의식이 작용하는 방식 등에 대해서 자신의 주장이 참이고 합리적이라고 주장하는 듯하다. 그들은 자기 자신의 저서에 관한 저자로서의 자기 의도가 오해될 때 글로 텍스트를 쓰고 저항한다. 그들은 언어가 무엇인가, 언어가 어떻게 작용하는가에 대한 진정한 본질을 제공하려는 취지를 가지고 있다. 그들은 모더니즘과 포스트모더니즘의 이분법을 사용하고, 그러면서 후자의 우수성을 주장한다. 이런저런 모습에서 포스트모더니즘은 자기 논박적인 것처럼 보인다.

 포스트모더니즘자는 이러한 논증에 응수한다. 우선, 그들은 비판가들이 포스토모더니즘을 잘못 설명하고 허수아비를 패퇴시킨다고 주장할 수 있다. 예를 들면 어떤 포스트모더니즘자는 진리의 객관성에 대한 거부를 다음과 같은 방식으로 변호한다. 즉 진리가 객관적으로 실재 세계의 "저 밖에" 없다고 말하는 것은 문장이 없으면 진리도 없다고 말하는 것이며 문장은 인간 언어의 요소이며 인간 언어는 사회적 구성물이라고 말하는 것이다. 불행하게도 이러한 변호는 거짓일 뿐만 아니라 모종의 이해에 따르면 자기 패배의 문제도 피해가지 못하는 것이다. 이러한 변호가 거짓인 것은 그것이 적절한 진리 담지자는 언어라고 가정하기 때문이다. 그러나 우리가 앞서 본대로, 더 적절한 후보자는 명제이다. 게다가 수학적 진리처럼 언어로 공표된 적이 없고 공표되지도 않을 수도 있는 수많은 진리가 있다. 그렇지만 그것들은 확실하게 "저 밖에" 있는 것들이다. 그들의 변호는 자기 패배를 피해갈 수 없을 것이다. 왜냐하면 그 논증이 상대주의적 진리 개념을 가정한다면, 그때는 그 논증 자체는 비상대주의적 의미에서 객관적 진리로서 나타나기 때문이고 즉 그것은 자기 논박적이 되기 때문이다. 그 거부가 사람들은 언어를 통하지 않고는 진리를 표현할 수 없다는 주장으로 된다면, 그때는 그 논지는 허용될 수 있으나 포스트모더니즘이 철학적 관점으로서 충분한가에 관한 논쟁과는 아무런 유관성도 없다.

 때때로 포스트모더니즘자의 반응은 그들이 자기 자신의 주장과 저서가 참이고 합리적인 것이며 저자 자신의 의도 등에 의해서 구성된 것이라는 견해를 가진다는 점을 부인하는 것으로 나타난다. 이러한 주장이 옳다면, 그때는 그들은 진정으로 포스트모더니즘을 자기 논박에서 구원하는 셈이다. 그러나 이것은 두 가지 이유에서 거부되어야 한다. 첫째, 사람들이 실제로 포스트모더니즘자의 저서를 주의 깊게 읽을 때 그들이 자신의 주장을 참이고 합리적인 것 등으로 제시한다는 인상을 피하기가 매우 어렵다. 이러한 의미에서 포스트모더니즘자는 수세에 몰리면 자신의 저서가 그러한 특징을 보여준다는 것을 부인할지도 모른다. 그러나 그들의 저서를 검토해보면 그러한 부인은 훼파되는 것 같다. 둘째, 포스트모더니즘자는 진리, 합리성 등을 바람직하지 않은 개념으로 피하지만, 그러한 자기 자신의 주장을 의미 있는 것으로 만들어주는 포스트모더니즘의 대안적 개념을 제공할 필요가 있을 것이다. 이러한 대안이 아직 납득이 가도록 확실하게 제출된 것 같지 않다. 그러나 그들이 곧 준비할 것이라고 가정해보자. 그때는 우리가 포스트모더니즘을 어떻게 생각해야 할 것인가? 이 경우에 포스트모더니즘은 자기 자신을 참이고 합리적인 것으로 제안하고 있을 것도 아니고 포스트모더니즘자의 저서에 대한 주의 깊은 해석에 의해서 이해될 수 있는 것으로 제안하고 있을 것도 아니므로 자기 논박적이 되지는 않을 것이다. 그러나 어느 쪽으로도 그것을 받아들이는 이유는 전혀 없을 것이다. 왜냐하면 그것은 자신이 참이고 합리적인 것이라고 또는 명확한 방식으로 이해 가능한 것이라고 주장하고 있지 않을 것이기 때문이다. 우리가 알기 어려운 것은 포스트모더니즘자가 어떻게 자신의 입장을 추천할 수 있을 것이며 또 그 논지가 공식적 표명 과정에서 무엇이 될 것인지에 관한 것이다.

이 모든 것은 포스트모더니즘으로부터 얻을 수 있는 이점이 전혀 없다는 것을 의미하는가? 그렇지 않다. 포스트모더니즘자는 우리에게 다음과 같은 점에서 옳다. 즉 타인을 지배하기 위해 언어를 사용하는 위험을 경고하는 점, 이야기와 이야기체의 중요성을 추천하는 점, 근대주의의 이념의 남용에서 성장한 과학주의와 환원주의의 역사적 과잉을 경고하는 점에서는 옳다. 그러나 이러한 인정이 그리스도인들은 포스트모더니즘에 대하여 그 문제점은 거부하고 그 이점은 포용하는 중립적 또는 우호적 관점을 채택해야 한다는 것을 의미하는 것은 아니다.

이를 보기 위해 나치 이데올로기를 숙고해보자. 확실히 나치 사상의 몇 가지 측면들 가령 강력한 국가 방위와 유소년 교육 강화에 대한 헌신은 올바르고 적절한 것이다. 그러나 사람들이 나치 사상의 문제점은 거부하고 그 이점은 포용하는 중립적 또는 우호적 관점을 취했다고 말하는 것은 두 가지 이유에서 잘못된 것이다. 첫째, 나치 사상은 극도로 공포스럽고 그 전체적 충격은 극악스러운 것이기 때문에 그 악한 특성이 상대적으로 소소한 이점을 훨씬 능가한다. 따라서 그러한 태도는 나치 사상에 대하여 부적절한 것이다. 둘째, 방금 인정된 이점의 어느 것도 정당화되기 위해 나치 이데올로기를 요구하는 것은 아니다.

동일한 논점이 포스트모더니즘에 적용된다. 그리스도와 인류의 번영이라는 대의에 끼치는 그 해독은 그 대의에 돌아갈지도 모르는 이익을 훨씬 상회한다. 그 이익이 무엇이든 간에 그것은 정당화되기 위해 포스트모더니즘을 요구하지 않는다. 결국 이야기와 이야기체의 중요성, 권력의 부적절한 사용을 각성할 필요성은 포스트모더니즘이 무대에 등장하기 오래 전에 이해되었다. 게다가 과학주의와 환원주의를 피해가는 방법은 포스트모더니즘자가 부인하는 바로 그런 것들을 사용함으로써 반대 논증을 펼치는 데 있다. 과학주의와 환원주의를 주변화하기 위한 유일한 대안적 논증은 다른 어떤 것도 아닌 수사(rhetoric)를 순수하게 사용하거나 정치적으로 올바르고 투명한 공적 힘을 사용하거나 하는 것에 있다. 그런데 이러한 공적 힘의 사용을 포스트모더니즘자는 진실로 혐오하는 것이다.

[제4장의 요약]

이 장은 대응적 진리론이 진리에 대한 성경적 가르침의 중요한 일부인 것처럼 보인다는 주장을 지지하는 데서 시작했다. 그 다음, 진리의 절대주의적 또는 객관주의적 개념은 상대주의적 개념에 반대하여 반복해서 변호되었고 수축론적 진리론은 거부되었다.

대응적 진리론은 유관한 세 가지 주요 존재물 즉 진리 담지자, 진리 형성자, 일치 관계에 의해서 규정되었고 이에 대한 분석이 주어졌다. 현상학적 논증과 변증법적 논증이 대응적 진리론을 위해서 제공되었고 대응 이론에 대한 세 가지 반론이 검토되었다.

정합적 진리론에 대한 분석이 이루어졌고 찬반 논증이 제시되었다. 현상학적 논증은 정합 이론의 심각한 난점을 드러내고자 제공되었다. 그 다음, 실용적 진리론이 기술되었고 인식적 형태의 실용주의와 비인식적 형태의 실용주의의 차이점이 밝혀졌으며 실용주의의 강점과 약점이 간략하게 논의되었다.

이 장의 마무리는 포스트모더니즘에 대한 검토였다. 포스트모더니즘의 7가지 측면들이 명료화되었고 이에 따르는 난점들도 검토되었다.

[기본 용어 및 개념 목록]

객관적 진리
근대성
데카르트적 불안
동일율
메타 이야기
명제
문장
배중율
변증법적 논증
본질주의
비모순율
비인식적 실용주의
비판적 실재론의 지각 이론
사실
사태
사회적 구성물
상대주의
수축론적 진리 이론
실용 진리론
언어의 지시적 사용
유명론

이분법적 사고
인식적 실용주의
일치 관계
잉여 진리론
자기 현시적 속성
절대적 진리
정당화의 정합 이론
정합
지각의 관념 이론
지향성
지향적 대상
진리 기준
진리 담지자
진리 조건
진리 형성자
진리의 대응 이론
진리의 정합 이론
진술
포스트모더니즘
현상학적 논증

160 인식론 (EPISTEMOLOGY)

제5장
종교적 인식론

종교적 믿음의 합당성에 대한 계몽적인 비판은 종교적 믿음의 결점 보다는 오히려 그러한 비판의 기초로서 무비판적으로 채택된 지식 개념들의 결점을 지적함에 있다. 아마 종교적 지식이 의심스럽게 보이는 것은 우리가 어떤 것을 안다는 것이 무엇인지, 우리가 아는 것을 어떻게 아는지에 대해 잘못된 생각을 가지고 있기 때문이다.

에반스·웨스트팔, 『종교적 지식의 기독교적 조망』
(Christian Perspectives on Religious Knowledge)

1. 서론

우리는 종교적 인식론을 문제로 삼을 때 전통적 인식론과 급속도로 발전하는 종교 철학의 새로운 분야가 서로 만나는 것을 보게 된다. 종교 철학에서 가장 급속히 발전하는 분야 중의 하나는 종교적 진리 주장의 인식적 지위, 그 주장의 합리성과 보증에 대한 탐구였다.

2. 실증주의와 무신론의 추정

근자에 와서 우리는 종교적 인식론이 얼마나 많이 변했는가에 대해 과거 세대의 철학자들이 직면한 문제를 회고함으로써 감사하게 될지도 모른다. 20세기 중반의 종교 철학자들은 **논리 실증주의**의 장막에 가려 투쟁함에 따라 실증주의의 공격과 그와 같은 종류의 철학적 공격에 저항하면서 자신들의 주장의 유의미성을 변호하지 않을 수 없었다. 실증주의자는 의미의 **검증 원리**의 투사로서 활동했고 이 원리에 따르면 정보적 문장이라면 의미가 있기 위해서 원칙적으로 경험적 검증이 가능하지 않으면 안 된다. "신은 실존한다", "신은 세상을 사랑한다"와 같은 종교적 진술은 그들의 소견에 따르면 경험적으로 검증될 수 없었기 때문에 실증주의 철학자들은 그러한 진술을 "다가다이 고 다마시 가는고이가"처럼 문자적으로 무의미한 것으로 취급했다. 검증 원리는 비판을 받으면서 수많은 변화를 겪었고 여기에는 그 원리가 **반증 원리**로 변형된 것도 포함된다. 반증 원리는 유의미한 문장이라면 원칙적으로 경험적 반증이 가능하지 않으면 안 된다고 주장했다. 종교적 언어의 운명은 검증주의 아래에서보다 반증주의 아래에서 더 밝은 것도 아니었다. 이것은 1948년 옥스퍼드 대학에서 개최된 유명한 학술 발표회 "신학과 반증 가능성"에서 분명해졌다.

학술 발표회에서 플루(Antony Flew)는 위즈덤(John Wisdom)이 수년 전에 언급한 두 탐험가 이야기를 빌어왔다. 이 이야기는 숲 속의 개간지에서 한 묶음의 꽃을 발견한 두 탐험가의 이야기이다. 한 탐험가는 그 꽃은 어떤 정원사에 의해 의도되었다고 확신했다. 그러나 며칠을 연속해서 두 탐험가는 그 정원사를 찾으려고 노력했지만, 어떠한 정원사도 탐지되지 않았다. 한 탐험가는 자신의 가설을 건지기 위해서 자신의 원래의 가설을 제한하여 그 정원사는 보이지 않고 형체가 없으며 탐지될 수 없는 존재임에 틀림없다는 취지를 펼쳤다. 이에 격앙된 다른 탐험가가 마침내 다음과 같이 대답했다. "도대체 당신이 말하는 보이지 않고 형체가 없으며 영원히 피해가는 그런 정원사는 정원사가 전혀 없다는 것과 어떻게 다른 것인가?"[1] 이 이야기에 나오는 정원사는 명백히, 세계의 창조주로서 보이지 않고 무형적이며 영원히

---

1) Anthony Flew, R. M. Hare and Basil Mitchell, "Theology and Falsification," in *New Essays in Philosophical Theology*, ed. Anthony Flew and Alasdair McIntyre(New York: Macmillan, 1955), p. 96.

피해가는 신을 상징하는 것으로 추정된다.

이제 우리는 모두 그 탐험가가 말하는 원래의 정원사 가설이 수많은 제한이 붙음으로 해서 사망에 이르렀다는 것에 동의할 것이다. 그러나 왜 그런가? 분명한 대답은 그 가설 즉 19세기 물리학의 에테르 가설과 같은 그 가설은 사후 미봉책으로 되어 가고 또는 자료와는 일치하기에 무리라는 것이다. 이것이야말로 정원사의 가설이 문제의 사실들을 가장 잘 설명한다는 것을 반대하는 요점이다. 그런데 플루는 그 문제는 하나의 주장에 반대할 수 있는 어떤 것이 그 주장의 의미의 일부이어야 한다는 사실에서 성립한다고 주장했다. 어떤 것도 그 정원사 즉 신의 가설에 반대하는 것으로 허용되지 않으면 그 가설은 그러므로 아무 것도 주장하지 않는다. 플루의 견해에 따르면 신의 가설은 거짓은 아니지만 다만 무의미할 뿐이다.

플루의 의미 이론은 분명하게 잘못된 것이다. 두 사람이 탐지될 수 없는 정원사 가설의 이점에 대하여 일치하지 않을 것이라는(또는 플루의 패널 토론자가 그 이야기의 종말을 이해했다는) 사실이야말로 그 탐험가의 진술이 유의미했다는 것을 보여준다. 그 미봉책적 가설의 이례적인 임시성은 그 가설의 진리성에 반대하지, 그 가설의 유의미성에 대해서가 아니다.

일반적으로 의미에 대한 검증주의자의 분석은 두 가지 극복할 수 없는 문제에 빠지게 된다. (1)검증·반증의 원리는 너무 제한적이다. 그러한 의미 이론에서는 명백하게 유의미한 광대한 담론들이 무의미한 것으로 선언되지 않으면 안 된다는 점을 곧 깨닫게 되었다. 여기에는 그 원리가 보존해야 하기도 하는 과학적 진술들도 포함된다. (2) 그 원리는 자기 논박적이다. "정보 문장이 유의미하기 위해서 원칙적으로 경험적 검증·반증이 가능하지 않으면 안 된다"는 진술은 그 자체로 검증도 반증도 될 수 없다. 그러므로 그것은 자기 스스로 무의미한 진술이거나 아니면 기껏해야 우리가 자유롭게 거부할 수 있는 자의적 정의이다. 실증주의적 의미 이론의 불충분성은 20세기 후반기 동안 논리 실증주의의 완전한 붕괴로 이어지고 형이상학과 종교 철학에 대한 관심을 부흥하게 하는 데 불을 붙이게 되었다. 플루와 같은 종류의 도전은 20세기 중반에는 거대하게 보였으나 오늘날에는 철학적 수신기의 화면에는 거의 나타나지 않는 소리이다.

같은 취지의 또 다른 철학적 잔재가 목소리 큰 **무신론의 추정**이다. 액면 가치로 보면, 이것은 신의 실존의 증거 부재로 말미암아 우리는 신이 실존하지 않는다고 추정해야 한다는 주장이다. 무신론은 일종의 기본 값이고 유신론자는 신이 실존한다는 자신의 믿음에 대하여 특별한 증명 책임을 진다.

이렇게 이해되면, 그와 같이 추정된 주장은 무신론을 불가지론에다 같이 뒤섞는 것이다. "신이 실존하지 않는다"는 주장은 곧바로 "신이 실존한다"는 주장과 동등한 지식 주장이고 따라서 전자는 후자가 그렇듯 정당화를 요구한다. 신의 실존에 관하여 실존하는지 실존하지 않는지를 모른다고 고백하면서 어떠한 지식 주장도 하지 않는 사람, 따라서 아무런 정당화도 요구하지 않는 사람이 바로 불가지론자이다(여기서 우리는 신이 실존하는지의 여부에 대해 다만 무지를 고백할 뿐인 "연성" 불가지론을 말할 뿐이다. 신이 실존하는지의 여부는 알려질 수 없다고 주장하는 "강성" 불가지론이 아니다. 이러한 적극적 주장은 당연히 정당화를 요구할 것이다). 만일 무신론자가 조금이라도 무엇인가를 요구한다면, 그때는 그가 말해야 하는 것은 기껏해야 불가지론자의 추정 정도일 것이다.

사실상 무신론의 추정 지지자들이 무신론자(atheist)라는 용어를 사용하는 법을 좀 더 자세히 살펴보면, 사람들은 그들이 때때로 그 말을 비표준 방식으로 즉 비유신론자(nontheist)와 동의어로 정의하고 있음을 발견하거니와, 이것은 불가지론자, 전통적 무신론자, 신의 실존 문제가 무의미하다고 생각하는 사람들을 모두 포함하는 말이다. 플루는 다음과 같이 고백한다.

> "무신론자"라는 말은 현재의 문맥에서 그 뜻이 이례적인 방식으로 이해되어야 한다. 오늘날 그 말은…신의 실존을 명시적으로

부인하는 사람을 의미하는 것으로 채택되는 것이 정상적이다. 그러나 여기서 그것은 그리스어 접두어 "a~"와 함께 적극적으로가 아니라 소극적으로 이해되어야 한다. 그리스어 접두어 a는 "amoral"과 같은…단어에서 관례적으로 사용되듯이 "atheist"에서도 동일한 방식으로 독해된다. 이러한 해석에 의하면, 무신론자는 신의 비실존을 적극적으로 주장하는 사람이 아니라 단순히 유신론자가 아닌 사람이 된다.[2]

무신론자라는 말을 이렇게 재정의하면, 무신론의 추정 주장은 보잘 것 없는 것이 되어버린다. 왜냐하면 이러한 정의에 따르면, 무신론자는 하나의 입장이기를 그치고 그 문제에 관한 아무런 입장도 없는 아기조차도 무신론자로 간주되기 때문이다. 사람들은 신이 실존한다든가 실존하지 않는다든가를 알기 위해서 여전히 정당화를 요구하고 있을 것이다.

무신론의 추정을 옹호하는 또 다른 사람들은 그 말을 표준 방식으로 계속 사용할 수 있었고 그래서 무신론이 참이라는 자신의 주장을 정당화할 필요를 깨달았다. 그러나 그들은 신이 실존하지 않는다는 자신의 주장을 정당화하는 것이 바로 유신론에 대한 증거가 없는 것이라고 주장했다. 따라서 신에 대한 증거의 부재에서, 사람들은 무신론의 추정을 정당화한다.

이러한 입장의 문제점은 "증거의 부재가 부재의 증거는 아니다"고 하는 아포리즘에 의해서 보기 좋게 간파된다. 예를 들면 이론 물리학에서 (아직까지) 아무런 증거가 없는데도 자주 요청되는 존재물이 있다. 그러나 증거의 부재가 그러한 존재물이 실존하지 않는다고 생각하는 것을 정당화하는 것은 아니다. 한 가지 예증을 제시하면, 시공간적 평면 곡선과 대규모의 등방성과 같은 우주의 팽창 특징을 설명하기 위해 초기의 팽창 시기가 우주 팽창 과정에 있었다고 요청하는 것은

---

[2] Anthony Flew, "The Presumption of Atheism," in *Companion to Philosophy of Religion*, ed. Philip Quinn and Charles Taliaferro(Oxford: Blackwell, 1997).

천체 물리학적 우주론의 상식이 되었다. 불행하게도 이러한 상식의 본질은 팽창 시기의 어떤 증거라도 우리의 사건의 지평을 넘어서는 팽창론적 확장에 의해서 강요되었을 것이라는 점이다. 그래서 그것은 관찰될 수 없는 것이다. 그러나 이러한 증거의 부재가 팽창이 일어나지 않았다는 증거라고 주장하는 우주론자가 되면 그는 분노를 살 것이다.

그런데 증거의 부재가 부재의 증거를 구성하는 분명한 경우들이 있다. 어느 사람이 안뜰에 코끼리가 있다고 주장했을 때 그때는 거기서 코끼리를 관찰할 수 없다면 우리는 거기에 코끼리가 없다고 생각할 좋은 이유가 있을 것이다. 그러나 어느 사람이 안뜰에 벼룩이 있다고 주장했다면 그때는 그것을 관찰할 수 없다는 것이 안뜰에 벼룩이 없다는 좋은 증거를 구성하는 것은 아닐 것이다. 이 두 경우의 현저한 차이는 현실적으로 존재물이 실존했다면 그에 대한 어떤 증거를 한 경우에는 볼 수 있기를 기대해야 하나 다른 경우에는 기대하지 않아야 한다는 점이다. 따라서 요청된 존재물이 실존했다면, 우리는 그 실존에 대한 어떤 증거를 가지기를 기대해야 하는 경우에만 증거의 부재는 부재의 증거이다. 게다가 이러한 경우에 수여된 정당화는 우리가 가지고 있는 증거의 양이 그 존재물이 실존했다면 우리가 가지기를 기대해야 하는 증거의 양에 비례한다는 점에 있을 것이다. 그 비율이 적다면, 그때는 그 존재물이 실존하지 않는다는 믿음에 수여되는 정당화는 그만큼 적을 것이다.

거듭 말하거니와 무신론의 추정 옹호자들은 이 점을 깨달았다. 예를 들면 마이클 스크리번(Michael Scriven)은 어떤 있음직한 존재물의 실존을 제공하는 증거가 부재하는 경우 (1)그것이 아무런 흔적도 남기지 않는 어떤 존재가 아니라면, 그리고 (2)그 존재물이 실존했다면 그 증거가 발견되었을 영역이 포괄적으로 조사되었다면, 우리는 그것이 실존하지 않는다고 믿는 것은 정당화된다고 주장했다. 그러나 이것이 옳다면, 그때는 무신론을 위한 우리의 정당화는 (1)신은 우리가 가지는 것보다 더 많은 자기 실존의 증거를 남길 것이라는 개연성 그리고 (2)우리가 그 실존의 증거 영역을 포괄적으로 조사했을 개연성에 달려 있다. 이로 말미암아 문제는 다른 국면으로 접어든다. 자신이 공유하는 증명 책임을 회피하기를 꾀했던 무신론 추정자는 갑자기 (1)과 (2)가 사실이라는 것을 증명하는 매우 중대한 책임을 스스로 지게 된다는 것을 발견한다.

그러므로 현대철학자들이 벌이는 논쟁은 무신론의 손쉬운 추정에서 소위 **신의 은폐성**에 대한 토론으로 넘어가버렸다. 사실상 이것은 신이 실존했다면 우리가 가지는 것보다 더 많은 자기 실존의 증거를 남겼을 것이라는 개연성 또는 기대에 대한 토론이다. 이 문제에 대한 사람들의 조망은 자연 신학의 과업에 대한 그들 자신의 평가에 의해 영향을 받지 않을 수 없다(제27-28장 참조). 왜냐하면 사람들이 신은 자기 실존에 대한 비교적 확실한 증거를 남겼다고 확신하게 되면, 그때는 우리가 가지는 증거보다 훨씬 더 많은 증거를 보게 되기를 기대해야 한다는 것을 회의하기 마련이기 때문이다. 최종적으로, 스크리번은 신이 실존한다는 주장은 완전하게 지지되지 않는다고 하면, 다시 말해서 그 실존에 대한 어떠한 특수한 증거도 없고 심지어 유리한 일반적 고찰도 없는 경우라면, 그 실존을 거부하는 것은 정당화된다고 주장했다. 이러한 기준에 의해서 스크리번은 우리는 네스 호의 괴물 네시와 히말라야의 설인과 같은 존재물에 대해서도 믿지 않는다고 하기보다는 오히려 다만 불가지론적으로 남는다고 옹호했다. 그러나 편견 없는 어떤 관찰자라도 네스 호의 괴물에 대한 증거를 식별할 수 있는 것과 마찬가지로 신에 대한 증거를 식별할 수 있을 것임은 확실하다.

우리가 가지고 있는 증거에 불만족하므로, 어떤 무신론자는 신은 자신이 실존했다면, 자신을 강하게 나타나게 함으로써(말하자면 모든 원자에 "원산지 신"이라고 새김으로써 또는 천국의 십자가에 네온 간판으로 "구원자 예수"라고 광고함으로써) 세상의 불신을 예방했을 것이라고 주장했다. 그러나 신이 왜 그러한 일을 하기를 원해야 하는가? 폴 모제(Paul Moser)가 강조한 대로, 기독교의 입장에서 사람들이 신이 실존한다고 믿는가 아닌가는 실제로 신에게는 대수롭지 않은 일이다. 왜냐하면 신이 관심을 보이는 것은 우리로 하여금 그렇게 믿게 하는 것이 아니라 우리와 맺는 사랑의 관계이기 때문이다. 악마조차도 신이 실존한다는 것을 믿고 두려워 떤다. 왜냐하면 악마는 신과 구원의 관계를 맺지 않기 때문이다(약 2:19). 물론 우리는 신을 믿기(believe in) 위하여 신이 실존한다고(believe that) 믿어야 한다. 그러나 신이 자기 실존을 보다 더 명백하게 했다면 더 많은 사람들이 그분과 구원의 관계를 맺게 되었을 것이라고 생각할 어떠한 이유도 없다. 단순한 흥행술로써 마음의 변화는 일어나지 않을 것이다(눅 16:30-31). 인류를 다루는 신의 역사를 기록한 성경대로, 우리의 내적 자아에 증언하는 성령에 대한 점증하는 강조와 함께 신과 인간의 상호 작용이 점진적으로 내면화되었다는 것은 흥미로운 사실이다(롬 8:16-17). 구약에서 신은 명백한 기적 즉 이집트에 내린 역병, 불 기둥과 구름 기둥, 홍해의 분리와 같은 기적 속에서 자기 백성들에게 스스로를 계시한 자로 기술한다. 그러나 이러한 기적이 지속적으로 사람의 회개를 가져왔는가? 그렇지 않다. 이스라엘 민족은 지루하게 반복적으로 배교에 빠져들었다. 신이 모든 원자에 자기 이름을 새기고 하늘에 네온 십자가를 설치했다면, 아마도 사람들은 신이 실존한다고 믿었을지도 모른다. 그러나 우리는 그들이 잠시 후에 창조주 신을 놋쇠 광고물로 만들고 싶어서 안달하지 않을 것이며 그러한 철면피 행동에 분개하지 않을 것이라고 얼마만큼 자신할 수 있는가? 사실상 우리는 사람들이 이 현실 세계에서보다 신의 실존이 얼굴의 코만큼 명백한 자유로운 피조 세계에서 더 많이 그분을 사랑하게 될 것이며 또 그분의 구원을 알게 될 것이라고 인식할 수 있는 방법을 전혀 가지고 있지 않다. 이렇게 해서, 신이 실존했다면 자기 존재를 더 명백하게 했을 것이라는 주장은 보증이 없거나 또는 거의 없는 것이 된다. 이로써 신의 존재 증거의 부재가 그 자체로 신이 실존하지 않는다는 적극적 증거라는 주장은 훼손되고 만다.

3. 보증 없는 종교적 믿음

무신론의 추정에 관한 최초의 논의에서 그 기초가 되는 전제 중의 하나는 **신학적 합리주의** 또는 이미 알려진 바대로 **증거주의**이다. 이 입장에 따르면 종교적 믿음은 정당화될 수 있는 것이라면 지지하는 증거를 가져야 한다. 따라서 스크리번은 어느 사람이 "유신론은 증거에 의한 정당화가 필요 없는 종류의 믿음이다"고 주장한다면, 그때는 "그 믿음에 대한 증거를 찾지 말고 그 믿음이 옳다는 것을 점검하는 다른 방법"이 있어야 한다고 단정한다. 그러나 이것은 올바른 것일 수 없다. 왜냐하면 "그 믿음이 참일 것 같다는 것을 보여주는 어떠한 방법도 정의상, 그 믿음의 정당화 즉 이성에 대한 호소이기"[3] 때문이다. 여기서 스크리번은 믿음을 정당하게 가지는 것과 그 믿음이 참이라는 것을 보여줄 수 있는 것을 동등시하고, 믿음을 정당화하기 위해 이성에 호소하는 것이 그 믿음에 대한 증거를 제공하는 것을 포함한다고 가정한다. 이 두 가정은 동시에 현대 인식론자들에 의해서 격렬한 도전을 받았다.

수많은 사상가들이 어떤 믿음이 인식론적으로 정당화되는 것 또는 지식이라는 것과는 전적으로 별도로, 그 믿음을 가지는 사람에게 그 믿음을 가지는 것에 대한 **실용적 정당화**를 가질 수 있다고 논증했다. 플랜팅거를 따라가서 인식적 정당화를 **보증**으로 보고 이 성질이 단순한 참된 믿음을 지식으로 전환시킨다고 간주해보자. 실용적 논증의 지지자들은 우리가 때로는 아무런 보증도 없는 믿음을 가지는 권리를 손에 쥐고 있다는 것을 보여주고자 한다. **실용적 논증**은 어떤 특정한 믿음을 가지는 근거를 제공하기를 추구한다. 그것은 그 믿음을 가지는 데서 얻어지는 이득 때문이다. 제프 조르단(Jeff Jordan)은 두 유형의 실용적 논증 즉 진리 의존적 논증과 진리 독립적 논증을 유익하게 구별했다. **진리 의존적 논증**은 어떤 믿음이 참인 것으로 밝혀지게 되

---

[3] Michael Scriven, *Primary Philosophy*(New York: McGraw-Hill, 1966), p. 99.

면 그 믿음을 소유하는 데서 얻어지는 많은 이득이 있기 때문에 그 믿음을 소유하는 것을 추천한다. **진리 독립적 논증**은 어떤 믿음이 참인 것으로 밝혀지는 것에 관계없이 그 믿음을 소유하는 데서 얻어지는 많은 이득이 있기 때문에 그 믿음을 소유하는 것을 추천한다.

가장 많이 알려지고 때때로 거론되는 진리 의존적 실용적 논증은 프랑스 수학 천재의 발명품 즉 **파스칼의 도박**이다. 파스칼은 실제로 신에 대한 믿음은 실용적으로 정당화된다고 논변했다. 왜냐하면 우리는 그 믿음을 가지는 경우에 잃을 것은 아무 것도 없지만 모든 것은 가지게 되기 때문이다. 파스칼의 도박이 수많은 방식으로 정식화될 수 있다 해도 한 가지 이해 방법은 손익 명세서를 작성해 보는 것이다.

《신에 대한 믿음의 손익 명세서》

	I. 신이 존재한다	II. 신이 존재하지 않는다
i. 나는 믿는다	A. 무한 이득 유한 손실	B. 유한 손실
ii. 나는 믿지 않는다	C. 유한 이득 무한 손실	D. 유한 이득

파스칼의 추리는 다음과 같다. 내가 신이 실존한다는 것을 믿고 그렇다고 밝혀지면, 그때는 나는 한 때 죄의 쾌락을 범하는 작은 대가로서 천국을 얻는 셈이다. 내가 신이 실존한다고 믿고 그렇지 않다고 밝혀지면, 그때는 나는 아무 것도 얻지 못하고 이전에 범한 죄의 쾌락의 유한 손실을 당하는 셈이다. 반면에 내가 신이 실존한다고 믿지 않고 신이 실제로 실존하는 것으로 밝혀지면, 그때는 나는 영생을 잃어버리는 대가를 치르고 한 때의 죄의 쾌락을 얻는 셈이다. 내가 신이 실존한다고 믿지 않고 신이 없다고 밝혀지면, 그때는 나는 방탕한 생활 방식에 의한 쾌락이라는 유한 이득을 얻는 셈이다.

이제 **기대 효용 원리**라고 부르는 의사 결정 이론에 따라서, 나는 나의 선택의 효용성 또는 이득을 극대화하기 위해 두 상태의 각각의 개연성과 상호 배타적 각각의 결과를 곱하고 합한 후에 최대의 기대 효용을 가지는 경우를 선택해야 한다. 파스칼의 도박에서 상태(Ⅰ)과 (Ⅱ)의 확률은 각각 반반이라고 가정된다(신의 실존에 대한 찬반 증거는 정확하게 동등하다). 이리하여 X_0와 n은 각각 무한성과 어떤 자연수를 대표하는 것으로 하고 선택(i)과 (ii)는 선택의 효용성을 계산하면 다음과 같이 된다.

i. $(A \times .5) + (B \times .5) = (X_0 \times .5) + (-n \times .5) = X_0$
ii. $(C \times .5) + (D \times .5) = (-X_0 \times .5) + (n \times .5) = -X_0$

바꾸어 말하면, 선택(i)은 무한 이득이고 선택(ii)는 무한 손실이다. 따라서 신에 대한 믿음은 믿지 않음보다 더욱 많은 기대 효용성을 가지는 것은 분명하다. 결론적으로, 유신론이 우세한 증거가 부재하는 경우라도 우리는 신의 실존을 믿지 않으면 안 된다.

이러한 도박 논증에 대하여 제기된 주요 반론은 두 가지이다. 첫째, 표준 의사 결정 이론에서 무한 효용성은 다루어질 수 없다. 특히 무한 수량의 나눔은 초한 수학에서 금지되어 있으므로 $X_0 \times .5$를 말하는 것은 아무런 의미가 없다. 그러나 이 문제는 쉽게 해결된다. 즉 X_0를 어떤 임의적인 높은 유한 수량으로 대체하면 된다. 그러면 그것은 우리의 유한 손실 또는 이득을 대표하는 보다 낮은 수량 n을 압도할 것이다.

그러나 파스칼의 도박의 보다 심각한 문제는 소위 다수의 신이라는 반론이다. 이슬람교인은 알라 신에 대한 믿음의 손익 명세서를 이와 비슷하게 제출할 수 있다. 몰몬교인도 역시 자신의 신에 대하여 동일한 일을 할 수 있다. 바꾸어 말하면 상태(Ⅱ) 즉 신은 실존하지 않는다는 상태는 기독교도의 신이 실존하지 않는다면 존재할지도 모르는 많은 신들에 대해 현실적으로 무한하게 복잡한 선언 명제인 셈이다. 따라서 선택은 그처럼 단순하지가 않다. 왜냐하면 내가 기독교도의 신이 실존한다고 믿고 있는데 알라 신이 실존하는 것으로 밝혀지면, 그때는 나는 어떤 존재(그리스도)를 신으로 연관시킨 나의 죄로 인해서 지옥에서 무한 손실을 당할 것이기 때문이다.

이러한 반론에 대한 두 가지 가능한 대답이 있다. 첫째, 의사 결정 이론적 맥락에서 우리는 획득할 수 있는 개연성이 저 멀리 있는 아주 적은 상태라면 이를 무시해도 정당화된다는 점이다. 따라서 나는 가령 제우스나 오딘이 존재할지도 모르는 가능성에 관심을 기울일 필요가 없다. 둘째, 우리는 이용 가능한 살아 있는 선택지나 제공 가능한 대안들에만 제한하려고 노력할 수 있다. 이것이 파스칼의 전략이었을지도 모른다. 도박 이론은 파스칼의 때 아닌 죽음으로 단축된 기독교 유신론을 위한 거대한 미완의 『변증론』의 조각보이다. 우리가 『팡세』의 다른 장절을 살펴보면, 파스칼이 신의 실존에 대한 철학적 논증을 경멸하지 않았다고 하더라도 그리스도의 부활 증거와 같은 기독교의 증거들을 열정적으로 품었다는 사실을 발견한다. 그는 그러한 증거를 기초로 해서 현실적인 대안은 기독교 유신론 아니면 자연주의로 좁혀지고 만다고 생각했을지도 모른다. 대안들이 이렇게 좁혀질 수 있다면, 그때는 파스칼의 도박은 성공적으로 이루어진다.

유신론적 믿음을 위한 진리 독립적 실용적 논증의 좋은 보기는 윌리엄 제임즈의 고전적 논문 「믿고자 하는 의지」에서 발견될 수 있다. 이 논문은 어떤 사람이 불충분한 증거에도 불구하고 믿고자 하는 것은 언제 어디서나 잘못된 것이라고 공언하는 클리포드(W. K. Clifford)의 발언이 반향을 일으켜서 이에 대한 답신으로 집필되었는데, 제임즈는 우리가 진리라는 증거가 부재해도 어떤 것을 믿고자 함이 때때로 실용적으로 정당화되는 것을 보여주고자 한다. 제임즈는 우리에게 믿음을 지지하는 아무런 압도적인 증거가 없을 때 그 믿음이 우리에게 진정한 선택이고 다시 말하면 살아 있는 중대한 강제적인 선택이지 않을 수 없는 바로 그 경우에만 실용적 고찰에 의지해도 좋다는 점을 주장한다. 살아 있는 선택은 내가 진정으로 동의할 수 있는 믿음을 나에게 제시하는 선택이다. 중대한 선택은 많은 것이 달려 있는 선택이고 그것이 나에게 드문 기회를 제공하며 그 결과가 뒤바뀔 수 없는 선택이다. 마지막으로, 어떤 선택이 강제적인 경우는 무관하게 있을 수 없는 선택이고 믿기로 선택하지 않는 것이 사실상 믿지 않기로 선택하는 것이 되는 선택이다. 제임즈는 종교적 믿음이 이러한 기준을 충족시킨다고 주장했다. 게다가 그는 종교적 믿음이 저 세상에 대한 약속에 관계 없이 이 세상에서 이득을 준다고 확신했다. 연구하는 과정에서 그는 종교적 믿음을 가지는 사람들은 믿음이 없는 사람들 보다 더 균형 잡혀 있으며 더 행복해 하며 더 덕스러운 사람들이라는 사실을 확신했다. 그렇다면 종교의 진리성에 관계 없이, 종교적 믿음은 이로운 것이고 이러한 이득을 감안할 때 실용적으로 정당화된다.

4. 증거 없는 보증

증거주의자는 실용적 논증이 종교적 믿음을 비롯해서 어떤 믿음을 가지는 것이 이롭고 따라서 분별 있는 것임을 보여주지만 그렇다고 인식론적으로 허용할 수 있는 것임을 보여주는 것은 아니라고 주장할 수 있고, 사람들이 증거 없이 믿을 때 어떤 인식적 의무를 위반하지 않았다고 보여주는 것은 아니라고 주장할 수 있다. 현대의 종교적 인식론에서 가장 의미 있는 발전 중의 하나는 플랜팅거가 선봉에 서서 전개한 바, 증거주의자의 합리성 구성을 직접 공격한 이른바 개혁 인식론이다. 플랜팅거의 인식론은 30년간에 걸쳐 점진적으로 발전되었으며 기념비적 3부작으로 충분하게 세분화되었다. 그것은 『보증: 현대의 쟁점』(*Warrant: The Current Debate*, 1993), 『보증과 적절한 기능』(*Warrant and Proper Function*, 1993), 『보증 받은 기독교의 믿음』(*Warranted Christian Belief*, 2000)이다.

플랜팅거는 기독교의 믿음에 대한 사실적 반론과 권리적 반론이라고 부르는 것을 구별한다. **사실적 반론**은 기독교 신앙의 진리성을 겨냥한 반론이다. 그것은 기독교의 진리 주장이 거짓이라는 것을 보여주고자 한다. 이와는 대조적으로 **권리적 반론**은 기독교가 사실상 참이라고 해도 그 믿음에 훼손을 가하고자 한다. 플랜팅거는 세 가지 형태의 권리적 반론을 확인한다. 즉 기독교의 믿음은 정당화되지 않은 것,

비합리적인 것, 보증되지 않은 것이다. 플랜팅거의 목표는 이러한 모든 권리적 반론이 성공적이지 않다는 것을 보여주고자 한다. 바꾸어 말하면 기독교의 믿음이 거짓으로 입증되는 경우에만 정당화되지 않은, 비합리적인, 또는 보증되지 않은 믿음으로 입증될 수 있다는 것을 보여주고자 한다. 따라서 기독교의 믿음에 관하여, 사실적 반론과 독립해 있는 권리적 반론은 없다.

플랜팅거는 보증 받은 기독교의 믿음 모델 또는 이론 즉 우리가 기독교의 다양한 진리 주장의 진리성을 아는 것은 어떻게 해서인가에 관한 이론을 전개함으로써 이를 보여주고자 노력한다. 그 모델을 대표하는 플랜팅거의 주장은 기독교가 참이라는 것이 아니라 (a)기독교가 인식적으로·가능하다. 즉 우리가 아는 모든 것에도 불구하고 참일지도 모른다는 것이고, (b)기독교가 참이라면 그 모델에 대한 철학적 반론은 없다는 것이며, (c)기독교가 참이라면 그때는 그 모델과 같은 것은 매우 참일 것 같다는 것이다. 그래서 플랜팅거는 독립적으로 두 가지 과제 즉 하나는 공적이고 다른 하나는 기독교적 과제를 설정한다.

(1)공개적 과제는 기독교의 믿음이 정당화, 합리성 또는 보증(기독교 믿음의 거짓됨을 전제하는 것은 제쳐두고)을 결하고 있다고 생각할 아무런 이유가 없음을 보여주는 것이고 (2)기독교적 과제는 보증 받은 기독교의 믿음에 대한 인식론적 설명을 기독교적 조망으로부터 제공하는 것이다.

이제 종교적 믿음, 가령 신은 실존한다는 믿음에 대한 권리적 반론을 고찰해보자. 증거주의자에 따르면, 신이 실존한다는 것이 참이라고 해도 사람들이 그 믿음을 지지하는 증거를 가지고 있지 않으면 그 믿음은 정당화되지 않은 것 또는 비합리적인 것이다. 왜냐하면 증거주의자에 따르면, 사람들은 명제가 지식을 향한 토대가 되어 주거나 궁극적으로 그러한 토대에 기초한 증거에 의해 확립되는 경우에만 그 명제가 참이라고 믿는 것이 합리적으로 정당화되기 때문이다. 이러한 관점에 따르면 신이 실존한다는 명제는 토대적이 아니기 때문에 그 진리성을 위한 합리적 증거와 독립해서 그 명제를 믿는 것은 비합리적일 것이다. 그러나 플랜팅거는 묻기를, 왜 신이 실존한다는 명제는 그 자체로 토대의 일부일 수 없는가? 그래서 어떠한 합리적 증거도 필요 없다는 말일 수 없는가? 증거주의자는 **적절하게 기초적**인 명제만이 지식의 토대의 일부일 수 있다고 대답한다. 그렇다면 명제가 적절하게 기초적인가 아닌가를 결정하는 기준은 무엇인가? 대표적으로 증거주의자는 자기 명증적 또는 교정 불가적 명제만이 적절하게 기초적이라고 주장한다(제3장 참조). 예를 들면 직각 삼각형의 직각을 낀 두 변의 길이를 각각 한 변으로 하는 정사각형의 합은 직각 삼각형의 빗변의 길이를 한 변으로 하는 정사각형의 합과 동일하다는 명제는 자명하게 진리이다. 이와 유사하게 "나는 아픔을 느낀다"는 문장에 의해서 표현된 명제는 교정 불가적으로 참이다. 왜냐하면 내가 나의 상처를 상상하고만 있을지라도 내가 아픔을 느낀다는 것은 여전히 참이기 때문이다. 신이 실존한다는 명제는 자기 명증적도 아니고 교정 불가적도 아니기 때문에, 그렇다면 증거주의자에 따라 적절하게 기초적이 아니며, 결론적으로, 믿을 수 있기 위해서는 증거를 요구한다. 그러므로 그 명제를 증거 없이 믿는 것은 비합리적이다.

그런데 플랜팅거는 자기 명증적이고 교정 불가적 명제가 적절하게 기초적이라는 점을 부인하지 않는다. 그러나 그는 어떻게 이러한 명제가 오직 적절하게 기초적 명제 또는 믿음이라는 것을 아는가라고 묻는다. 그는 그러한 제한은 유지될 수 없는 주장임을 증명하기 위해 두 가지 고찰을 제시한다. (1)자기 명증적이고 교정 불가적 명제만이 적절하게 기초적이라면 그때는 우리는 모두 비합리적이다. 왜냐하면 우리는 증거에 기초를 두지 않고 자기 명증적도 교정 불가적도 아닌 수많은 믿음을 공통적으로 받아들이고 있기 때문이다. 예들 들면 미리 저장된 기억의 흔적과 아침에 결코 먹은 적이 없는 위 속의 음식물과 나이 먹은 외모를 고려해서 생각해 볼 때, 세계가 5분 전에 창조된 것이 아니라고 믿는 믿음이 주어질 수 있다고 해보자. 확실히 이런 것을 증명할 방법이 없어도 세계가 5분 이상 존재했다고 믿는 것은 합리적이다. 이처럼 적절한 기초성에 대한 증거주의자의 기준은 결점이 없을 수 없다. (2)사실상 그러한 기준의 지위는 어떠한가? 자기 명증적이고 교정 불가적 명제만이 적절하게 기초적이다라는 명제는 그 자체로 적절하게 기초적인가? 그렇게 보이지 않는다. 왜냐하면 그 명제는 확실하게 자기 명증적도 교정 불가적도 아니기 때문이다. 그러므로 우리가 그 명제를 믿을 수 있다면, 그것이 참이라는 증거를 가지지 않으면 안 된다. 그러나 그러한 증거는 없다. 그 명제는 자의적 정의일 뿐이고 또 그런 정도로 매우 있을 수 없는 정의이다. 그러므로 증거주의자는 신에 대한 믿음도 마찬가지로 적절하게 기초적인 믿음일 수 있는 가능성을 배제할 수 없다.

사실상 플랜팅거는 신에 대한 믿음이 정당화에 관해서 뿐만 아니라 보증에 관해서도 적절하게 기초적이라고 생각한다. 플랜팅거에게, **정당화**는 사람의 인식적 의무에 대한 복종 및 믿음의 건전한 인식 구조의 소유를 포함한다. 반면 **보증**은 충분한 정도로 소유하게 되면 단순한 참된 믿음을 지식으로 변환하는 성질이다. 플랜팅거는, 유신론자가 증거 없이 신을 믿는 것은 자신의 인식적 권리 안에서 하는 일만은 아니며 실제적으로 신이 실존한다는 증거와 독립해서도 알고 있는 일이라고 생각한다. 이러한 입장이 유지될 수 있음을 보여주기 위해 플랜팅거는 종교적 믿음의 인식론적 모델을 소개한다. "인간 마음 안에는 진실로 자연적 본능에 의한 신성의 일깨움, 신성의 감각이 있거니와, 이는 결코 지워질 수 없는 신성으로서 인간의 마음에 새겨져 있다"(『기독교 강요』 1.3.1, 3)는 칼빈의 가르침을 인용하면서 플랜팅거는 "일종의 능력 또는 인지적 메커니즘, 즉 캘빈이 신의 감각 또는 신성의 감각이라고 부르는 것이 있거니와, 바로 이것이 광범위한 종류의 여건에서 신에 대한 믿음을 우리 안에서 산출한다."[4] 플랜팅거는 또한 **신성의 감각**을, "이러한 신성의 감각의 작용을 가동시키는 다양한 여건 또는 자극에 대한 유신론적 믿음을 형성하는 성향 내지 일련의 성향들"[5]로 언급한다. "나무가 있다"는 지각적 믿음이 이것보다 더 기초

---

4) Alvin Plantinga, *Warranted Christian Belief*(Oxford: Oxford University Press, 2000), p. 172.
5) *Ibid.*, p. 173.

적 믿음에 의거하는 논증에 기초한 것은 아니며, 내가 나무가 거기에 있는 것으로 나타나는 여건에 처할 때 자발적으로 내 안에서 일어나듯이, "신이 실존한다"는 믿음은 죄책의 순간, 자연의 경관에 대한 경외, 감사와 같은 적당한 여건에 놓일 때 신의 감각의 작용 결과로서 자발적으로 내 안에서 일어난다. 플랜팅거는 신의 실존은 그러한 여건에서 추리되는 것이 아니라—그러한 논증은 명백하게 불충분할 것이다—는 것을 강조한다. 오히려 그 여건은 신의 감각이 신에 대한 기초적 믿음을 산출하도록 기동시키는 맥락을 형성한다. 따라서 신에 대한 믿음은 자의적이 아니다. 그것은 적합한 여건에 그 근거를 두고 따라서 적절하게 기초적이다. 그러므로 이러한 유신론적 믿음 모델이 참이라면, 이와 같이 기술된 방식으로 자기 믿음들이 산출되는 유신론자는 신이 실존한다고 믿는다 해도 아무런 인식적 의무도 위반하지 않으며 따라서 정당화된다.

그러나 그는 신이 실존한다는 것을 아는가? 우리는 거짓으로 밝혀지는 믿음을 때로는 정당화한다(예들 들면 내가 나무라고 생각한 대상은 풀을 먹인 딱딱하고 두꺼운 종이 모형으로 드러난다). 신이 실존한다는 우리의 믿음은 정당화될 뿐만 아니라 보증되는 것이며 따라서 지식인가? 모든 것은 보증이 무엇인가에 달려 있다. 플랜팅거는 보증에 관한 삼부작 1권에서 현대의 인식론자들에 의해 제공되는 모든 주요 보증 이론 이를테면 의무론주의(deontologism), 신뢰주의(reliablism), 정합주의 등등을 조사하고 비판한다. 근본적으로 플랜팅거가 이러한 이론들의 불충분성을 드러내는 방법은 사유 실험 또는 시나리오를 구성하는 것이다. 이러한 사유 실험 또는 시나리오에서, 어떤 이론이 명기한 모든 보증 조건은 충족되는 것이지만 그러나 관계 당사자는 자기가 믿는 명제에 대한 지식을 가지고 있지 않다는 점이 드러난다. 왜냐하면 그의 인지 능력은 그 믿음의 형성 과정에서 제대로 작동하지 않기 때문이다. 이러한 공통적 실패는 합리적 보증이 고유하게 우리의 인지 능력의 적절한 기능의 개념을 포함한다는 것을 시사한다. 그러나 이 때문에 어려운 문제가 발생한다. 즉 사람의 인지 능력이 "적절하게 기능한다"는 것은 무엇을 의미하는가? 여기서 플랜팅거는 합리적 보증과 적절한 기능 즉 사람의 인지 능력이 적절하게 기능하는 것은 신이 기능하도록 기획한 대로 기능하는 경우뿐이라는 특수한 유신론적 설명을 제시함으로써 주류 인식론에 폭탄을 떨어뜨린다. 그는 보증 조건을 다음과 같이 요약한다.

> 이 입장을 먼저 대략적으로 근사하게 진술하면, S가 p를 아는 조건은 다음과 같이 된다는 것이다. (1)p라는 믿음은 적절하게 기능하는 인지 능력에 의해 S 안에서 산출된다. (2)p가 산출되는 인지 환경은 그러한 능력에 고유하다. (3)문제의 그 믿음을 산출하는 인식 능력의 모듈 목적은 참된 믿음을 산출하는 것이다(달리 표현하면 p의 산출을 지배하는 기획 모듈은 참된 믿음의 산출을 목표로 삼는 것이다). (4)이러한 조건에서 산출되는 믿음이라면 참이 되는 객관적 개연성은 높다.[6]

여러 가지 이상한 제한을 추가하기는 해도, 플랜팅거 설명의 기본 사상은 이러하다. 즉 믿음이 어떤 사람에게 보증되는 것은 그의 인식 능력이 그 믿음을 형성할 때 신이 기능하도록 기획한 대로 적합한 환경에서 기능하고 있는 경우뿐이다. 이러한 사람이 문제의 그 믿음을 견고하게 가지면 가질수록 더 많은 보증을 가지는 것이고, 그가 그 믿음을 견고하게 충분히 믿는다면, 그것은 지식을 구성하기에 충분한 보증을 가진다. 신이 실존한다는 믿음에 관하여, 플랜팅거는 신은 우리가 어떤 환경에서 그 믿음을 자연적으로 형성하도록 그렇게 구성해 놓았다고 주장한다. 그 믿음이 우리에게 보증되는 것은 믿음이 그와 같이 적합한 환경에서 적절하게 기능하는 인지 능력에 의해 형성되기 때문이다. 그리고 우리의 능력이 죄의 인식적 효과에 의해서 차단되지 않는 한 우리는 그 명제를 깊이 견고하게 믿을 것이며 따라서 우리는 이 믿음에 붙는 커다란 보증 덕분으로 신은 실존한다는 것을 안다고

---

[6] Alvin Plantinga, "A Defense of Religious Exclusivism," in *Philosophy of Religion*, 3d ed., Louis Pojman(Belmont, Calif.: Wadsworth, 1998), p. 529.

말해질 수 있다.
 그러므로 플랜팅거는 그의 모델이 참이라면 유신론적 믿음은 정당화되고 보증된다고 주장한다. 그래서 과연 유신론적 믿음은 보증되는가? 모든 것은 신은 실존하는가 아닌가에 달려 있다. 신이 실존하지 않는다면 그때는 유신론적 믿음은 아마도 보증되지 않을 것이다. 신이 실존한다면, 그때는 플랜팅거는 유신론적 믿음이 보증된다고 생각한다. 왜냐하면 신이 실존한다면, 그때는 그분의 형상에 따라 우리를 창조했고 우리를 사랑하기 때문이며 우리가 그분을 알고 사랑하는 것을 그분이 바라기 때문이다.

> 사정이 이러하다면, 자연스럽게 생각하게 되는 점은 그분이, 우리를 신과 같은 인격이 있다는 참된 믿음을 소유하게 될 것이라는 방식으로 우리를 창조해 놓았다는 사실이다.…이렇게 되면, 이때 자연스럽게 생각하게 되는 점은 신에 대한 믿음을 산출하는 인지 과정은 기획자에 의해서 바로 그 믿음을 산출하는 것을 목표로 삼게 된다는 사실이다. 그렇지만 그때 그 믿음은 진리를 목표로 삼아 성공적으로 겨냥하는 기획 의도에 따라 적절하게 기능하는 인지 능력에 의해 산출될 것이다. 그러므로 그것은 보증을 가질 것이다.[7]

 결국 핵심은 신에 대한 믿음이 보증되는가 하는 문제는 그 본질이 인식론적이 아니라 오히려 형이상학적 또는 신학적이라는 점이다. 이 문제는 "인식론적 고찰에 참여하는 것만으로는 해결될 수 없다. 그것은 근본적으로 인식론적 논구일 뿐만 아니라 존재론적 또는 신학적 논구이기도 하다."[8] 그 귀결은 유신론이 참인가 하는 사실적 문제와 독립해서 별도로 제기되는 유신론적 믿음에 대한 어떠한 권리적 반론도 없다는 것이다.
 그러나 유신론적 믿음에 대한 아무런 권리적 반론도 없다면, 특별히

---

7) Plantinga, *Warranted Christian Belief*, pp. 188-189.
8) *Ibid.*, p. 190.

기독교의 믿음은 어떠한가? 사람들이 기독교적 유신론을 고수하는 것이 어떻게 정당화될 수 있고 보증될 수 있는가? 이 문제에 답하기 위해 플랜팅거는 자신의 모델을 확장시켜 신의 감각만 아니라 성령의 내적 증거 또는 일어남도 포함시킨다.

확장된 모델은 우리가 죄에 빠지는 것이 인지적으로 정서적으로 재앙적 결과를 가지게 되었다는 사실을 요청한다. 신의 감각은 손상되었고 왜곡되었으며 아무 말도 하지 않게 되었다. 게다가 우리의 정서는 일그러졌고 그래서 우리는 신 중심이라기보다 자기 중심적이 되었기에 신의 감각이 전달하는 것으로 남아 있는 것에 대해 저항한다. 바로 여기서 **성령의 내적 증거** 또는 **일어남**이 가동하기 시작한다. 영광의 신은 우리에게 베푼 구원 계획을 알려줄 길을 찾을 필요가 있었고 그렇게 할 수 있는 수단으로 세 가지를 선택했다. 즉 (1)그분의 영감을 받았으며 복음의 위대한 진리를 담은 성경, (2)죄로 인한 인지적 정서적 손상을 보수하고 이로써 복음의 위대한 진리를 파악하고 믿도록 할 수 있는 성령의 임재와 활동, (3)믿는 사람의 마음에서 산출된 성령의 주요한 사역인 신앙이 그것이다. 어떤 사람이 복음의 위대한 진리를 들어 알게 될 때 성령은 기꺼이 이러한 진리에 대한 동의를 그 사람 안에 산출한다. 그러므로 성령의 내적 일어남은 "정통 기독교 이야기에서 우리 안에 믿음을 산출하는 믿음의 원천이고 인지 과정"[9]이다.

플랜팅거의 입장에서 성령의 내적 일어남은 믿음을 형성하는 "메커니즘"이라는 점에서 인지 능력과 근사한 유비이다. 이러한 과정에 의해 형성된 믿음은 그 자체로 보증 조건을 충족시키는 것이다. (1)그것은 적절하게 기능하는 인지 과정에 의해 산출된다. (2)우리가 처해 있는 환경은 죄에 의해서 오도된 인지적 오염을 포함해서, 이 과정이 기능하도록 설계된 인지적 환경이다. (3)이 과정은 참된 믿음을 산출하도록 설계된다. (4)이 과정에 의해 산출된 믿음 즉 복음의 위대한 진리는 사실상 참이고 그래서 그 과정은 참된 믿음을 성공적으로 산출하는 것을 목표로 삼는다. 그러므로 사람들은 복음의 위대한 진리는

---

9) *Ibid.*, p. 206.

성령의 일어남을 통해서 안다고 말해질 수 있다.

우리는 성령의 사역을 통해서 복음의 위대한 진리를 알기 때문에 그에 대한 증거가 필요 없다. 오히려, 그것은 정당화와 보증에 관하여, 우리에게 적절하게 기초적이다. 그러므로 플랜팅거는 "우리의 모델에 따르면 복음의 중심 진리는 자기 진정성을 가지고 있고"[10] 즉 "그것은 다른 명제의 증거에 기초하는 믿음이 됨으로써 증거나 보증을 얻지 않는다"[11]고 확신한다.

그리하여 거듭 플랜팅거는 다음과 같이 결론한다. 즉 기독교가 참이라면, 그때는 아마도 우리의 모델에서 기술된 방식과 유사한 방식으로 보증을 가질 것이다. 왜냐하면 기독교의 믿음이 참이라면 그때는 우리는 죄에 빠졌고 구원이 필요하기 때문이다.

> 게다가 이러한 회복을 전유하는 대표적인 방법이 복음의 위대함을 믿는 믿음을 포함하는 신앙에 의한 것임은 물론이다. 그러나 그렇다면 신은 우리가 이러한 진리를 의식할 수 있다는 것을 의도했을 것이다. 이렇게 되면 자연스럽게 생각해야 하는 점은 기독교 신앙의 중심 요소에 대한 믿음을 산출하는 인지 과정은 그 기획자에 의해서 그러한 믿음을 산출하는 것을 목표로 삼는다는 사실이다.[12]

플랜팅거의 종교적 인식론에 대하여 더 많이 말할 수 있을 것이다. 가령 그는 자신의 인식론이 일종의 유신론적 논증을 구성하는 것이라고 주장한다. 왜냐하면 보증 특히 적절한 기능에 대한 어떠한 자연주의적 설명도 나오지 않고 있기 때문이다. 또는 그는 자연주의는 합리적으로 긍정될 수 없다고 주장한다. 왜냐하면 자연주의자는 자신의 인지 능력이 다만 생존에만 기여하는 믿음과는 전혀 다른 참된 믿음을 산출한다고 자신할 수 없기 때문이다. 그러나 이상에서 진술한 모든

---

10) *Ibid.*, p. 261.
11) *Ibid.*, p. 262.
12) *Ibid.*, p. 285.

논의들은 플랜팅거 인식론의 일반적 서술이다.

5. 플랜팅거의 종교적 인식론에 대한 평가

플랜팅거의 종교적 인식론을 평가하기 위해 우리는 무엇을 말할 수 있을 것인가? 플랜팅거가 두 가지 과제 즉 공적 과제와 사적 과제에 착수했다는 사실을 상기하자. 그리고 사적 과제는 기독교적 과제이다. 그의 공적 과제는 기독교 믿음이 그 거짓됨을 전제하는 것은 제쳐두고, 정당화, 합리성 또는 보증을 결하고 있다고 생각할 아무런 이유가 없다는 것을 보여주는 것이었다. 이러한 공적 과제의 성공에 제기된 가장 공통적인 반론은 그것이 철저한 상대주의로 되어버린다는 점이다. 신 또는 기독교에 대한 믿음이 적절하게 기초적이라면, 그때는 어떤 믿음이라도 가령 그레이트 펌킨(Great Pumpkin)이라는 인물에 대한 리누스의 상상의 믿음은 마찬가지로 적절하게 기초적일 수 있다. 그런데 정당화에 관해서도 이 단언은 실제로 사실이다. 우리는 그 사람이 그레이트 펌킨에 대한 믿음이 적절하게 기초적인 방식으로 자신에게 정당화되는 환경에 놓여 있다고 상상할 수 있게 된다. 예를 들면 리누스 부모가 그레이트 펌킨의 실존을 리누스에게 확신시켜준다. 이는 마치 어떤 정상 가정의 신실한 부모가 자식에게 산타 클로스의 실재를 확신시켜 주는 것과 같다. 증언에 근거를 둔 이와 같은 믿음들은 플랜팅거의 분석에 따르면 적절하게 기초적이므로, 그레이트 펌킨에 대한 리누스의 믿음은 정당화에 관하여 역시 적절하게 기초적인 환경에 있는 것이라고 귀결된다. 그러나 플랜팅거에게는, 이러한 인정은 귀결될 수 없는 것이다. 거기에는 그레이트 펌킨에 대한 믿음과 같은 이상한 믿음이 정상적인 생활을 하는 어른에게 적절하게 기초적이라는 점은 함축되어 있지 않다. 정당화에 관하여 적절하게 기초적이려면, 믿음은 환경에 적합한 근거를 두어야 하고 대다수의 사람들에게 그레이트 펌킨에 대한 믿음은 그렇지 않다. 더 중요한 것은, 그레이트 펌킨에 대한 믿음은 하여간 보증에 관하여 플랜팅거의 인식론에 의해서 적절하게 기초적이라고 함축되지 않는다는 점이다. 어떤 믿음들이 보증에 관하여 적절하게 기초적이라고 한다는 그 이유만으로, 자의적으로 선택된 아무 믿음이라도 그와 마찬가지 방식으로 보증된다는 것은 전혀 함축되어 있지 않다. 리누스의 경우에 인지적 환경은 적합하지 않다. 왜냐하면 그는 거짓말을 듣고 있는 상황에 있고 그러므로 그의 믿음은 보증되지 않기 때문이다. 따라서 플랜팅거의 이론에 따라 리누스가 그레이트 펌킨을 믿는 합리적 권리를 소유한다고 할지라도 그가 그레이트 펌킨이 실존한다는 것을 안다는 귀결이 나오는 것은 아니다.

그러나 다시 제기된 반론이 있다. 즉 기독교 인식론자가 자신들의 믿음이 적절하게 기초적이라고 합법적으로 주장할 수 있다면, 그때는 어떤 인식론자 공동체 예컨대 부두교 인식론자도 자신들의 믿음이 아무리 이상하게 보여도 적절하게 기초적이라고 역시 합법적으로 주장할 수 있다. 플랜팅거는 이러한 반론을 "그레이트 펌킨의 아들"이라고 부른다. 거듭 그는 그 주장이 정당화에 관하여 옳다는 것을 대범하게 인정한다. 우리는 부두교 인식론자가 자신들의 믿음이 부두족에게 기초적 방식으로 정당화된다고 합법적으로 주장할 수 있는 환경을 쉽사리 상상할 수 있다. 중요한 물음은 그들이 부두교의 믿음은 보증에 관하여 적절하게 기초적이라고 합법적으로 주장할 수 있는가 하는 문제이다. 그 대답은 우리가 **합법적**이라는 말의 의미를 무엇으로 보는가에 달려 있을 것이라고 플랜팅거는 말한다. 우리가 다만 **정당화될 수 있다**는 의미라고 본다면, 그때 다시 한번 플랜팅거는 그들은 합법적으로 주장할 수 있을 것이라고 대범하게 인정한다. 그러나 그는 이러한 인정으로부터 흘러나오는 어떠한 상대주의적 귀결도 보지 않는다. 정당화됨은 너무 쉬운 일이 되고 말아서 많은 의미를 가지지 못하게 될 것이다. 부두교 인식론자는 토착 천연 마취제의 영향을 받으면서 부두교의 믿음이 보증에 관하여 적절하게 기초적이라고 생각하는 합리적 권리를 마땅히 가진다. 그러나 어떠한 상대주의적 결론도 이로부터 나오는 것은 아니다. 그렇다면 다음으로 **합법적**이라는 말의 의미를 **보증받은** 것으로 보는가? 그때는 플랜팅거의 모델에서 부두교 인식론자가 하는 주장이 보증된다는 것을 함축하는 것은 아무 것도 없다. 반대로 부두교의 믿음이 타고난 신의 감각과 양립 불가능한 것인 한에서, 플랜팅거의 모델은 부두교 인식론자가 자신들의 믿음이 보증에 관하여 적절하게 기초적이라는 주장은 보증받을 수 없다는 것을 함축한다. 따라서 플랜팅거의 모델은 상대주의로 빠져버리지 않는다.

흥미롭게도, 플랜팅거는 다른 유신론적 종교 실천가들이 그리스도인처럼 동등한 설득력을 가지고 가령 이슬람교의 진리를 조건으로 하는 이슬람식 플랜팅거 모델이 인식적으로 허용될 수 있고 철학적으로 반론될 수 없으며 전술된 것과 유사한 방식으로 아마도 보증되는 것이라고 주장하는 것을 시인한다. 그러나 이러한 결론이 상대주의를 지지하는 것은 아니다. 그것은 다만 다른 유신론적 신앙에 대한 사실적 반론과 독립해서는 그 신앙에 대한 어떠한 권리적 반론도 없다는 것을 보여줄 뿐이다. 아마 훨씬 더 의미심장한 점은 이러한 시인이 일단의 다른 믿음에 대하여 유효하다는 것은 사실이 아니라는 점이다. 특히 그것은 플랜팅거의 입장에서 보면 자연주의에 대하여 전혀 유효하지 않다. 왜냐하면 자연주의가 참이라면 그때는 우리의 믿음 형성 메커니즘은 신뢰할 수 있을 것 같지 않기 때문이다. 왜냐하면 그 메커니즘은 진리를 목표로 삼도록 되어 있지 않고 다만 생존용으로 택해지는 것이기 때문이다. 이리하여 다른 유신론적 종교 지지자들이 설득력을 가지고 플랜팅거가 기독교의 믿음을 대표하여 주장하는 것을 자신들의 종교를 대표하여 주장할 수 있었을지는 모르겠으나 오늘날 서구의 학문 세계에서 기독교의 믿음의 주요 대안이 되고 있는 자연주의에 대해서는 그렇게 말해질 수 없다.

그렇다면 플랜팅거의 사적 과제는 무엇인가? 그는 기독교의 조망에서 기독교의 믿음을 인식론적으로 설명하는 것을 얼마나 잘하고 있는가? 여기에 대해서는 단서를 붙일 필요가 있다. 이 과제의 목표는 기독교가 참이라면 그때는 플랜팅거의 인식론 확장 모델이나 그런 류의 것은 참일 개연성이 매우 높다는 것을 보여주는 것이다. 이상하게도, 이러한 주장을 지지하는 플랜팅거의 논증은 놀라울 정도로 빈약하다. 적절한 기능, 인지 환경, 기획 의도 등등과 관련된 일체의 복잡한 기계 장치들은 신의 감각의 뉘앙스에 대한 기술, 성령의 내적 일어남과 함께 이러한 논증에서 아무런 역할도 맡지 않는다. 실제로 우리가 가지는 것이라고는 위에서 인용된 바와 같이, 신이 실존했다면 그때는 그분이 우리가 자기를 알기를 원하고 그래서 그렇게 하는 수단을 제공했을 것이라는 정도의 한 두 단락에 불과하다. 따라서 기독교가 참이라면 그것은 보증될 것 같다. 그런데 이러한 결론에 기독교 증거주의자들은 열광적으로 동의하면서, "그러므로 신이 자기 실존의 증거, 가령 모든 죄 있는 인간들이 신이 실존한다는 보증된 추리를 이끌어낼 수 있는 그런 증거를 제공했다는 것은 매우 있음직한 일이다"라고 덧붙인다. 그렇다면 플랜팅거의 논증이 보여주는 것은 기껏해야 다음과 같은 것이다.

1. (기독교) 유신론적 믿음이 참이라면, 그때는 그것은 보증된다.
이 진술은 증거주의자 또는 플랜팅거의 모델에 관하여 중립적이다. 이제 플랜팅거는 또한 다음과 같은 것이 아마도 사실일 것이라고 주장한다.

2. (기독교) 유신론적 믿음이 참이라면, 그 모델 또는 그런 류는 옳다.
그러나 플랜팅거는 이 주장을 지지하는 아무런 논증도 제공하지 않는 것 같다. (1)과 (2)를 반성해 보면, 사람들은 플랜팅거가 아래의 가정된 전제의 도움을 받아 (1)로부터 (2)를 추리하려는 것은 아닌지 의심스럽게 생각한다.

3. (기독교) 유신론적 믿음이 보증된다면, 그 모델 또는 그런 류는 옳다.
가설적 삼단논법에 의해서 (2)는 (1)과 (3)의 타당한 귀결이다. 그런데 플랜팅거는 (3)과 기만적으로 유사한 아래의 명제에 반대하는 논증을 상세하게 전개한다.

4. (기독교) 유신론적 믿음이 보증된다면, 그때는 그 모델 또는 그런 류에 대한 믿음은 보증된다.

플랜팅거는 우리의 기독교 유신론적 믿음은 보증될 수 있다는 점에서 아주 분명하다. 그러나 우리가 그 모델을 믿는 것은 보증될 수 없을지도 모른다. 실로(플랜팅거를 읽어본 적이 없는) 대다수의 그리스도인에게는 그들의 기독교 유신론적 믿음이 보증된다. 그렇지만 그들은 전혀 들어본 적조차 없는 플랜팅거의 모델을 믿는 아무런 보증도 가지고 있지 않다. 그러나 플랜팅거는 (4)를 거부하는 반면, (3)은 반론 불가라는 것을 발견해야 되는 것처럼 보인다. 실로 (3)은 플랜팅거의 입장을 증거주의자의 입장, 권위주의자의 입장 등과 차별지우는 결정적 전제인 것 같다. 그러나 우리가 아는 한 플랜팅거는 (3)을 지지하는 논증을 전혀 제공하지 않는다.

(3)에 대한 철학적 논증이 부재하기 때문에, 그리스도인은 플랜팅거의 모델을 기독교의 믿음을 어떻게 보증받는가를 설명하는 모델로서 가치 판단할 때 그 모델이 자신들이 전달하는 것에 얼마나 근접하는가를 평가하기 위해 성경과 기독교의 체험에 의지할 것이다. 그러나 우리가 그렇게 할 때 그 모델은 중요한 수정을 필요로 하는 것 같다.

우선, 신의 감각에 대한 플랜팅거의 요청을 들어보자. 이 점에서 플랜팅거는 칼빈을 심각하게 오해하고 있다는 사실을 주목하자. 프랑스 종교개혁자가 타고난 신 감각에 대해 말할 때 그가 의도하는 것은 우리가 공포감, 또는 예감, 또는 관찰되는 느낌에 대해 말하는 것처럼 신에 대한 **의식**(awareness)인 것이다. 그러나 플랜팅거는 이를 우리의 시각, 또는 청각 또는 촉각과 닮은 인지 **능력**(faculty)을 의미하는 것으로 수용한다. 칼빈 안에는 우리가 신에 대한 믿음을 산출하는 특수한 타고난 인지 메커니즘을 가지고 있다는 사상을 지지하는 것이 아무것도 없다. 플랜팅거가 상기시켜주는 바와 같이 그 모델은 플랜팅거의 것이지 칼빈의 것은 아니다. 그러나 우리가 성경으로 돌아갈 때 성경에도 역시 신에 대한 믿음을 산출하도록 기획되는 영혼의 특수 능력을 시사하는 어떤 것도 없다는 것을 발견한다. 실제로 우리는 칼빈의 타고난 신 의식에 대한 보다 온건한 개념을 애매하지 않게 지지하는 어떤 부분도 성경에서 발견하지 않는다(요 1:9은 주석적 확장일 것이다). 기독교의 체험에 호소하는 문제는 어떻게 되는가? 여기서 난점은 타고난 신 감각과 성령의 내적 증거를 체험적으로 구별하는 것이 불가능하다는 것이다. 성경은 믿지 않는 자(요 16:7-11)와 믿는 자(롬 8:15-16; 요 2:20, 26-27; 3:24; 4:13; 5:6-10)의 두 경우, 모두 성령이 사람의 마음에 역사하여 기독교 진리 주장의 확신을 가져온다고 가르친다. 그런데 사람들이 체험할지도 모르는 어떤 신 의식이라도 타고난 신 감각에 귀속되는 것은 성령의 역사에 귀속되는 것과 동등하게 개연적일 수 있다. 따라서 성경의 가르침은 신의 감각의 요청을 반대하는 쪽으로 기운다. 그리고 기독교의 체험은 그것을 요구하지 않는다.

성령의 내적 일어남에 관한 플랜팅거의 교리에 대해서는 무엇이라고 말할 것인가? 확실히 성경은 그러한 증거가 있다고 가르친다. 그러나 성령의 증거가 인간의 죄와 타락에 반응해서만 주어진다는 플랜팅거의 놀라운 주장은 성경에서 지지하지 않는다. 죄가 성령의 사역을 억누른다는 것을 조건으로 하게 되면, 아담이 죄를 저지르지 않았다면 성령의 충만함과 사귐을 향유하지 못했을 것이라는 놀라운 주장이 될 것이다. 실제로 우리는 우리의 주님의 생애에 비추어 볼 때 플랜팅거의 입장을 거부할 수 있는 강제적인 근거를 가진다. 주님은 죄가 없었지만 그럼에도 불구하고 사역하는 동안 성령에 이끌리어 영감을 받았으며 구약에서는 사사들과 선지자들이 성령의 사역을 하였다.[13] 성령의 증거에 대한 플랜팅거의 구성은 신의 감각을 타락 이전에는 적절

---

13) 폭넓은 논의를 위해서 다음 책을 참조. James D. G. Dunn, *Jesus and The Spirit* (London: SCM Press, 1975).

하게 기능하는 그러나 타락의 인식적 효과에 의해 손상된 인지 능력으로 보는 그의 교리—성경의 아무런 지지도 없는 교리에서 나오는 결과이다.[14]

게다가 성령의 일어남을 인지 능력에 유비되는 믿음 형성 과정으로 보는 플랜팅거의 이해는 확실히 미심쩍은 것이다. 이것은 나의 밖에 어떤 능력이 있어서 내 안에 믿음을 형성한다고 하는 것과 같다. 그런데 이러한 능력 또는 과정은 나의 것도 아니고 나의 인식 장비의 일부도 아니라서, 그렇다면 "**내가** 신을 믿었다"는 것은 문자 그대로 참일 수 없다. 내가 신을 믿었다는 것은 성경과 체험에 모순되는 것이다. 확실히 그 믿음이 내 안에 형성되기는 하나, 나는 그것을 형성한 자가 아닌 것이다. 그러므로 사실을 말하자면 내가 믿지 않았다. 이러한 이유로 해서, 성령의 내적 증거를 문자 그대로 일종의 증거로서 보고 그리하여 성령의 구원을 적절하게 기초적인 것으로서 구성하든지 그렇지 않으면 신에 대한 믿음, 복음의 위대한 진리의 근거를 마련하는 데 이바지하는 환경의 일부로서 보고 그리하여 다시 한번 성령이 증거하는 상황에서 형성된 믿음을 적절하게 기초적인 것으로서 구성하든지 하는 것이 더 낫게 보인다. 어느 쪽이든 성령의 증거에 대한 반응에서 또는 그분의 선행적 유죄 선고와 그림을 체험하는 환경에서 신과 복음의 위대한 일들을 믿게 되는 것은 신이 부여한 영혼의 일상적 능력을 사용하는 우리이다.

이러한 수정된 모델이 플랜팅거의 원 모델보다 기독교의 믿음이 어떻게 보증되는가를 설명하는 모델로서 사용되기에 더 낫고 모순이 없어 보인다. 그렇지만 여전히 이것은 플랜팅거의 접근 방법 즉 기독교의 믿음이 참이라면 플랜팅거의 모델 또는 그런 류는 옳을 것 같다는 것과 여전히 아주 비슷하므로 결과적으로 그가 옳은 것으로 여겨진다.

---

14) 플랜팅거는 비일관적이게도, 신의 감각을 오늘날에도 작용하는 것으로, 그러면서도 타락할 때 손상만 된 것이 아니라 파괴되어버린 신의 협소한 형상의 일부로서도 묘사한다.

[제5장의 요약]

　종교적 인식론의 커다란 진보가 금세기 말에 있었다. 종교적 믿음의 인지적 의미에 대한 실증주의적 도전은 지나치게 제한적이었고 자기 논박적이었던 의미 이론에 기초를 둔 것으로 드러나면서 지금은 지나간 유물이 되어버렸다.

　유사하게 무신론자와 유신론자는 각각 서로 차이가 나는 증명 책임을 지고 있다는 주장이 있었고, 그래서 유신론이 우세한 증거가 부재하는 경우에 무신론이 참이라고 추정된다는 주장이 있었으나 모두 폐기된다. 증거의 부재는 존재물이 실존했더라면 우리가 가지는 한도를 넘어서 자기 실존의 증거를 남길 것이라고 기대될 수 있었을 때에만 실존 주장을 반대하는 것으로 간주된다. 이 쟁점은 신의 은폐성의 문제로 이동했다. 무신론자의 난점은 성경이 선포하는 대로 기독교의 신이 왜 자기 자신을 어떤 믿지 않는 자들에게 숨겨서는 안 되는가를 설명하는 일이었다.

　유신론을 찬성하는 실용적 논증은 파스칼의 "도박 논증"처럼 진리 의존적이거나 제임즈의 "믿고자 하는 의지"처럼 진리 독립적이거나 이다. 이러한 논증이 성공적이라면 유신론적 믿음이 신중한 것일지도 모른다는 점을 보여준다.

　개혁 인식론은 증거주의를 직접 공격하고 그 일류 선두 주자가 플랜팅거이다. 플랜팅거는 기독교의 믿음에 대한 아무런 권리적 반론도 없다는 것을 보여주고 보증된 기독교의 믿음에 대한 설명을 제공하려는 목적으로 인식론적 모델을 제공한다. 그는 자신의 모델이 기독교가 진리라고 하면 인식적으로 가능하고 철학적으로 반론 불가이며 기독교가 참이라면 필경 참일 것이라고 주장한다. 이것은 몇몇의 비기독교 유신론적 종교 지지자들도 역시 설득력을 가지고 할 수 있는 주장이지만 자연주의가 할 수 있는 주장은 아니다. 플랜팅거의 모델은 어떻게 신에 대한 믿음이 정당화와 보증에 관하여 적절하게 기초적인가를 설명하기 위해서, 인지 능력인 신 감각에 호소하고 보증에 관한 분석은 우리의 인지 능력의 적절한 기능의 견지에서 이루어진다. 유사하게

190 인식론 (EPISTEMOLOGY)

기독교의 근본 믿음이 어떻게 적절하게 기초적인가를 설명하기 위해서 그 모델은 성경에서 선포된 진리에 대한 성령의 증거와 믿는 자 안에 신앙을 일으키는 성령의 내적 일어남에 호소한다.

[기본 용어 및 개념 목록]

검증 원리
권리적 반론
기대 효용 원리
논리 실증주의
무신론 추정
반증 원리
보증
사실적 반론
성령의 내적 증거(또는 일어남)
신 감각

신의 은폐성
신학적 합리주의
실용적 논증
실용적 정당화
적절하게 기초적
정당화
증거주의
진리 독립적 논증
진리 의존적 논증
파스칼의 도박

역자부록:
미래의 도래로서의 현상

1. 서론: 현상의 문제

말의 애매성 때문에 주제가 문제시되는 일이 가끔 있다. "나타나다"(appear, erscheinen)는 말의 경우가 그러하다. 한 친지가 (혹은 이전에는 알지 못했던 어떤 사람이) 나와 이야기를 나누려고 내 앞에 "나타났다"(appear, erscheinen)고 말할 때 그 의미는 그가 내게 왔다, 그는 내 주거지에, 아마도 내 집에 얼굴을 보였다(showed up)는 뜻이다. 그는 외양으로만 거기에 온 것처럼 보이는 것이 아니라(seem, scheinen) 사실상 거기에 왔었다. 어떤 것이 우리에게 나타날 때, 그것은 단지 우리와 함께 있는 것처럼 생각될 뿐만 아니라 실제로 현존하고 있는 것이다. 여기에는 현상과 현실 존재가 매우 밀접하게 관련되어 있다. 그러나 반면에 나의 친지는 내 앞에 나타나지 않을 때라도 여전히 존재한다. 만일 그가 아무 곳에도 나타나 있지 않다면 그의 현실 존재가 참일지 아닐지, 다시 말해서 내 친지가 아직도 존재할지 아닐지 하는 것은 물론 문제이다. 그러나 그 문제는 지금 다루지 않겠다. 어쨌든 내 친지의 현실 존재는 그가 나에게 나타나는 것과 동일하지 않다. 그리하여 우리는 어떤 것이 그 자체로서(혹은 다른 것에 의해서) 무엇인가 하는 것과 그것이 우리에게 그리고 우리에 대해서 나타나는 방식을 서로 구별한다. 이 구별은 벌써 "나타난다"는 말에서 볼 수 있다. 나에게 나타나는 것은 바로 그 자체로 존재함으로 나타나는 것, 즉 현재 나에게 나타나는 그대로의 것 이상의 어떤 것이다. 칸트에 의하면 이런 의미에서 현상이라는 관념은 현상과는 다른 존재 자체(being-in-itself, 보통 물자체)를 소급적으로 지시하고 있다. 왜냐하면 현상되어야 할 어떤 것이 존재하지 않고서 현상이 있다고 말하는 것은 무의미하기 때문이다.[1] 여기서 말하고 있는 것은 단지 현상이 구체적 형태를 취한다는 뜻만이 아니다. 그보다는 차라리 현상이라는 개념이 그 현상 안에서 어떤 것이 그 나타나는 부분 이상의 어떤 것인 그 자체를 나타내고 있다는 뜻을 포함하고 있다. 현상이라는 말의 애매성은 현상과 존재와의 관계에 기인하는 것이다. 한 편에 있어서 현상과 현실 존재와는 동일한 것을 의미한다. 그러나 다른 한 편에 있어서, 현상은 그것을 문자대로 취한다면 자기를 초월하는 존재를 지시한다. 말의 의미의 이 두 면이 어떻게 통합될 수 있는가? 혹은 그것들은 전적으로 별개의 것이며 그래서 양면을 결합하는 말의 일치는 단지 무의미한 일치일 뿐인가?

---

1) 칸트, 『순수이성비판』 제2판 서문.

2. 현상과 존재의 관계

이런 의문을 가지고 우리는 현상에 관한 사상의 역사로 눈을 돌리자. 말년의 파르메니데스(Parmenides) 이래 특히 플라톤(Platon)의 강력한 영향 하에 현상과 존재를 분리하려는 경향이 지배적이었다. 현상의 세계 즉 억견(doxa)의 세계는 존재와 비존재의 혼합으로 간주되고, 자존적 존재보다는 낮은 질서의 것으로 간주된다. 플라톤주의에 있어서 자존적(그 자체로서 존재하는) 존재는 이데아들의 존재로 묘사되어 있다. 이 이데아의 존재는 다만 불완전하게만 현상들 안에 반영된다. 그리고 그것을 오성으로서는 파악할 수 있어도 감각으로는 감득할 수 없는 것이다. 이 존재는 영원 불변적으로 그 자체로서 존재하는 것으로 생각된다. 한편 그것을 반영하고 있는 현상은 반영되는 존재에 대해서 아무것도 첨가할 것이 없다. 그러나 물론 플라톤 자신이 그의 『파에도』와 『국가』에서 가장 명백하게 표현한 이 해석이 이데아에 관한 그의 사상의 깊이를 완전히 규명해 내지 못했다는 사실은 지적해야 할 것이다. 원래 현상은 율리우스 슈텐젤(Julius Stenzel)이 말한 것처럼 지각된 형상으로서의 이데아 안에 포함되어 있었다. 즉 이데아는 엄밀히 말하면 현상 **안에서** 두루 비치는 형상이다. 예를 들면 미의 이데아는 아름답게 형성되어 있는 것 안에서 경험된다. 이러한 출발점에서 보면, 이데아와 현상의 완전한 분리는 플라톤에게 있어서 부수적인 가능성일 수 있을 뿐이다. 그래서 플라톤 스스로도 『파르메니데스』에서 그것을 지지할 수 없는 것으로 제시하였다. 만일 이데아와 현상이 서로 떨어진다면 그들의 관계성을 설명하기 위하여 또 다른 이데아가 필요할 것이다. 그러나 만일 이 새로운 이데아 자체가 그것들(이데아와 현상)의 유사성을 설명하기 위하여 바로 그것들로부터 또 다시 분리된다면 그때는 또 다른 이데아가 필요하게 된다. 이렇게 계속된다.[2] 아리스토텔레스에 의해서 그처럼 강력하게 공격 받은 이러한 분리(이데아와 현상의 분리)는 플라톤 자신에 의해서도 지지될 수 없는 것으로 인정되었다. 물론 플라톤이 그것을 극복하였다고 주장할 수는 없다. 엘레아 학파의 존재 이해가 그에게 준 영향은 대단히 강했던 것 같다. 그것은 특히 참 존재는 불변성 안에 있으며 그것이 존재하기 위해서 그것 이상의 아무것도 **필요하지** 않다는[3] 사상 안에 나타나 있다. 그리하여 참 존재로 이해되는 이데아에 있어서 현상과의 관계는 아무래도 좋다는 것이 틀림없다. 그리고 이데아의 이 자기 충족 때문에 그 현상으로부터의 분리가 계속하여 존재한다. 아리스토텔레스조차도 그의 실체 개념이 보여주듯이 엘레아 학파의 존재 이해의 복선으로부터 완전하게 벗어날 수가 없었다. 그래서 현상의 관념이 주제가 될 때에는 언제나 참 존재와 그 현상과의 분리, 자기 충족적 이데아의 우위 혹은 감각 경험의 현상적 현실을 넘어서 안거하고 있는 실체의 우위가 그 사상가의 지배적 모티브가 되어 있었다.

이것을 배경으로 삼고 생각해 볼 때, 본질과 현상과의 관계가 상호 관계적인 것으로 인식되게 되었다는 점은 매우 의미심장한 일이다. 이 관계의 상호성이 분명하게 정식화되어 있는 것을 발견하기 위해서 우리는 본질과 현상의 관계의 모든 역사를 폭넓게 뛰어넘지 않으면 안 된다. 우리는 그 상호 관계가 헤겔에 의해서 정식화되어 있는 것을 본다. 헤겔에 의하면, 상호 관계는 현상이 단지 그 안에 나타나 있는 본질을 그 진리로서 지시하고 있을 뿐만 아니라 그 반대도 또한 진리인 그러한 관계이다. "본질은 나타나지 않으면 안 된다. 겉모양은 규정성이거니와 이 규정성으로 말미암아 본질은 단순한 존재가 아니라 본질인 것이다. 그리고 충분

---

[2] 『파르메니데스 Parmenides』, 132. (위대성의 개념과 위대한 것들의 관념).
[3] Diels, Fragment, 8, 33.

히 전개된 겉모양이 바로 현상이다. 그래서 본질은 현상 뒤 또는 현상 저쪽에 있는 것이 아니다. 실존하는 것이야말로 본질이라는 사실 덕분에 실존은 현상이다."[4] 헤겔의 진술을 충분히 이해하기 위하여, 우리는 본질의 개념이 플라톤의 참 존재의 관념에서 출발하여 아리스토텔레스의 실체(ousia)의 범주를 거쳐 헤겔에 이르는 과정으로 진입해 온 변천을 천착해 들어가야 할 것이다. 헤겔의 진술에 있어서 본질은 그 자체가 참 존재로서 직접적으로 묘사되는 것이 아니고 오히려 존재에 대하여 우위에 놓여져 있다. 이러한 상황 변화는 아리스토텔레스적 실체 개념의 붕괴에서만 더 잘 이해될 수 있다. 그러나 사정이 어쨌든, 본질이 나타나지 않으면 안 된다는 진술은 현상에 대한 본질의 존재론적 우위라는 의미로 헤겔이 생각한 사상이다. 비록 존재가 이제는 그것과는 다른 근거인 본질의 현상으로서 특징지어지는 까닭에 본질이 존재의 세계를 넘어서 그 배후에 있는 그 근거에 이르기까지 들어감으로써 비로소 시야에 들어오는 것이라고 하더라도 그렇다. 따라서 현상은 본질의 단순한 반사 또는 자기 소외로서 제시된다. 이 본질의 자기 소외는 헤겔의 논리적 과정에 있어서 더욱 정밀하게 규정되어, 개념과 이념으로 규정되기에 이른다. 헤겔에 있어서 이념은 무시간적이고 논리적인 구조—그 점에서 이것은 『파르메니데스』의 무시간적 존재와 비슷하다—이므로 헤겔 철학에 있어서 현상은 (본질과 현상의 관계의 상호성에 대한 그의 통찰과는 반대로) 다시 비본질적인 것의 지위로 환원되어 버렸다. 헤겔이 주장한 것처럼, 그의 철학은 오직 현상 안에만 존재하는 이념 대신에 실제로는 종교와 역사의 여러 현상 안에서 다만 고정되고 논리적인 구조의 부수적인 예증만을 발견한다.

---

[4] Hegel, *Enzyklopädie*, 131.

헤겔 자신이 행한 것보다도 한층 더 담대하게, 칸트는 현상에서 시작해서 존재와 본질에 접근할 때에만 존재(혹은 본질)와 현상과의 분리를 회피할 수 있다고 보고, 오성의 모든 기능이 현상과 관계가 있다는 자기 명제로서 이 방향으로 나아가는 시발점을 제공했다. 그러나 칸트는 물자체와 현상과의 전통적인 대립을 전제했기 때문에, 그 명제로서 모든 인간적 인식 활동의 근본 한계를 표현하려고 했던 것이다. 그럼에도 불구하고 그 명제는 현상성을 존재 자체의 근본 특징으로 생각하도록 유도하였다. 내가 아는 바로는 하인리히 바르트(Heinrich Barth)가 어느 누구보다도 더 꾸준하게 이 방향으로 걸어갔다. 바르트는 존재를 오직 현상에 대한 실체라는 의미로만 인정하고[5] "현상을 현상되지 않는 존재 자체로 환원하는"[6] 모든 기도를 배격한다. 결국 그는 현상하는 "어떤 것", 이것을 떠나서는(칸트에 따르면) 현상은 생각될 수 없다는 "어떤 것"을 현상하는 행위 자체 안에 있는 형상적 내용으로 이해한다. 그리고 형상적 내용은 현상의 해석이라는 주제를 형성하기에 이른다. 현상의 의미(그 사실성과 우연성 안에 이미 전제되어 있다)가 에이도스(eidos) 안에 표현되어 있다는 진술은[7] 에이도스(eidos)와 현상과의 관계에 대한 전통적 해석을 뒤집어 놓았다. 실존으로서의 현상이 본질에 대한 모든 개념들보다 우위를 차지한다. 따라서 바르트의 현상 이해는 후기 헤겔학파의 상황과 결합되어 있음을 보여준다. 후기 헤겔학파의 상황은 모든 "본질"(whatness)과 모든 형상적 구조에 대립해서, 실존의 "현존성"의 우위를 되풀이해서 주장하는 것이었다. 이러한 우위성 주장은 인간학에 한정되지 않는 한, 아직 거리가 상당하다고 해도 앵글로-색슨의 경험주의 전통과도 일치한다. 현상에 관한 바르트의 정위,

---

5) Heinrich Barth, *Philosophie der Erscheinung*, II, p. 617.
6) *Ibid.*, p. 437. (칸트에 반대해서)
7) *Ibid.*, p. 617.

다시 말해서 실존을 현상하는 것으로 보는 바르트의 입장은[8] 실존하는 것을 순수한 사실성의 견지에서 바라보고 출발점으로 삼는 여러 가지 사상 형태와 대조해 볼 때 그 우수성을 스스로 증명한다. 그 근거는 현상의 개념이 현상하게 되는 행위를 포함하고 동시에 현상하는 "어떤 것", 따라서 형상적 혹은 본질적 요소를 함께 포함한다는 사실에 있다.

현상의 개념에 대한 하인리히 바르트의 새로운 해석은 어떤 사건의 내용의 해석 안에 항상 그 사건이 전제되어 있는 한, 사건의 우연성 즉 모든 경험의 역사성에 대해서 길을 열어준다. 그럼에도 불구하고 우연적인 현상들에 대한 해석은 사건들의 영역에 국한되지 않고 그것을 넘어간다. 해석이라는 것은 해석을 일으키는 사건을 넘어감으로써 비로소 생길 수 있는 것이다. 이것이 "참"인 한, 현상하는 "어떤 것"은 그 나타나는 행위에서 그 내용이 완전히 드러난다고 생각될 수 없다. 바로 이러한 이유로 해서 비로소 실존하는 것을 **현상**으로 특징짓는 것이 정당화된다. 사건의 해석과정에서 사건을 넘어가는 도중에 현상과 존재, 현상과 본질 사이의 상위가 새롭게(그리고 새로운 의미에서) 대두한다.

해석 과정에서 사건을 넘어간다는 것은 아주 오래된 주제들을 참조함으로써 설명할 수 있다. 또한 그 테마들이 소크라테스적 테마이기도 하다는 것은 물론 우연한 일이 아니다. 즉 하나하나의 현상 안에 나타나 있는 **무엇**(What)을 말할 때 오직 여기만이 아니라 다른 곳에도 나타나는 어떤 것이 항상 호명된다는 것이다. 이러한 일반성 때문에(그러나 이것은 해석되어야 하는 것이다), 에이도스(eidos)는 자신이 만나지게 되는 개개의 현상을 초월한다.

에이도스는 그 현상들의 어느 하나에서도 자기를 완전히 드러

---

[8] "나타난다"(emerges), *Ibid.*, pp. 633f.

내지 않는다는 사실은 동일한 에이도스가 다양하게 자기를 나타낼 수 있는 가능성과 결부되어 있다. "동일한" 에이도스가 달리 나타날 수 있는 다른 방법이 항상 남아 있다. 이로부터 사람들은 전적으로 비플라톤적인 귀결을 끌어낼 수가 있다. 그것은 에이도스가 에이도스의 현상 혹은 여러 현상들로부터 자기 자신에 관해서 알려질 수 있는 것 이상의 불확정적 요소를 그 자신 안에 포함하고 있다는 귀결이다. 그러나 어쨌든(그리고 이것은 동일자의 이면에 불과하다) 하나하나의 현상은 언제나 그 안에 나타나는 에이도스의 가능성들의 오직 부분적인 실현으로서만 자기를 제시한다. 예술 작품은 이 법칙에 대한 하나의 예외인 것처럼 생각된다. 예술 작품 안에 있는 바, 부분과 전체의 조화에서 본질과 현상의 차이는 어떤 의미에서 극복되어 있다. 이것이 예술 작품의 완전성의 기초이다. 그러나 일상적인 현실에 있어서는 이러한 조화가 발견되지 않는다. 여기서 현상의 다수성은 하나하나의 개별적인 현상의 불완전성을 표시하는 것이다.

지금까지 우리는 참 존재와 현상의 분리이든, 또는 양자의 동일성 주장이든, 각자는 그 반대편의 주제에로 향하지 않고서는 어느 쪽도 유지될 수 없다는 것을 보아 왔다. 우리는 이데아와 현상, 본질과 현상의 **분리**로부터 그것들이 상호 공속하고 있다는 사실로 직행했다. 그러나 현상은 현상하는 어떤 것이라는 현실 존재와 동일하다는 주장과 더불어 현상과 본질의 차이가 새롭게 터져 나온다. 왜냐하면 나타나는 어떤 것에 대한 해석이 고립적으로 주어지는 현상 사건을 넘어서는 것은 불가피한 일이기 때문이다. 현상과 참 존재의 분리 주장도 동일성 주장도 일면적이라는 점이 밝혀진 이상, 현상과 존재의 동일성과 비동일성의 통일 문제는 제기되기 마련이고 이 문제를 좀더 날카롭게 파고드는 것이 가능할 것인가 하는 문제가 중요하다.

3. 현상과 존재의 통일을 위한 신학적 통찰

우리의 사고가 진행되고 있는 이 시점에서 신학자가 신학적 사례 하나를 소개하는 것은 양해될 수 있을 것이다. 이것은 권위주의적인 해답을 가지고 지적 물음을 침묵시키기 위해서 그러는 것이 아니다. 그보다는 그 사례가 현상과 현상하는 것과의 차이와 통일을 더 잘 이해하는 데 직접 공헌할 수 있겠기 때문이다.

예수의 활동에서 보는 하나님의 통치의 미래성과 현재성과의 관계에 대한 잘 알려진 논쟁적인 문제가 현상과 현상하는 것과의 통일과 차이를 해명하는 데에 적절하다고 생각한다. 신약성서 안의 예수 전승의 가장 오래된 층에는 예수의 활동 중에 하나님의 통치의 현재에 대해서 말한 말들이 있다. 그러나 또한 그와 병행해서 하나님의 통치를 미래적인 것으로서 예수의 현재적 활동과 구별하고 있는 말들도 있다. 이 두 그룹의 말들이 조정될 것인지, 안 될 것인지 또는 어떻게 조정될 것인지 하는 문제는 오늘날 주요 주석 문제가 되어 있다. 나 자신은 다음과 같은 주석가의 논의를 가장 믿을 만한 것이라고 생각한다. 그들은 이 쌍방의 말들 중의 어느 한 쪽만을 즐겨 택하거나 반대되는 두 그룹의 말들 중에서 어느 한 그룹의 말들은 신빙성이 없다고 하여 제거함으로써 곤란을 해결하려고 하지 않고, 그보다는 외견상 대립되는 이 말들을 병치함으로써 바로 예수의 메시지의 독자성을 찾으려는 사람들이다. 그러나 어떻게 그러한 병치가 이해되어야 할 것인가? 현재에 있어서 시작된 것이 미래에 있어서 확장되고 완성된다는 의미에서인가? 나는 그와는 정반대의 견해를 택한다. 즉 예수의 활동에 있어서는 하나님의 통치의 미래가 현재를 규정하는 힘이 되었다는 견해이다. 예수에게 있어서는 지상에 도래하는 하나님의 통치에 대한 전통적 유대교적 대망이 신인(神人) 관계의 결정적이고 전체를 포괄하는 내용이 되었다. 왜냐하면 오고 있는 하나님의 통치는 하나님 자신의 도래와 관계하지 않으면 안 되었기 때문이다. 그리하여 유대교적 하나님 이해의 완전한 배타성과 함께 하나님에의 복종이 하나님의 통치의 미래에로 향하게 되었다. 그러나 그 일이 어디에서 일어나든지 거기에 이미 하나님께서 현재 무제약적으로 통치하고 계시는 것이다. 그리고 이러한 하나님의 통치의 현재는 그 미래성과 충돌되지 않고 오히려 그 미래성에서 파생되고 있으며 그 자체가 그 도래의 예견적인 미광(微光)에 불과하다. 따라서 예수의 활동에서 임하고 있는, 또 하나님의 나라를 구하라는 그의 요청에서 오고 있는 하나님의 통치는 그러한 현상의 현재성으로부터 구별되기를 그치지 않으면서 이미 나타나 있는 것이다. 이 사태에 대한 하나님의 확인은 부활절의 여러 현상들을 통해서 예수의 제자들에게 주어졌는데, 이러한 하나님의 확인이 후대의 기독교적 표현 양식의 기초가 되었다. 이 표현 양식에 의하면, 하나님 자신이 독특한 방법으로 그리고 결정적으로 예수 안에 나타나셨다. 그러면서도 예수와 하나님 자신 사이의 차이를 해소시키지는 않으셨다. 후대의 기독론은 예수의 신성에 대하여 아주 적절하게 말하고 있으나 그 신성은 성자의 신성으로서 성부의 신성과는 구별되는 것이다. 이것은 결국 여전히 예수의 활동에 있어서 하나님의 "현상", 곧 하나님의 통치의 현재성에 대한 해석의 문제이다. 기독론이 고수하는 성자와 성부와의 차이는 예수의 메시지에 있어서 하나님의 통치의 미래성과 예수의 활동 안에 있는 그 현존 사이의 계속적인 차이에 상응한다. 그리고 꼭, 엄밀히 말해서 현재로부터 영구히 구별되어 있는 미래가 하나님의 통치의 현재적 효력(따라서 하나님의 통치가 현재에로 침입함)의 기초인 것처럼, 예수 자신의 신성도 성자의 신성으로서 예수께서 아버지 하나님과 자신과의 차이를 견지한다는 사실에 기초를 둔다. 예수는 자기 자신의 인격에 대해서 신적 권위를 요구한 바 없다. 이 점에서 그의 적대자들은 분명히 그를 오해했었다. 오히려 그는 자기 자신을 자기와는 다른 어떤 것, 그가 "아버지"라고 부른 어떤 것, 즉 하나님의 오고 있는 통치에 전적으로 복종시켰다. 그렇게 함으로써만 오고 있는 하나님 나라 — 하나님 자신 — 가 이미 그 안에 현재했던 것이다. 예수의 현재와 하나님의 미래 사이의 차이는 예수가 선포한 하나님의 오고 있는 통치에 인간 예수가 항복한 데서 되풀이하여 현실화되었다. 하나님의 통치가 타자의 미래인 한, 예수는 자기의 저쪽을 지시했다. 그러므로 그 안에 나타난 것에 대한 해석은 예수라는 현상을 넘어서 그의 메시지가 관심을 가진 하나님에게로 가지 않으면 안 된다. 이 때문에 이 사람 안에서의 하나님의 현상이라는 사건에서 신과 인간의 혼합을 보는 것은 잘못이다. 그러면서 바로 예수가 자신을 떠나서 하나님의 미래를 **지시하는** 일에서 이 미래 자체가 그에게 있어서, 또한 그를 통해서 현재적이 된 것이다. 이 사람에 있어서의 하나님의 현상은 이 사람의 유한한 실존을 초월한다. 바로 이것 때문에 하나님의 현상은 그 사람 안에 있는 하나님의 현실 존재, 하나님과 그와의 하나됨(oneness)을 의미한다. 따라서 하나님이 예수 안에서 현상에로 오셨다는 것은 우리가 희랍 종교사에서 듣는 것과 같이 사람이나 동물의 형태로 신들이 현현하는 것과는 그 의미가 전혀 다르다. 플라톤이나 파르메니데스에서와 같이, 신의 현상이 참 존재에 대해서 비본질적인 것으로 남는 것처럼, 희랍 종교사에 있어서는 신의 현상은 어떠한 특수 형태이든지 대체가 가능하며 신의 본질에 대해서 외재적인 것으로 남아 있다.[9] 이와는 반대로 예수의 전도 활동에 있어서는 이스라엘의 하나님, 하나님의 통치의 미래가 한번 결정적으로, 현상으로 오시는 것이다. 하나님은 이 유일한 사건에서 결정적으로 그리고 단번에 자기를 나타내셨다. 이것이 모든 헬레니즘적인 현현사상에 반대해서 후대의 교회가 그 사태를 성육신론으로 표현했던 방법이다. 예수 활동의 궁극성은 그 종말론적 성격, 즉 그것을 통해서 하나님의 통치의 궁극적인 미래가 현재에 대해서 규정적이 되고 따라서 현재적이 되는 사실 위에 기초를 둔다. 현상과 본질적 현재는 여기서 하나이다. 현상과 참 존재의 플라톤적—파르메니데스적 관계의 종교사적 배경과는 반대되는 바, 예수 안에서 현상한다는 하나님의 현상의 이러한 특성은 현상의 문제 일반을 고찰하는 데에 적절한 것이 아닌가?

만일 우리가 별 큰 수고 없이 나사렛의 예수 안에서 하나님이 나타나신 방법으로부터 일반적인 현상 개념을 추상하려고 한다고 해도 물론 별 소득은 없을 것이다. 그렇게 한다면 다만 신학적인 가정들에 도달할 뿐일 것이다. 그리고 기껏해야 그 신학적 가정들을 위한 일반적 타당성을 주장하려고 시도할 수 있을 뿐이다. 우리는 차라리 우리의 신학적 모범이 일반 철학의 현상 문제가 가진 — 그 모범이 아니고서는 아마도 숨겨진 채로 있을

---

9) 여기에는 세속적·일상적 현실에 대한 평가 절하가 표현되어 있는 것이 아닌가? 이러한 평가절하는 신화적 사고에 매우 많이 퍼져 있는 것이었고, 세속적·일상적 현실은 원초적 현실에 대립되어 있는 것으로서, 이 현실은 신화에서 말해지고 제의에서 성취되는 것이었으며 이는 그 자체가 불경한 세속적 실존을 자기 속으로 끌어들이기 위해서였다.

지도 모르는 — 어떤 측면들에 빛을 던져줄 것인지 어떤지를 물어보고자 한다. 이 문제의 탐구는 철학적 반성에서는 되풀이하여 분열되었던 두 요소가 나사렛 예수에서 안에 있는 하나님의 현상에 관한 기독교적 반성에서는 통일되어 있다는 사실로부터 그 충분한 동기를 얻을 수 있다. 현상이 논의될 때 그 두 요소가 다 함께 암시된다. 그 두 요소란 현상에서 나타나는 것이 효과적으로 현재한다는 것과 하나하나의 현상에 대해 그 나타나는 것이 초월해 있다는 것이다. 나사렛의 예수 안에서의 하나님의 계시라는 관념에서 이 두 요소는 결합되어 있다. 즉 하나님은 이 한 사람 안에서 완전하게 그리고 결정적으로 현재하시면서 또한 이 사람과는 구별되어 계신 것이다. 사실 하나님이 예수 안에 계시는 것은 바로 예수와 구별된 분으로서이다. 우리가 본 바로는, 외견상으로 서로 배타적으로 보이는 두 요소의 통일이 이해될 수 있는(그리고 근거를 가지는) 방식은 하나님의 통치가 예수의 사역 및 메시지와의 관계에서 여전히 미래적이라는 것과 그럼에도 미래적인 것으로서 그 안에 현존한다는 것이었다. 존재(또는 본질)와 현상과의 관계에 있어서 동일성과 차이성의 결합은 그 관계의 일시성과 무슨 관련이 있는 것인가? 이로써 현상 안에 나타나는 것은 미래성의 양식으로 스스로 현재한다는 것인가?

4. 고전 철학의 해답들

희랍 철학의 발생기를 볼 것 같으면 하인리히 바르트(Heinrich Barth)가 현상의 테마를 이미 이오니아의 자연 철학자들의 테마였다고 기술한 것은 옳았다고 말할 수 있다. 이 판단은 **아르케**에 대한 그의 연구의 구조를 통해서 확인되는 것으로 생각된다. 이 연구에서 하인리히 바르트는 현상으로부터 가상에로의 존재론적 "환원"의 출발점을 발견한 것이다.[10] 다양한 경험의 공통 근거를 찾아서 직접적으로 경험되는 다양성을 넘어갈 때 최초로 달성되는 것은 현상과 현상하는 본질과의 차이라는 요소— 이것이 현상 자체에 대해서 본질적인 것이다—가 그 정당한 취급을 받는다는 것이다. 사물들이 외양상 그러하다고 "보이는" 것과는 대조적으로 "실제에 있어서" 그것들은 "근본적으로"(다시 말해서 그 근거에 있어서) 다르다는 것—바로 이것이 직접적으로 관찰할 수 있는 것에 만족하는 피상적인 경험주의와는 달리 실재를 현상으로 경험하는 모든 견해의 근본적 확신이 아닌가? 그러나 이 근본적 차이의 확신만으로는 이오니아 학파의 사상가들을 신화에서 표현되어 있는 실존의 경험으로부터 분리해내기에는 충분치 못한 것이다. 왜냐하면 신화적 직관도 직접적으로 보이는 것 안에, 보다 심층적인 어떤 것을 보았기 때문이다. 사물들이 "근본적으로" 무엇인가 하는 것을 바로 현상 안에서 파악하는 이러한 관찰의 직관적 확실성은 물론 이오니아의 자연 철학자들에게는 가능한 것으로 보이지 않았다. 그 "근거"의 참 본성이 무엇이냐 하는 것이 문제로 되어 있었던 것이다. 여러 가지 상이한 해답들이 제출되었다. 그러나 문제화됨으로 말미암아 현상은 이미 자신의 보다 심층적인 근거에 대한 투명성을 상실하고 말았다. 그리하여 지금 철학적 해답들은 그 근거를 유일한 근거라고 이름을 붙이지만 이 근거에 대해서 현상이 투명하지 않으므로, "현상의 평가절하의 가능성"이 생겨났던 것이다.[11] 그리하여 근거가 항상 존재하여 왔다는 것이 암암리에 전제되고 그렇다면 현상들은 — 만일 그것들

---

10) Heinrich Barth, *Philosophie der Ersheinung*, Ⅰ, p. 10.
11) *Ibid*., p. 11.

이 기만적인 가상이 아니라고 한다면 — 관찰자를 자유롭게 만들어 주어서 참으로 자기들을 통해서 자기들 안에 현존하는 그 근거를 알아 볼 수 있게 해주는 현상으로 되지 않으면 안되게 되었다. 근거의 현재적 소여성을 반성적 방법으로 확신한 최초의 사람은 파르메니데스였다. 파르메니데스에 따르면, "이다"(is)는 절대적으로 자기 동일적이고 무제약적으로 현재적인 것으로서, 존재하는 만물의 공통적·통일적 요소 즉 아르케의 기능이 주어져 있다.[12] "이다"는 절대적으로 자기 동일적이고 일자이며 또한 그 자체로서 현재적이기 때문에, 다양하고 가변적인 만물은 기만적인 가상이 된다. 그러나 이렇게 현상을 순전한 가상으로 평가절하하는 것은 근거가 그 근거가 나타나는 현상과 다르다는 점에서 결과하는 것이 아니고 현상이 이미 "근본적으로" 자기 자신이 무엇인가를 더 이상 보여주지 못하는 상황에서 결과하는 것이다. 유일한 참 존재는 근거에서 이미 현재하여 있을 때 그때에만 현상은 근거와 다르다는 점에서 기만적인 은폐로 간주될 수 있게 된다.

그러므로 파르메니데스의 경우, 현상 이해에 있어서 미래는 아무 역할도 하지 못하게 된다. 이 점에 관해서 플라톤의 경우는 사정이 다르다. 플라톤은 우리가 만나는 현상에 관한 고전 철학의 제2의 원천이라고 할 수 있다. 플라톤적 이데아는 한편에 있어서 파르메니데스적 존재 이해를 지시하지만, 다른 한편 그 근본적인 원천은 폴리스적 생활에서 수행하는 선의 탐구, 다시 말해서 선한 것과 유용한 것을 알고 그것에 따라서 행동하는 참다운 덕 즉 아레테에 대한 소크라테스적 탐구에 놓여 있는 것이다. 미래성의 요소가 선의 개념 속에 포함되어 있는 것은 사실이다.

---

[12] **아르케**를 그 밖의 무엇이라 하든지, 그것이 만물의 근원이자 통일이기 위해 어떠한 경우라도 **존재**이지 않으면 안 된다.

『고르기아스』에서 말한 바와 같이 모든 사람이 선한 것과 유용한 것을 추구하여 노력하고 있는 한, 아무도 이미 자기가 그것을 소유하고 있다고 생각하지 않고 그것에 도달하려고 희망하고 있다는 것은 분명하다. 그리하여 추구되는 것으로서의 선의 본질에는 미래적인 어떤 것이 있다. 이것은 『국가』에 나오는 저 유명한 플라톤의 표현에 의해서도 확인된다. 즉 거기서 선은 실존하는 것을 초월하는 것으로 생각되어지고 있다. 물론 거기서는 선의 초월성은, 추구하는 노력이 현재 주어져 있는 것을 넘어감이라는 사실에 기초를 둔 것이 아니라, 원인(즉 참 존재로서의 이데아)은 원인에 의해서 일어난 것을 초월한다는 사실에 기초를 두고 있다. 그러나 플라톤에게 있어서 원인성 자체는 추구하는 노력과 결부되어 있다.

이제 만일 우리가 율리우스 슈텐젤과 더불어 플라톤의 이데아를 문제되고 있는 사물의 선과 덕의 완전한 형태 — 그 사물이 "모방적으로" 획득하려고 노력하는 형태 — 로 이해한다면, 이 이데아와 현상과의 관계에 대한 플라톤의 이해는 소크라테스적 배경으로부터 온 것이지만, 미래와의 관계를 포함하고 있다. 그리고 이것은 보이는 사물들이 단지 어떤 종류의 미래에 대해서 가지는 관계가 아니라 보이는 사물들의 본질적 미래, 즉 그것들의 선에 대해서 가지는 관계인 것이다. 선의 이데아는 아마도 엄밀한 의미에서 "이데아의 이데아"로 이해될 수 있다. 요약해서 다시 말하면 선의 이데아는 모든 이데아들을 이데아로서 구성하는 것을 그 내용으로 가진다는 말이다. 그래서 플라톤의 『파에도』에 나오는 소크라테스는 사회 뿐만 아니라 전 우주에 대해서도 "선한 것과 유용한 것은 다수를 연결하고 결합하며" 그렇게 함으로써 다수를 통일하는 아르케의 기능을 성취하는 것이라고 말할 수 있었다.

물론 플라톤의 이데아 개념에는 소크라테스적 선의 모티브와 파르메니데스적 참 존재의 개념이 충돌하고 있다. 거기서는 모든 이데아가 엘레아 학파적 의미에서 참 존재로서 이해되고 있기 때문에 소크라테스적 선의 추구 안에 있는 미래의 모티브는 존재를 새롭게 이해하도록 이끌 수가 없다. 지금 당장 문제되는 사실은 플라톤적 이데아가 현실 세계의 배후에 참 존재의 세계를 형성하고 있다는 것이다. 이 참 존재의 세계라는 것이 그동안 너무도 자주 플라톤주의에 대한 비난의 원천이 되어 왔다. 현실적 세계의 배후에 있는 참 존재의 세계 때문에, 잘 알려진 악명 높은 난점이 현상들은 어떻게 이데아에 참여할 수 있는가 하는 문제에 들어오게 된다. 선에 관한 본래적인 "윤리적" 문제에는 그러한 난점이 전혀 없다. 즉 본질적 미래인 바, 추구되고 있는 선은 현재의 사물들과 유리되어 있는 만큼 또 연결되어 있다. 이데아로서의 선이 현재적인 것 안에서 보여질 수 있었기에 그것의 본질적 미래의 도래는 거기서 경험되었던 것이다.

다른 많은 문제들에 있어서와 마찬가지로 우리들의 문제에 있어서도 아리스토텔레스의 사상은 어느 정도 소크라테스적인 사상 형태의 부흥인 것처럼 보인다. 아리스토텔레스가 에이도스와 텔로스(telos)를 결합하는 데서 소크라테스적 선(그리고 그 안에 포함된 미래적 요소)의 추구는 새로운 존재론적 형식을 발견한다. 사물의 본질 즉 사물의 에이도스는 사물의 운동 — 적어도 그 자연적이고 강제되지 않은 운동의 목표이다. 그리하여 아직도 도달되지 못한 목표가 예견적인 방법으로 엔텔레키(완전태, entelechy)로서 피동자 안에 현존한다. 그리고 이러한 목표의 내주가 목표를 향한 운동을 일으킨다. 아리스토텔레스에 있어서 이것은 분명히 선에 대한 소크라테스적 물음과 연결되어 있었다.

그는 『자연학』 제1권에서 이렇게 말하고 있다. "그리하여 우리의 학설에 따르면 한편에 신적이고 선하고 소망스러운 어떤 것이 있고 다른 한 편에 그 반대의 것(결핍, 무형상)이 있으며 그 중간에 본성적으로 선을 추구하는 어떤 것이 있다."

그러나 이러한 아리스토텔레스의 운동 분석의 미래주의는 두 가지 사상에 의해서 중화된다. 첫째의 것은 이미 후기 플라톤에 의해서 생각된 자기 운동의 사상이다. 이 학설에 의하면 엔텔레키는 **아직도** 도래하지 **못한** 목표의 예견이 아니라 이미 현존하는 맹아로서 거기서부터 목표가 자기를 전개하는 것이다. 현재와 미래의 관계를 전복시키는 이 내재적 목적론은 오늘날까지 모든 혁명 사상에서 하나하나의 사건 안에 있는 새로운 것을 참으로 새로운 어떤 것으로 볼 수 있는 가능성을 빼앗아 버렸다. 아리스토텔레스 자신에게 있어서 한층 더 결정적인 것은 그의 『형이상학』에서 표현된 사상으로서, 운동을 일으킬 수 있기 위해서는 운동의 목표가 이미 어디엔가 존재하지 않으면 안 된다는 사상이다. 그러나 만일 운동이 이미 다른 어떤 곳에서 현실화되어 있는 것 외에 아무 다른 것도 가져오지 못한다면, 아무 새로운 것도 생겨나지 않을 것이다. 또한 아리스토텔레스에게 있어서 형상의 세계는 무시간적, 다시 말하면 무제한적 현재이다. 그리하여 아리스토텔레스에게서 엘레아 학파적인 존재 이해가 다시 한 번 우세하게 되었다. 여기에서 개별적인 것과 우연적인 것을 낮추어 보는 아리스토텔레스의 격하 행위가 결과되었다. 개별적인 것과 우연적인 것은 미래로부터 오는 것으로 보이지 않고 단지 비본질적인 것으로서 부정적으로만 보이게 되었다. 중세의 기독교적 아리스토텔레스주의가 재평가의 대상이 되는 것은 바로 여기서인데, 왜냐하면 기독교의 창조 교리가 새로운 것의 발생을 하나님이 하시는 일로 돌린다는 점 때문이다. 여기서 사건의 우연성은 창조자의 자유를 나타내는 것으로 이해되었다. 그러나 여기서도 우연성과 미래의 존재론적 우위성과의 정합성은 깊이 성찰되지 않았다. 그래서 아리스토텔레스의 형상의 형이상학은 기독교 스콜라 학자들에게 있어서도 반성되지 않은, 그리고 정복되지 않은 이질적 요소로서 존속했다.

근대철학은 아리스토텔레스의 실체적 형상의 형이상학을 해소시켰거니와 진실로 현상으로 해소시켜버렸다. 그러나 감각 지각의 제2차적 성질뿐만 아니라 제1차 성질(공간적 물체), 그리고 최후에는 실체 자체(칸트)도 일반적 상대성으로 소실되었기 때문에 현상하는 것은 근대 철학의 지평에서 "퇴각하였다." 철학은 현상으로 나타나는 것을 그것이 나타나는 방법에서 독립시켜서 사고하는 데 성공하지 못하였다. 그래서 인간 경험만이 현상화의 장소로서, 현상하는 것의 내용을 결정하는 것으로 남는다. 이것이 올바르게 사유되는 한, 현상의 근원을 구체적으로 지정하여 현재 실존하는 존재라고 말하는 것은 더 이상 불가능하다. 그러나 그렇다고 해서 그 때문에 우리가 우연적인 현상을 미래적인 것의 사건으로 생각할 수 있는 방향으로 흘러간 것도 아니었다. 그 대신에 칸트는 현상하는 내용이 우리의 인식능력의 형식들로 말미암아 제약받고 있는 것으로 해석했다. 즉 이 형식들은 자신들의 종합하는 본성에 비추어 보면 생산적 구상력의 구성들을 묘사하는 것들이다. 그런데 이 구상력은 다음과 같은 것을 경험 안에서 발견한다. 즉 실제로는 없는 것을 감각적 소여에서 지각하고 그럼에도 감각적 소여 안에서 현상하는 것을 특징짓는 일을 한다는 것이다. 그리하여 생산적 구상력은 원래 경험 안에 주어져 있는 것을 넘어간다. 그러나 그렇게 넘어서 어디로 가는 것인가? 만일 우리가 이 문제를 근대의 주관성 — 이것은 무엇보다도 칸트의 생산적 구상력에 의하여 대표되고 있다 — 이 세계 일반과 관계하는 방법을 염두에 두고 제기하는 것이라면, 이 문제는 주관성은 소여를 넘어가서 공학 기술을 통해서, 또는 구상력의 구성에 의해서든지 **자기 자신**을 자기 세계의 미래로 만듦으로써 소여를 변경시킨다고 말하는 것으로 되어버리지 않는가? 그러면 우리는 (만일 인간의 경험의 불변적 구조에 관한 칸트의 가설을 제외한다면) 생산적 구상력의 종합적 구성들을 현상에 주어지는 것의 본질적 미래에 대한 **예견들**로 이해해야 할 것이 아닌가? 우리가 객관적 실재와의 일치라는 기적과 자발적인 인간적 구성의 실현 가능성이라는 기적을 이해할 수 있는 것은 오직 이러한 전제에 의한 것이 아닌가? 역으로 만일 현상이 현상하는 것의 본질적 미래에서 생기는 어떤 것으로 이해된다면, 현상을 **현상하는 것**과 관련해서 해석하는 것은 오직 구상력이라는 창조적 주관성을 특징짓고 있는 저 미래에 대한 예견에 의해서만 가능할 것이다(곁들여서 말하면 그러한 예견은 현상하는 실재의 본질적 미래를 파악할 수도 있고 잘못 표상할 수도 있기 때문에 여전히 애매하다고 할 수 있다).

5. 문제의 출구

이러한 문제들이 여전히 미해결로 남아 있는 가운데 나는 이제 사색의 진행을 중단하고 총괄해야 하겠다. 앞 절에서 우리는 현상하는 실재가 항존하는 어떤 존재의 현상으로서 이해되어야 할 것인가, 아니면 미래적인 것의 도래로서 이해되어야 할 것인가 하는 문제를 다루었다. 이 두 가지 길은 각기 종교적·역사적 배경을 가지고 있다. 하나는 원초적 시간과 원형적인 것을 지향하는 신화에서 오는 것이고, 다른 하나는 종말론적 미래에 의한 파악에서 오는 것이다. 전자는 많이 다녀서 잘 다져지고 우리의 익숙한 사고습관에 깊이 각인되어진 길이며 후자는 지금까지 별로 고찰되어 보지 못한 길이다. 그렇지만 그 두 번째의 길의 시초는 이미 전통적인 존재 이해의 고전적 표현 안에서도 볼 수 있는 것이다. 항존하는 어떤 존재를 향해 자신의 철학적 사고를 정위하는 입장에 대해 우호적인 많은 말들을 할 수 있다. 무엇보다도 사람들은 일반적 개념들을 형성하고 일반적 구조적 진술들을 작성할 수 있으며 이러한 가능성이 각기 다른 개인들이나 변화해 가는 여러 상황들에 적용될 수 있음을 지적할 수 있다. 그러나 이러한 견해에 맞서는 진리가 있다. 즉 사람들이 현상하는 것을 현상 속에서만 보고 무시간적 보편자로만 본다면, 이것은 실재·우연적인 새로운 것·개체·시간에 대한 우리의 경험이 중요하다는 것을 불가피하게 과소평가하거나 전혀 인식하지 못할 것이라는 반대에 부딪힌다. 따라서 보편자를 인간적 구성으로 간주하는 것이 보다 적절한 것 같거니와, 이는 실로 인간적 구성이 아마도 전혀 다른 성질을 가진 실재를 파악하는 능력으로 자기 자신의 유용성을 스스로 증거하고 있으며 또 우연성과 시간에 의해 제약을 받고 있기 때문이다.

  우리가 구성하는 추상들의 보편성의 실재적 기초는 아마도 **반복**에서 찾아져야 할 것인데, 그 반복은 모든 사건들 안에서 큰 역할을 하고 있다. 수많은 새로운 사건들이 항상 어떤 새로운 것을 가져온다고 할지라도 그것들은 그 이전의 것들을 "반복하는" 것이다. 엄청나게 많은 사건들 속에 변화의 요소가 눈에 띄지 않고 남아 있다. 그래서 아주 넓은 시야에서 볼 때 사람들은 무수히 다양한 사건들 속에 **동일한** 구조의 반복이 있다고 말할 수 있다. 그리고 이로부터 영원한 동일자라는 사상, 에이도스의 영원한 현재라는 사상이 생겨날 수 있다. 이러한 해석이 특히 시사적인 이유는 인간은 앞서 말한 구성 덕분으로 헤아릴 수 없이 많은 우연적 사건들에 대항해서 자기 자신을 긍정하기 때문이다. 인간은 항존하는 어떤 존재를 신격 존재로 수용함으로써 자기 자신을 절대적으로 확증하려고 하지 않는가? 그러나 사실에 있어서는 사람들은 우연적인 현실 경험 안에 놓여 있는, 그리고 바로 자기 자신의 구성작용의 우연성 안에 놓여있는 불확실성에 대해서 자신들을 노출시킴으로써만 그러한 구성들 — 항상 새롭게 갱신되어야 하는 구성들 — 을 만들어내는 데 성공하는 것이 아닌가? 사람들은 아직은 궁극적 미래에 살고 있지 않고 그보다는 차라리 미래로부터 자신에게 임하는 것에 의해서 항상 되풀이하여 기습을 당하고 있기 때문에 이와 같은 안전의 결핍을 견디어내야 하지 않는가? 영원한 현재는 다만 궁극적 미래인 것 그 자체의 경험일 수 있을 뿐이다.

아마 반복의 현상도 미래적인 것의 도래라는 견지에서 접근 가능할 것이다. 우연적으로 새로운 것은 실존하는 상황을 새로운 종합에로 변형시킬 수 없는 한, 그 상황을 자기 속에 섭취하든가 아니면 반복함으로써만 현재적 사건이 되는 것이다. 이것이 화이트헤드(Alfred North Whitehead)의 자연 철학의 기본 사상이다. 사건의 우연성은 분명히 신앙의 신실성(faithfulness) 같은 요소를 내포하고 있다. 잘 알려져 있는 바와 같이, 반복의 관념을 이러한 신실성의 관념과 결부시켜서 인간의 영역에서 최초로 시도한 논의가 키에르케고르의 반복이다. 그러나 아마도 이러한 사상에는 좀 더 넓은 의미가 있을 것이다. 미래적인 것의 도래는 미래가 반복 안에서 **영원한** 현재에 도래해 **있다**는 의미에서(새로운 것을 배제하지 않는) 반복의 관념과 더불어서만이 그 종국까지 철저하게 사유될 수 있을 것이다.

  우리가 이제 다시 한번 신학적인 실례, 가령 하나님의 **사랑**이 계시된 나사렛의 예수 안에 있는 하나님의 미래의 **현상**의 **결정적 의미**를 숙고해 본다면 다음과 같이 말할 수 있을 것이다. 미래는 현재적이 되려고 **의지할** 것이다. 달리 표현하면 미래는 항존적 현재로 도래하려고 한다.

추천도서

제1장 지식과 합리성

BonJour, Laurence. *In Defense of Pure Reason*. Cambridge: Cambridge University Press, 1998.

Crumley, Jack S., II. *An Introduction to Epistemology*. Mountain View, Calif.: Mayfield, 1999.

DePaul, Michael R., and William Ramsey, eds. *Rethinking Intuition: The Psychology of Intuition and Its Role in Philosophical Inquiry*. Lanham, Md.: Rowman & Littlefield, 1998.

Gettier, Edmund L. "Is Justified True Belief Knowledge?" *Analysis* 23(1963): 121-123.

Moser, Paul K., Dwayne H. Mulder and J. D. Trout. *The Theory of Knowledge*. New York: Oxford University Press, 1998.

Plantinga, Alvin. *Warrant: The Current Debate*. New York: Oxford University Press, 1993.

―――. *Warrant and Proper Function*. New York: Oxford University Press, 1993.

Pojman, Louis P., ed. *The Theory of Knowledge*. Belmont, Calif.: Wadsworth, 1993.

제2장 회의주의의 문제

DeRose, Keith, and Ted A. Warfield. *Skepticism: A Contemporary Reader*. New York: Oxford University Press, 1999.

Fumerton, Richard. *Metaepistemology and Skepticism*. Lanham, Md.: Rowman & Littlefield, 1995.

Greco, John. *Putting Skeptics in Their Place*. Cambridge: Cambridge University Press, 2000.

Johnson, Oliver A. *Skepticism and Cognitivism*. Berkeley: University of California Press, 1978.

Klein, Peter D. *Certainty: A Refutation of Skepticism*. Minneapolis: University of Minnesota Press, 1981.

Slote, Michael A. *Reason and Skepticism*. London: George Allen & Unwin, 1970.

Stroud, Barry. *The Significance of Philosophical Skepticism*. Oxford: Oxford University Press, 1984.

Unger, Peter. *Ignorance: A Case for Skepticism*. Oxford: Clarendon, 1975.

제3장 정당화의 구조

Audi, Robert. *Epistemology: A Contemporary Introduction to the Theory of Knowledge*. London: Routledge, 1998.

Baergen, Ralph. *Contemporary Epistemology*. Forth Worth, Tex.: Harcourt Brace, 1995.

BonJour, Laurence. *The Structure of Empirical Knowledge*. Cambridge, Mass.: Harvard University Press, 1985.

Chisholm, Roderick M. *The Theory of Knowledge*. 3d ed. Englewood Cliffs, N.J.: Prentice Hall, 1989.

Dancy, Jonathan. *An Introduction to Contemporary Epistemology*. Oxford: Blackwell, 1985.

제4장 진리 이론과 포스트모더니즘

Cahoone, Lawrence, ed. *From Modernism to Postmodernism: An Anthology*. Oxford: Blackwell, 1996.

Eagleton, Terry. *The Illusions of Postmodernism.* Oxford: Blackwell, 1996.
Groothuis, Douglas. *Truth Decay.* Downers Grove, Ill.: Inter Varsity Press, 2000.
Harris, James. *Against Relativism.* Chicago: Open Court, 1992.
Harré, Rom, and Michael Krausz. *Varieties of Relativism.* Cambridge, Mass.: Blackwell, 1996.
Kirkham, Richard L. *Theories of Truth.* Cambridge, Mass.: MIT Press, 1997.
Nagel, Thomas. *The Last Word.* New York: Oxford, 1997.
Natoli, Joseph. *A Primer to Postmodernism.* Oxford: Blackwell, 1997.
Norris, Christopher. *The Truth About Postmodernism.* Oxford: Blackwell, 1993.
Willard, Dallas. "How Concepts Relate the Mind to Its Objects: The 'God's Eye View' Vindicated?" *Philosophia Christi,* 2d ser., vol. 1, no. 2(1999): 5-20.

제5장 종교적 인식론

Alston, William P. *Perceiving God.* Ithaca, N.Y.: Cornell University Press, 1991.
Evans, C. Stephen, and Merold Westphal, eds. *Christian Perspectives on Religious Knowledge.* Grand Rapids, Mich.: Eerdmans, 1993.
Geivett, R. Douglas, and Brendan Sweetman, eds. *Contemporary Perspectives on Religious Epistemology.* Oxford: Oxford University Press, 1992.
Hasker, William. "The Foundations of Theism: Scoring the Quinn-Plantinga Debate." *Faith and Philosophy* 15(1998): 52-67.
Howard-Snyder, Daniel, and Paul Moser, eds. *Divine Hiddenness: New Essays.* New York: Cambridge University Press, 2001.
Jordan, Jeff, ed. *Gambling on God.* Lanham, Md.: Rowman & Littlefield, 1994.
Kvanvig, Jonathan L., ed. *Warrant in Contemporary Epistemology.* Lanham, Md.: Rowman & Littlefield, 1996.
Pantinga, Alvin. "The Foundations of Theism: A Reply." *Faith and Philosophy* 3(1986):298-313.
_____. "Is Belief in God Properly Basic?" *Noûs* (1981) 41-51.
_____. *Warrant: The Current Debate.* Oxford: Oxford University Press, 1993.
_____. *Warrant and Proper Function.* Oxford: Oxford University Press, 1993.
_____. *Warranted Christian Belief.* Oxford: Oxford University Press, 2000.

Plantinga, Alvin, and Nicholas Wolterstorff. *Faith and Rationality*. Notre Dame, Ind.: University of Notre Dame Press, 1983.
Pojman, Louis, ed. *Philosophy of Religion*. Part 7. 3d ed. Belmont, Cal.: Wadsworth, 1998.
Quinn, Philip L. "The Foundations of Theism Again: A Rejoinder to Plantinga." In *Rational Faith*, pp. 14-47. Edited by Linda Zagzebski. Notre Dame, Ind.: University of Notre Dame Press, 1993.
Swinburne, Richard. *Faith and Reason*. Oxford: Clarendon, 1981.

인명색인

게티어 Gettier, E.	19-20, 46	료타르 Lyotard, J-F.	146
골드만 Goldman, A.	29	루이스 Lewis, C. S.	70, 120
니체 Nietzsche, F.	146	마이농 Meinong, A.	19
		모제 Moser, P.	167
다윈 Darwin, C.	70		
던 Dunn, James D. G.	187	봉주어 BonJour, L.	35
데리다 Derrida, J.	146	브래들리 Bradley, F. H.	104
데카르트 Descartes, R.	52-53, 150	블랜샤드 Blanshard, B.	83, 104
듀이 Dewey, J.	143	비트겐슈타인 Wittgenstein, L.	146
라에르티우스 Laertius, D.	49	섹스투스 엠피리쿠스 Sextus Empiricus	50
라이프니츠 Leibniz, G. W.	150		
러셀 Russell, B.	17	스윈번 Swinburne, R.	135-136
레셔 Rescher, N.	104	스크리번 Scriven, M.	166, 169
로크 Locke, J.	145, 146	스피노자 Spinoza, B.	140, 150
로티 Rorty, R.	143		

아르케실라우스 Arcesilaus   52
아리스토텔레스 Aristotle   13, 119, 126
아우구스티누스 Augustine   49, 52
에반스 Evans, C. Stephen   161
엘리스의 퓌로 Pyrrho of Ellis   50
웨스트팔 Westphal, M.   161
위즈덤 Wisdom, J.   162

제임즈 James, W.   143
조르단 Jordan, J.   169

치좀 Chisholm, R.   63, 86, 104

카르네아데스 Carneades   50
칸트 Kant, I.   145
캘빈 Calvin, J.   176, 186
쿤 Kuhn, T.   146

클리포드 Clifford, W. K.   172

테일러 Taylor, R.   70
토마스 아퀴나스 Thomas Aquinas
                    83, 88, 126

파스칼 Pascal, B.   170, 172
푸꼬 Foucault, M.   146
플라톤 Plato   17, 50
플랜팅거 Plantinga, A.   70-79, 113, 173-189
플루 Flew, A.   162-163

하이데거 Heidegger, M.   146
헤겔 Hegel, G. W. H.   140
흄 Hume, D.   78, 145

성경색인

구약

출애굽기 20:16	122	16:7-11	187
신명기 18:22	119	17:2	122
잠언 8:7	122	17:17	122
14:25	122	로마서 1:25	122
이사야서 45:19	122	8:15-16	187
예레미야서 9:5	122	8:16-17	168
		야고보서 2:19	168
		요한일서 2:20	187
신약		2:26-27	187
		3:24	187
누가복음 16:30-31	168	4:13	187
요한복음 1:9	187	5:6-10	187
8:44-45	121		

인 식 론
Epistemology

2011년 10월 4일 초판 발행

지은이 | J.P. 모어랜드, W.L. 크레이그
옮긴이 | 류 의 근

펴낸곳 | 사) 기독교문서선교회
등록 | 제16-25호(1980. 1. 18)
주소 | 서울시 서초구 방배동 983-2
전화 | 02) 586-8761~3(본사)   031) 923-8762~3(영업부)
팩스 | 02) 523-0131(본사)   031) 923-8761(영업부)
홈페이지 | www.clcbook.com
이메일 | clckor@gmail.com
온라인 | 국민은행 043-01-0379-646, 기업은행 073-000308-04-020
　　　　　 예금주: 사) 기독교문서선교회

ISBN 978-89-341-1011-8(93230)

* 낙장·파본은 교환해 드립니다.